Der Familiennachzug in die Bundesrepublik Deutschland

Wolfgang Lingl

Der Familiennachzug in die Bundesrepublik Deutschland

Eine sozialethische Untersuchung aus migrationssoziologischer Perspektive

 Springer VS

Wolfgang Lingl
Landshut, Deutschland

Zugl. Dissertation Ludwig-Maximilians-Universität München 2017.

ISBN 978-3-658-19639-4   ISBN 978-3-658-19640-0   (eBook)
https://doi.org/10.1007/978-3-658-19640-0

Die Deutsche Nationalbibliothek verzeichnet diese Publikation in der Deutschen National-
bibliografie; detaillierte bibliografische Daten sind im Internet über http://dnb.d-nb.de abrufbar.

Gedruckt auf säurefreiem und chlorfrei gebleichtem Papier

Springer VS ist Teil von Springer Nature
Die eingetragene Gesellschaft ist Springer Fachmedien Wiesbaden GmbH
Die Anschrift der Gesellschaft ist: Abraham-Lincoln-Str. 46, 65189 Wiesbaden, Germany

Danksagung

für die wissenschaftliche Betreuung und Förderung:
Prof. Dr. Alois Baumgartner, Prof. Dr. Markus Vogt
Dr. Jochen Ostheimer, Dr. Martin Schneider, Dr. Werner Veith

der Erzdiözese München und Freising

den Mitarbeiterinnen und Mitarbeitern der Bayerischen Staatsbibliothek

meinen Eltern Ursula und Michael Lingl

meinen Freunden und Unterstützern:
Robert Beer, Friederike Dyszak, Prof. Dr. Achim Feldmeier, Gudrun Feldmeier, Johann Fellner, Otto Gäng, Gisela Leu-Haist, Günter Lingl, Sabine Martin, Susanne Martin, Klaus Nebl, Dr. Sandra Reitz, Wolfgang Sandtner, Dr. Wolfgang Schwab, Brigitte Wallesch, Karin Wendlinger, Michael Wendlinger, Klaus Wutz, Kornelia Zellner

Inhaltsverzeichnis

Abbildungsverzeichnis

Einleitung 1

1.1 Problemstellung und Ziel

Internationale Migration gilt als eine der großen Herausforderungen unserer Zeit. Dabei gehen die grenzüberschreitenden Wanderungsbewegungen mit einschneidenden Auswirkungen sowohl für die Migranten[1] als auch für die davon betroffenen Nationalstaaten und Gesellschaften einher. Die Bundesrepublik Deutschland wird seit ihrem Bestehen in hohem Maße von Wanderungsbewegungen geprägt.[2] Das Interesse der breiten Öffentlichkeit, der Politik und der Wissenschaften richtet sich dabei vor allem auf die Zuzüge von Ausländern nach Deutschland. Den oftmals zahlenmäßig bedeutsamen Fortzügen ins Ausland wird bis heute wenig Aufmerksamkeit geschenkt. Stellt man eine detaillierte Differenzierung der Zuzüge hinsichtlich der rechtlichen Bedingungen der Einreise und des Aufenthaltsstatus hintan,[3] kann von drei Hauptkategorien der Einwanderung gesprochen

---

[1]Aus Gründen der besseren Lesbarkeit wird in dieser Arbeit die männliche Form verwendet, die weibliche Form ist dabei stets mit eingeschlossen.

[2]Einen Überblick über die bundesdeutsche Migrationsgeschichte liefern Bade/Oltmer, Normalfall Migration; Meier-Braun, Einleitung: Deutschland Einwanderungsland; Herbert, Geschichte der Ausländerpolitik in Deutschland.

[3]Der Migrationsbericht des Bundesamtes für Migration und Flüchtlinge für das Jahr 2014 unterscheidet sieben Arten von Zuwanderergruppen: 1. Zuwanderung zum Zweck der Erwerbstätigkeit, 2. Zuwanderung zum Zweck des Studiums und der Ausbildung, 3. Zuwanderung von Asylbewerbern sowie jüdischen Zuwanderern aus dem Gebiet der ehemaligen Sowjetunion, 4. Familien- und Ehegattennachzug zu deutschen Staatsangehörigen und zu Drittstaatsangehörigen, 5. Zuwanderung von Drittstaatsangehörigen aus sonstigen Gründen, 6. Spätaussiedlerzuwanderung und 7. Rückkehr deutscher Staatsangehöriger. Vgl. Migrationsbericht 2014, S. 36. Es ist kritisch anzumerken, dass die Migrationsgruppe des Familien- und Ehegattennachzugs den Zuzug zu nicht-deutschen Bürgern der EU nicht mit einschließt.

© Springer Fachmedien Wiesbaden GmbH 2018
W. Lingl, *Der Familiennachzug in die Bundesrepublik Deutschland*,
https://doi.org/10.1007/978-3-658-19640-0_1

werden: 1. Zuwanderung aus humanitären Gründen, 2. Zuwanderung zum Zwecke der Familienzusammenführung und 3. Zuwanderung aus wirtschaftlichen
Gründen.[4] Es herrscht in der Migrationsforschung Konsens, dass es sich beim
Familiennachzug um eine für die Bundesrepublik Deutschland sowohl quantitativ
als auch qualitativ bedeutsame Migrationsform handelt. Besonders hoch scheinen
die Zahlen der Familiennachzüge jeweils in der Folge derjenigen Phasen zu sein,
welche durch starke Arbeitsmigration oder humanitäre Migration geprägt sind.
So wird für die Jahre nach dem Anwerbestopp für ausländische Arbeitnehmer im
Jahre 1973 festgestellt, dass in ihnen die überwiegende Zahl der eingereisten Ausländer über den Familiennachzug gekommen sei.[5] „Es kann daher vermutet werden, daß zwischen 1973 und 1980 ein großer Teil der Personen als Ehegatten oder
als Familienmitglieder bereits zugewanderter Migranten einreisten."[6] Ebenso
zeigten sich vor der Jahrtausendwende nach den hohen Asylbewerberzahlen in
den späten 1980er und frühen 1990er Jahren viele Zuzüge nach Deutschland zum
Zwecke der Familienzusammenführung. In den Jahren von 1996 bis 2000 stiegen
die erteilten Visa für nachziehende Familienangehörige kontinuierlich an.[7] Nach
den hohen Zahlen von Asylbewerbern in den Jahren 2015 und 2016 ist in den
Folgejahren ebenfalls ein hohes Potenzial an Zuzug von Ausländern zum Zwecke
der Familienzusammenführung zu prognostizieren.

Das Zusammenleben der Ehepartner und ihrer Kinder in der familialen[8]
Hausgemeinschaft wird allgemein als positives und erstrebenswertes Ideal anerkannt. Berechtigterweise wird von Ehe und Familie als Leitbildern der Gesellschaft gesprochen.[9] Ehe und Familie wird eine fundamentale Bedeutung sowohl

---

[4]Vgl. Kommission der Europäischen Gemeinschaften, Über eine Migrationspolitik der
Gemeinschaft, S. 12.

[5]Die davon zu unterscheidende These des verstärkten Familiennachzugs in die Bundesrepublik Deutschland nach dem Anwerbestopp im Jahre 1973 wird von dieser Arbeit infrage
gestellt werden.

[6]Lederer, Migration und Integration in Zahlen, S. 211; vgl. Hamburger/Hummrich, Familie
und Migration, S. 114; Rödder, 21.0 Eine kurze Geschichte der Gegenwart, S. 164.

[7]Vgl. Unabhängige Kommission "Zuwanderung", Zuwanderung gestalten, S. 188-189.

[8]In der Literatur sind die Adjektive „familial" und „familiär" in teilweise identischer
Bedeutung zu finden. In dieser Arbeit wird einheitlich „familial" verwendet, um auf die
Familie als soziale Gruppe Bezug zu nehmen. Dies entspricht dem Sprachgebrauch des 7.
Familienberichts des Bundesministeriums für Familie, Senioren, Frauen und Jugend. Vgl.
Siebter Familienbericht.

[9]Vgl. Bayerl, Die Familie als gesellschaftliches Leitbild, S. 238-239; Schockenhoff, Das
kirchliche Leitbild von Ehe und Familie und der Wandel familialer Lebenslagen, S. 291.

für das erfüllte Menschsein als auch für den gesellschaftlichen Zusammenhalt zugesprochen.[10] Erst in der auf Dauer hin angelegten und alle Dimensionen des Lebens einschließenden Gemeinschaft von Ehe und Familie verwirklicht sich die personale Natur des Menschen.[11] Die positiven Wirkungen dieser Gemeinschaften erweisen sich konstitutiv für die ganze Gesellschaft. „Sie erstrecken sich sowohl auf den innerfamiliären als auch auf den außerfamiliären Bereich und betreffen selbst Bereiche, die kaum wahrgenommen werden."[12] Ein Fortbestand von Staat und Gesellschaft ohne die Familie scheint nicht denkbar. „Der freiheitliche Staat gibt damit seine eigene Zukunft in die Hand der Familie."[13] Andere Ansätze sprechen von der Familie als einer Problemlösungsinstanz, welche anderen Lebensformen überlegen ist.[14] Ehe und Familie gelten in der modernen Gesellschaft schlechthin als die Gemeinschaftsformen, welche ausnahmslos positiv zu bewerten und sozialpolitisch zu fördern sind. Zudem stehen sie unter besonderem Schutze des Grundgesetzes.[15]

In Bezug auf den Familiennachzug von Ausländern in die Bundesrepublik Deutschland muss jedoch eine Art Vorzeichenumkehr konstatiert werden. Werden Ehe und Familie im Allgemeinen ein hoher Wert zuerkannt, scheint sich diese positive Zuschreibung bei Ehen und Familien von Migranten ins Negative zu wenden. „Familien im Kontext von Migration sind sowohl medial-öffentlich als auch politisch vielfach Gegenstand einseitiger Problemzuschreibungen."[16] Der Familiennachzug, welcher ausländische Familienangehörige auf dem Gebiet der Bundesrepublik Deutschland mit ihrer Familie zusammenführt, wird zuerst unter dem Aspekt der Belastung der deutschen Gesellschaft gesehen. „Die ausländische bzw. Migrantenfamilie wird nicht als Inbegriff der gemeinschaftlichen Einbindung für die Menschwerdung in modernen Gesellschaften, sondern als Symbol

---

[10]Vgl. Schwaderlapp, Artikel Ehe und Familie - Keimzelle von Kirche und Gesellschaft, S. 393.

[11]Vgl. Schockenhoff, Das kirchliche Leitbild von Ehe und Familie und der Wandel familialer Lebenslagen, S. 291.

[12]Bayerl, Die Familie als gesellschaftliches Leitbild, S. 180.

[13]Kirchhoff, Normativ-rechtliche Vorgaben der Familienpolitik, S. 311.

[14]Vgl. Jaeggi, Kritik von Lebenformen, S. 216-227.

[15]Vgl. Robbers, Grundgesetz Artikel 6.

[16]Geisen/Studer/Yildiz, Gesellschaftliche Perspektiven auf Familie im Kontext von Migration, S. 1.

einer fremden Welt wahrgenommen."[17] Vor diesem Hintergrund werden Ehe und Familie im Kontext von Migration als Hindernis für die Integration in den neuen sozialen Kontext gesehen.[18] Dies führt zu einer einseitigen und verfälschten Wahrnehmung. Sowohl in der sozialwissenschaftlichen Forschung[19] als auch in der öffentlichen Diskussion wird die Migrantenfamilie als „problematische" Sozialform interpretiert. „Aus einer Migrantenfamilie zu kommen wird stereotyp als Belastung angesehen."[20] So wundert es nicht, dass der Zuzug in die Bundesrepublik Deutschland zum Zwecke der Familienzusammenführung zuwanderungs- und steuerungspolitisch als ein unerwünschtes und demzufolge einzugrenzendes Phänomen wahrgenommen wird.[21] Im Unterschied zur Arbeitsmigration ist dem Gesetzgeber bei der Begrenzung des Rechts auf Familiennachzug jedoch die Hand gebunden. Humanitäre und vielfältige rechtliche Verpflichtungen, welche meist in dem menschenrechtlichen Schutz des Ehe- und Familienlebens gründen, schränken den Handlungsspielraum bei der gesetzlichen Gestaltung des Ehegatten- und Familiennachzugs ein.[22]

Es ist zu beobachten, dass im gesellschaftlichen und politischen Diskurs über die angemessene Ausgestaltung des Rechts auf Familiennachzug vielfältige Argumente vorgetragen werden. Obwohl diese oft innerhalb der Logik von Ökonomie, Rechtswissenschaft, Soziologie, Politologie, Psychologie, Theologie, Integrations-, Sozialstaats- und Sicherheitspolitik ihre Geltung beanspruchen, sind sie Teil eines übergeordneten ethischen Diskurses. „Das grundlegende moralische Dilemma, vor dem westliche Staaten bei der Migrationssteuerung heute stehen, ist darin zu sehen, daß sie die Menschenrechte von Migranten genauso ernst nehmen müssen, wie die Ansprüche ihrer eigenen Staatsbürger".[23] In der öffentlichen und politischen Debatte um die gesetzliche Regelung des Familiennachzugs werden oft Positionen vertreten, welche einseitig die Anspruchsrechte der Migranten und ihrer Familienangehörigen in den Vordergrund stellen, die Frage

---

[17]Hamburger/Hummrich, Familie und Migration, S. 113.

[18]Vgl. Geisen, Multilokale Existenzweisen von Familien im Kontext von Migration, S. 27.

[19]Vgl. Geisen, Multilokale Existenzweisen von Familien im Kontext von Migration, S. 27.

[20]Hamburger/Hummrich, Familie und Migration, S. 113. Positive Würdigungen von Familien mit Migrationshintergrund sind lediglich vereinzelt zu finden. Vgl. z. B. Bundesministerin für Familie, Senioren, Frauen und Jugend: Familien mit Migrationshintergrund, S. 5.

[21]Vgl. Müller-Schneider, Zuwanderung in westliche Gesellschaften. S. 249.

[22]Vgl. Müller-Schneider, Zuwanderung in westliche Gesellschaften. S. 254; Welte, Der Familienschutz im Ausländerrecht, S. 25.

[23]Müller-Schneider, Zuwanderung in westliche Gesellschaften. S. 41.

der zu erwartenden gesellschaftlichen Auswirkungen dieser Zuwanderung jedoch perspektivisch ausblenden. Da diese Argumentationslinien im Sinne einer Gesinnungsethik[24] nicht den gesamten Komplex der zu erwartenden Handlungsfolgen in die Entscheidungsfindung mit einbeziehen, sind sie als ethisch defizitär zu beurteilen.[25] Als ethisch defizitär sind jedoch auch jene Positionen zu bewerten, welche in ihrer verantwortungsethischen Argumentationslogik der Komplexität des Sachverhalts nicht gerecht werden. Das Thema des Familiennachzugs in die Bundesrepublik Deutschland scheint sowohl im wissenschaftlichen als auch öffentlichen Diskurs besonders anfällig dafür zu sein, spekulativ, einseitig, theoretisch verzerrt und in der Summe negativ dargestellt zu werden. Dies ist sicher auch dem Sachverhalt geschuldet, dass Ehe und Familie über viele Jahrzehnte „in der Migrationsforschung theoretisch, methodologisch und empirisch"[26] kaum berücksichtigt wurde. Ende der 1990er Jahre musste noch konstatiert werden: „Hinsichtlich der Quantitäten des des [!] Ehegatten- und Familiennachzugs herrscht *Unwissenheit*. Von amtlicher Seite gibt es *keine gesonderte statistische Erfassung* dieser Migrationsart."[27] Obwohl unter Verwendung der Visastatistik des Auswärtigen Amtes und des Ausländerzentralregisters inzwischen bessere Daten zur Erhebung des Ehegatten- und Familiennachzugs vorliegen, ist weiterhin von einer Vernachlässigung dieser Migrationsgruppe durch die deutsche Statistik zu sprechen.[28] Die Heiratsmigrationsstudie 2013 des Bundesamtes für Migration und Flüchtlinge stellt fest, dass Ehegatten aus dem Ausland eine zahlenmäßig bedeutsame Gruppe unter den Neuzuwanderern in Deutschland darstellen,[29] muss aber zugleich einräumen: „Quantitative Studien explizit über die Zielgruppe der Ehegatten aus dem Ausland wurden in Deutschland bisher nicht durchgeführt."[30] Die unsichere Datenlage und fehlende Studien bei der

---

[24]Vgl. Baumgartner, Artikel Gesinnung, Gesinnungsethik, Sp. 667.

[25]Vgl. Korff, Bleibende Elemente und neue Perspektiven, S. 753-754. In der Debatte um die Herausforderungen durch die hohe Zahl an aufgenommenen Flüchtlingen in den Jahren 2015 und 2016 in Deutschland werden jedoch auch differenzierte, problemorientierte Positionen mit dem Verdikt der „Gesinnungsethik" belegt. Vgl. Ott, Zuwanderung und Moral, S. 18.

[26]Geisen, Multilokale Existenzweisen von Familien im Kontext von Migration, S. 44.

[27]Lederer, Migration und Integration in Zahlen, S. 212.

[28]Vgl. Lederer, Indikatoren der Migration, S. 128.

[29]Vgl. Büttner/Stichs, Die Integration von zugewanderten Ehegattinnen und Ehegatten in Deutschland, S. 21.

[30]Büttner/Stichs, Die Integration von zugewanderten Ehegattinnen und Ehegatten in Deutschland, S. 47.

grenzüberschreitenden Familienzusammenführung tragen zu einer einseitig pro-
blemorientierten und oft spekulativ verallgemeinernden Erschließung des The-
menfeldes Familiennachzug und seiner gesellschaftlichen Folgen bei. So entsteht
mitunter in der Öffentlichkeit der Eindruck, die Migrationsform des Familiennachzugs könne verantwortlich nur unter den Aspekten der Zwangsverheiratung,
Scheinehen und der Unterdrückung der Frau diskutiert werden.[31] Es gilt dabei
einerseits, die Phänomene der Scheinehen und Zwangsverheiratungen[32] ernst zu
nehmen, andererseits keine unzulässigen Pauschalurteile zu fällen.[33] „Aufgrund
der eingeschränkten Aussagekraft der verfügbaren statistischen Informationen
lassen sich weder verlässliche Aussagen zum Umfang des Missbrauchs des Familiennachzugs machen, noch zu erforderlichen Gegenmaßnahmen.“[34]

Verantwortungsethisch begründete Aussagen zur Regelung des Rechts auf
Familiennachzug haben sich dem Anspruch zu stellen, nüchtern, realitätsnah und
abwägend die Sachverhalte zu erkunden und die Folgen der Handlungsoptionen
in den Blick zu nehmen.[35] Zu diesem Unterfangen soll diese Arbeit aus migra-
tions- und familiensoziologischer Perspektive einen Beitrag liefern. Bevor die
Systematik und der Aufbau dieser Untersuchung vorgestellt werden, sind einige
begriffliche und inhaltliche Klärungen unerlässlich.

---

[31]Vgl. Mirbach/Schaak/Triebl, Zwangsverheiratung in Deutschland, S. 25-28; Lünenborg/
Fritsche/Bach, Migrantinnen in den Medien, S. 143-144.

[32]Notwendig erscheint neben den konkreten Hilfsangeboten für die Betroffenen auch eine
Behebung des erheblichen Defizits an empirischen Kenntnissen über die Zwangsverheiratung. Vgl. Mirbach/Schaak/Triebl, Zwangsverheiratung in Deutschland, S. 15.

[33]Ein Generalverdacht der unfreiwilligen Eheschließung ist für die Gesamtheit der Migran-
tenehen abzulehnen. „Die öffentliche Auseinandersetzung um Zwangsverheiratung, Ehren-
morde und zunehmende Verhüllung von Mädchen und Frauen muslimischer Herkunft
aktualisiert die Debatte um Migration und Geschlecht. Sie belebt in erstaunlicher Weise die
Annahme, in Migrantenfamilien herrschten traditionelle Verhältnisse, die vor allem durch
patriarchal-autoritäre Beziehungen zwischen den Geschlechtern und den Generationen
bestimmt seien. [...] Dieses Wahrnehmungsmuster im Kontext von Migration, Kultur und
Geschlecht ist nicht neu. Es ist grundsätzlich stark vereinfachend. Insgesamt sind Plura-
lität und Differenziertheit in den Lebenszusammenhängen von Migrantenfamilien sowie
stattfindende Neuinterpretationen der Geschlechterverhältnisse und Familienstrukturen in
Rechnung zu stellen.“ Westphal, Geschlechterstereotype und Migration, S. 127.

[34]Müller, Missbrauch des Rechts auf Familiennachzug, S. 5.

[35]Vgl. Korff, Artikel Verantwortungsethik, Sp. 1913.

1.2   Begriffliche und inhaltliche Klärungen

Folgend soll in den Familiennachzug als dem Untersuchungsgegenstand dieser Arbeit eingeführt werden. Bevor der Blick auf den Familiennachzug selbst gerichtet werden kann, sind einige grundsätzliche Klärungen in Bezug auf menschliche Wanderungsbewegungen nötig. Dabei werden, wie dies auch in der Literatur durchgängig vorgegeben wird, die Begriffe Wanderung und Migration synonym verwendet.[36] Beide Begriffe verweisen auf Bewegungen von Menschen im geographischen Raum.[37] Dieser Bedeutungshorizont für sich ist jedoch noch so allgemein, dass für die in Betracht zu nehmenden Phänomene damit kein großer Gewinn erzielt wird. Denn bedeutet Wanderung lediglich die Bewegung eines Individuums von einer Einheit eines räumlichen Systems zu einer anderen, dann ließe sich bei nur hinreichend kleinen Raumeinheiten jeder sich bewegende Mensch als Migrant bezeichnen.[38] Die tägliche Fahrt zur Arbeit oder das Einkaufengehen würde ohne weitere Spezifikation des Migrationsbegriffes auch unter Migrationsbewegungen fallen. Es herrscht darin weite Übereinstimmung, den Begriff der Migration zeitlich zu spezifizieren. Als wesentliches Bestimmungselement gilt dabei der Wechsel des Wohnsitzes.[39] Denn der Wohnsitzwechsel impliziert eine gewisse Dauerhaftigkeit der Ortsveränderung[40] und nimmt somit temporäre Ortsveränderungen aus.[41] Als weitere konstitutive Bestimmung soll von Migration dann gesprochen werden, wenn mit dem Wohnsitzwechsel eine geographische Bewegung verbunden ist, welche für die Betroffenen von sozialer

---

[36]Vgl. Lederer, Indikatoren der Migration, S. 18.

[37]Vgl. Hoffmann-Nowotny, Migration, S. 53; Hoffmeyer-Zlotnik, Wanderungen: Formen und Vorkommen, S. 916.

[38]Vgl. Treibel, Migration in modernen Gesellschaften, S. 18-19.

[39]G. Albrecht definiert Wanderung als die Ausführung einer räumlichen Bewegung, die einen vorübergehenden oder permanenten Wechsel des Wohnsitzes bedingt und damit eine Veränderung der Position im physischen und im sozialen Raum zur Folge hat. Vgl. Albrecht, Soziologie der geographischen Mobilität, S. 23-25; vgl. auch Lederer, Indikatoren der Migration, S. 20; Meier-Braun, Deutschland, Einwanderungsland, S. 7-8; Treibel, Migration in modernen Gesellschaften, S. 19.

[40]Vgl. Lederer, Indikatoren der Migration, S. 22.

[41]Moderne Formen der Mobilität, z. B. touristische Reisen, Arbeitsreisen und Berufspendeln werden aufgrund der mangelnden Dauerhaftigkeit der Ortsveränderung somit bewusst vom Migrationsgeschehen ausgenommen. Vgl. Treibel, Migration in modernen Gesellschaften, S. 19.

Bedeutung ist.[42] Somit kann Migration als sozial bedeutsamer Wechsel des Wohnsitzes definiert werden.[43]

Dieser allgemeine Migrationsbegriff genügt jedoch nicht, das Phänomen des Familiennachzugs zu erfassen. Denn zur Definition des Familiennachzugs ist die Unterscheidung zwischen innerstaatlicher und internationaler Wanderung von grundlegender Bedeutung. Internationale Migration liegt dann vor, wenn eine Person ihren Wohnsitz über die Grenzen eines Staatsgebietes hinweg verlagert.[44] Innerstaatliche Migration, oft auch Binnenwanderung genannt, bezeichnet hingegen Bewegungen, welche innerhalb eines Staatsgebietes stattfinden. Innerstaatliche Bewegungen können von den Staatsangehörigen aufgrund der menschenrechtlich garantierten Freizügigkeit frei und ungehindert vollzogen werden. Wanderungen über Staatsgrenzen hinweg bedürfen einer politisch-administrativen Bewilligung und verändern den aufenthaltsrechtlichen Status der betreffenden Person.[45] Die mit dem Recht auf Familiennachzug in Verbindung stehenden Migrationsformen beziehen sich ausschließlich auf Formen internationaler Migration.[46]

---

[42]Es erscheint vielen Autoren sinnvoll, von Wanderung erst dann zu sprechen, wenn zwischen dem Herkunfts- und Zielraum hinsichtlich Entfernung bzw. sozialer Gegebenheiten ein signifikanter Unterschied besteht. So wird ein Umzug innerhalb eines Stadtteiles nicht als Wanderungsverhalten verstanden. Bei einem Umzug in einen Nachbarort hängt es vor allem davon ab, ob zusätzlich zur räumlichen Bewegung auch eine bedeutsame Änderung des sozialen Raumes zu konstatieren ist. Eindeutig von Wanderungen ist bei Veränderungen auszugehen, bei denen ein Übergang von einer Gesellschaft in eine andere erfolgt. Vgl. Albrecht, Soziologie der geographischen Mobilität, S. 23-25.

[43]Diese Begriffsbildung wurde weitgehend in der zweiten Hälfte des 20. Jahrhunderts grundgelegt. Ziel war es, Wanderungsbewegungen, die heute als Arbeits- oder Fluchtmigration bezeichnet werden, zu klassifizieren. Bei diesen Wanderungsformen erscheint die Bezugnahme auf den Wohnsitzwechsel geeignet, da einerseits im Regelfall ein fester Wohnsitz sowohl im Herkunfts- als auch im Zuwanderungsland auszuweisen ist und andererseits der Wechsel über Daten der amtlichen Meldebehörden auch empirisch nachweisbar ist. Diese Definition erweist sich auch für die durch Familiennachzug bedingten Wanderungsbewegungen als fruchtbar. Für die seit der Jahrtausendwende vermehrt in den Blick der Forschung getretene „irreguläre" Migration erweist sich eine auf den Wohnsitz rekurrierende Definition als wenig hilfreich, da aufgrund der besonderen Umstände dieser Migrationsart in der Regel kein fester Wohnsitz im Zuwanderungsland bezogen werden kann. Vgl. Fisch, Menschen in aufenthaltsrechtlicher Illegalität, S. 43-49.

[44]Vgl. Hoffmeyer-Zlotnik, Wanderungen: Formen und Vorkommen, S. 917-918; Treibel, Migration in modernen Gesellschaften, S. 20.

[45]Vgl. Santel, Migration in und nach Europa, S. 21.

[46]Bei vielen Entscheidungen zur Binnenwanderung spielen jedoch ebenso familiale Bindungen und der dringende Wunsch nach häuslichem Zusammenleben mit den Familienangehörigen eine entscheidende Rolle.

Um einen Überblick über das Immigrationsgeschehen eines Staates zu erhalten, ist es sinnvoll, verschiedene Gruppen von Zuwanderern zu unterscheiden. Das Bundesamt für Migration und Flüchtlinge unterscheidet dabei in seinen inzwischen jährlich erscheinenden Migrationsberichten sieben Zuwanderergruppen.[47] Diese zeichnen sich durch Unterschiede bei den Aufenthaltszwecken und den rechtlichen Regelungen der Einreise und des Aufenthalts aus. Untersuchungsgegenstand dieser Arbeit ist die Migrationsart Familien- und Ehegattennachzug von ausländischen Staatsangehörigen. Aus Gründen der einheitlichen und praktikablen Begriffsverwendung wird im Folgenden unter dem Begriff Familiennachzug sowohl der Zuzug von Ehegatten als auch von Kindern erfasst. Dies entspricht der allgemeinen Verwendung des Begriffs in der rechts- und sozialwissenschaftlichen Literatur.

Es werden in dieser Untersuchung über den Familiennachzug somit diejenigen Ehegatten und minderjährigen Kinder nichtdeutscher Staatsangehörigkeit in den Blick genommen, welche zur Herstellung und Wahrung der familialen Lebensgemeinschaft Einreise und Aufenthalt in der Bundesrepublik Deutschland beantragen und diese im Falle einer behördlichen Genehmigung umsetzen.

Der Begriff Familiennachzug ist jedoch weiter zu fassen, als es eine intuitive Erschließung des Begriffs nahelegt. Denn der Begriff Nachzug lässt in erster Linie eine Wiederherstellung der Familieneinheit nach ihrer vorangegangenen Trennung vermuten. Dies trifft auf viele Zuzüge von Arbeitnehmerfamilien zu, da Probezeiten und Wohnungssuche vor Ort oft einem sofortigen Umzug der ganzen Familie in das Aufnahmeland entgegenstehen. Als vom Ausländerrecht geprägter Begriff umfasst Familiennachzug jedoch auch die Einreise der Ehegatten und der minderjährigen Kinder beim gemeinsamen Zuzug einer Familie auf das Gebiet der Bundesrepublik Deutschland.[48] Zudem wird der Zuzug zur erstmaligen Begründung einer Lebensgemeinschaft durch die Eheschließung auch als eine Form des Familiennachzugs verstanden. Dem folgend wird Familiennachzug in dieser Arbeit in einem umfassenden Sinne verstanden. Ausgeschlossen wird jedoch explizit ein Begriffsverständnis, welches die Geburt eines Kindes ausländischer Eltern im Inland als „Nachzug durch Geburt" erfasst. Denn dabei handelt es sich nicht um eine Migration im eigentlichen Sinne des grenzüberschreitenden Zuzugs.[49]

---

[47]Vgl. Migrationsbericht 2014, S. 36.

[48]Vgl. Renner/Kanein, Ausländerrecht, S. 271.

[49]Vgl. Renner/Kanein, Ausländerrecht, S. 271.

Die in der Literatur oft verwendeten Begriffe der Familienzusammenführung bzw. des Aufenthalts aus familiären Gründen[50] werden im Allgemeinen in synonymer Bedeutung mit dem Familiennachzug verwendet. Ebenso wird mit dem besonders auf dem Gebiet der Soziologie etablierten Begriff der abhängigen Migration[51] verfahren, insofern er sich auf den Bereich der Einwanderung bezieht. Die in der englischsprachigen Literatur verwendeten Begriffe dependent migration, family reunion, family reunification, secondary migration, associational migration werden ebenso als dem Familiennachzug entsprechend verstanden.[52]

Es sei explizit darauf verwiesen, dass durch die Definition des Familiennachzugs als den ausländerrechtlich genehmigten Aufenthalt zur Herstellung und Wahrung der familialen Lebensgemeinschaft all jene Menschen außerhalb des Fokus dieser Arbeit stehen, welche die Einheit der Familie auf dem Gebiet der Bundesrepublik Deutschland herstellen, ohne im Besitz eines gültigen Aufenthaltstitels zu sein. Obwohl naturgemäß darüber keine gesicherten Zahlen zur Verfügung stehen, kann es als gesichert angenommen werden, dass viele Menschen ein Leben in aufenthaltsrechtlicher Illegalität[53] auf dem Bundesgebiet in Kauf nehmen, um mit ihren, oft ebenfalls statuslosen Familienangehörigen zusammenleben zu können.[54]

Zusammenfassend handelt es sich beim Familiennachzug um eine bedeutsame Form der Zuwanderung von Ausländern mit dem Ziel, auf dem Bundesgebiet das Zusammenleben der Familienmitglieder in der familialen Lebensgemeinschaft zu ermöglichen. Die methodische Beschränkung auf die Migrationsbewegungen in die Bundesrepublik Deutschland ist beim Familiennachzug aus gesamtdeutscher Perspektive insofern zu vertreten, da der Familiennachzug in die Deutsche Demokratische Republik quantitativ zu vernachlässigen ist.[55]

---

[50]Diese Formulierungen lassen sich z. B. in der Richtlinie zur Familienzusammenführung 2003/86/EG und im deutschen Aufenthaltsgesetz finden.

[51]Vgl. Han, P., Frauen und Migration, S. 26-27.

[52]Vgl. Booth, The migration process in Britain und West Germany, S. 111; Han, Frauen und Migration, S. 26; OECD, International Migration Outlook 2007, S. 24.

[53]Die Verwendung der Bezeichnung „illegale Migranten" für diese Personengruppe steht aufgrund ihrer oft herabsetzenden, kriminalisierenden Konnotation zunehmend in der Kritik. Alternativ dazu werden die Begriffe irreguläre, unkontrollierte oder undokumentierte Migration verwendet. Vgl. Migrationsbericht 2014, S. 134.

[54]Vgl. Alt, Leben in der Schattenwelt, S. 79-80, 200-201; Fisch, Menschen in aufenthaltsrechtlicher Illegalität, S. 31, 71-74; Lederer, Indikatoren der Migration, S. 169.

[55]Vgl. Hamburger/Hummrich, Familie und Migration, S. 114.

Diese Arbeit beschränkt sich jedoch nicht auf die durch den Familiennachzug erfassten Zuzüge nach Deutschland, sondern nimmt auch die familial induzierten Fortzüge in den Blick. Denn familiale Bindungen erweisen sich nicht nur bei den Zuzügen nach Deutschland von großer Bedeutung, sondern auch bei der Remigration.

Es erscheint für eine sozialethische Untersuchung des Familiennachzugs unerlässlich, das Phänomen der Migration zur Herstellung oder Bewahrung der Familiengemeinschaft in seiner Gesamtheit zu betrachten. Dazu gehört, sowohl die Zuzüge nach Deutschland als auch die Fortzüge aus Deutschland in den Blick zu nehmen. Der methodische Einbezug der Remigration zur Erfassung und Bewertung des deutschen Migrationsgeschehens ist sowohl in der Migrationsforschung als auch in der öffentlichen Diskussion nicht etabliert. „Wie bereits mehrfach erwähnt wird meist, wenn von Migration die Rede ist, nur die Komponente der Zuwanderung betrachtet. Dass es auch Ab- und Auswanderung aus dem Bundesgebiet in beträchtlichem Umfange gibt, wird dabei häufig übersehen oder auch bewusst verschwiegen. […] Festzuhalten ist, dass die zeitgenössische Abwanderung aus Deutschland ein von der Wissenschaft vernachlässigter Bereich der Migrationsforschung ist".[56] Seit einigen Jahren wächst jedoch das wissenschaftliche Interesse an der Beschreibung und theoretischen Erklärung der Remigration von Zuwanderern.[57] Dies ist unter anderem auf den Einfluss des Forschungsansatzes des Transnationalismus[58] zurückzuführen. „Der Transnationalismus-Ansatz geht von zwei grundlegenden Prämissen aus, nämlich dass Migrationen soziale Netzwerke neu entstehen lassen bzw. an bestehende anknüpfen, und dass Migrationen keine einseitig gerichteten Verläufe nehmen, wie sie etwa im Rahmen traditioneller Migrationsvorstellungen mit den push-pull-Modellen konzipiert wurden. Vielmehr finden Pendelbewegungen und Mobilität innerhalb von transnationalen Netzwerken statt."[59] Es ist Ziel dieser Arbeit, zur Beantwortung der Frage nach der Bedeutung des Familiennachzugs in den für die bundesdeutsche Zuwanderung wirkmächtigen Jahren bis 1981 die Perspektive der abhängigen Remigration[60] mit einzubeziehen. Dadurch wird eine Darstellung der durch familiale

---

[56]Lederer, Indikatoren der Migration, S. 38.

[57]Vgl. Haug, Bleiben oder Zurückkehren?; Haug/Rühl, Remigration von Zuwanderern in Deutschland.

[58]Vgl. Pries (Hrsg.), Transnationale Migration.

[59]Geisen, Multilokale Existenzweisen von Familien im Kontext von Migration, S. 39.

[60]Obwohl der Begriff weder geprägt ist noch verwendet wird, könnte man in Analogie zum Familiennachzug von „Familienfortzug" sprechen.

Bindungen induzierten Nettomigration in die Bundesrepublik Deutschland ermöglicht. Die Familiennachzüge können somit zu den familialen Remigrationsbewegungen in die Herkunftsländer in Beziehung gesetzt werden.

Ausdrücklich sei darauf hingewiesen, dass für eine umfassende ethische Erschließung des Phänomens Familiennachzug die Behandlung der Themen der rechtlichen Regelung des Familiennachzugs und der gesellschaftlicher Integration der Einwanderer unerlässlich ist. Obwohl auf die beiden Themenkomplexe Recht und Integration im Rahmen der Themenstellung dieser Arbeit nicht detailliert eingegangen werden kann, soll folgend kurz skizzenhaft darauf verwiesen werden.

Zahlreiche juristische Schriften beschäftigen sich mit dem Inhalt und den Grenzen des Rechtsanspruchs auf Familiennachzug und mit der Frage seiner Umsetzung in nationale, supranationale und internationale Gesetzgebung und Rechtsprechung. Seit den frühen 1970er Jahren steht dabei neben der Gewährung des Familiennachzugs aus humanitären Gründen[61] das Ziel der Restriktion[62] im Mittelpunkt des bundesdeutschen gesetzgeberischen Interesses. Dies erklärt sich aus dem starken Zuzug von ausländischen Familienangehörigen in die Bundesrepublik Deutschland seit den späten 1960er Jahren, welcher nicht gewollt war und eine Epochenwende in der deutschen Ausländerpolitik darstellte. Denn in der Geschichte des deutschen Staates hatte bisher weitestgehend die staatliche Obrigkeit souverän und von eigenem Nutzenkalkül geleitet bestimmt, welche Ausländer sich auf dem Staatsgebiet aufhielten. Von den „Auslandspolen" Ende des 19. Jahrhunderts[63] über die Zwangsarbeiter während der beiden Weltkriege[64] bis hin zu den Arbeitsmigranten in den 1960 und frühen 1970er Jahren, immer galt dieselbe Maxime: Die Einreise und der Aufenthalt von Ausländern hatten sich durch eine Förderung der Belange des deutschen Staates zu legitimieren. Dabei hatte es sich Deutschland als Aufnahmeland immer vorbehalten, über die Einreise von Ausländern nach eigenem Gutdünken souverän zu entscheiden. Mit dem Erstarken des Familiennachzugs gewann erstmals ein humanitärer Migrationsgrund an Bedeutung, welcher sich nicht aus staatlichem Interesse, sondern aus elementaren

---

[61]Vgl. Han, Soziologie der Migration 2010, S. 92; Straubhaar, Migration im 21. Jahrhundert, S. 105.

[62]Vgl. Müller-Schneider, Zuwanderung in westliche Gesellschaften, S. 255-256.

[63]Vgl. Bade, K. J., ‚Billig und willig' - die ‚ausländischen Wanderarbeiter', S. 312. Von den „Auslandspolen" sind die im gleichen Zeitraum angeworbenen „Ruhrpolen" zu unterscheiden, welche preußische Staatsbürger und somit keine Ausländer waren. Vgl. Kleßmann, Einwanderungsprobleme im Auswanderungsland, S. 305.

[64]Vgl. Herbert, ‚Ausländer-Einsatz' in der deutschen Kriegswirtschaft, S. 354; Herbert, Geschichte der Ausländerpolitik in Deutschland, S. 88-90.

Bedürfnissen und Rechten einzelner Personen ableitete. Das Neue lag zudem darin, dass diese Personen keine Staatsbürger waren und der Zuzug in vielfältiger Weise die Belange der Bundesrepublik Deutschland beeinträchtigte. Seither ist es Aufgabe des Gesetzgebers, eine rechtliche Regelung des Familiennachzugs herbeizuführen, welche sowohl die auf den Rechtsebenen von Unionsrecht, Völkerrecht und Verfassungsrecht garantierten familienbezogenen Schutzgewährleistungen[65] als auch das Gemeinwohl der Aufnahmegesellschaft berücksichtigt.[66] Eine ethisch vertretbare Regelung des Familiennachzugs muss somit den Menschenrechten der ausländischen Familienmitglieder als auch den Rechten und Ansprüchen der Staatsbürger gerecht werden. Eingebettet in einen umfassenderen transnationalen Steuerungsdiskurs herrscht breiter Konsens darin, „daß es nicht nur auf die Effektivität möglicher Maßnahmen ankommt, sondern ebenso auf deren moralische Vertretbarkeit."[67] Diese Arbeit hat das Ziel, den oft emotional geführten Diskurs über eine angemessene rechtliche Gestaltung des Rechts auf Familiennachzug zu versachlichen. Insbesondere möchte sie das oft verzerrte Bild korrigieren, welches das Phänomen des Familiennachzugs einseitig vor allem als große und bedrohliche Belastung für die deutsche Gesellschaft zeichnet.

In Bezug auf eine gesellschaftsverträgliche Immigration nimmt der Begriff der Integration[68] seit einigen Jahren eine Schlüsselstellung ein. Der Begriff der Integration ist in der Migrationsdebatte alles andere als neu. Schon der im Jahre 1978 von der Bundesregierung eingesetzte „Beauftragte zur Förderung der Integration der ausländischen Arbeitnehmer und ihrer Familienangehörigen" Heinz Kühn brachte umfassende Vorschläge zur „Weiterführung, Neuorientierung und notwendigen Intensivierung der Integrationspolitik"[69] ein. Vor der Jahrtausendwende schien in der Bundesrepublik Deutschland jedoch die Zeit noch nicht reif für einen breiten Konsens zur Notwendigkeit der Integration der Migranten zu sein.

---

[65]Vgl. Welte, Der Familienschutz im Spektrum des Ausländerrechts, S. 31.

[66]Einen differenzierten Überblick über die bundesdeutsche Gewährung von Zuzugs- und Aufenthaltsrechten für ausländische Ehegatten und Kinder geben Dorbritz/Gerlach/Scheiwe/Schuler-Harms, Strukturen und Rahmenbedingungen von Migration, S. 59-63.

[67]Müller-Schneider, Zuwanderung in westliche Gesellschaften, S. 41.

[68]Auf den in der Vergangenheit oft verwendeten Begriff der Assimilation wird nicht näher eingegangen. Zur Unterscheidung der Begriffe Integration und Assimilation seien folgenden Definitionen angeführt. „Während monistische *Assimilation* die vollständige und passive Anpassung der Einwanderer an die Ankunftsgesellschaft bedeutet, handelt es sich bei pluralistischer und interaktionistischer Assimilation um wechselseitige Beeinflussungs- und Veränderungsprozesse zwischen Einwanderern und Mehrheitsgesellschaft der Ankunftsregion *(Integration)*." Pries, Migration und Integration in Deutschland, S. 229.

[69]Kühn, Stand und Weiterentwicklung der Integration der ausländischen Arbeitnehmer und ihrer Familien, S. 4.

Anhänger einer traditionalistischen staatlichen Politik vertraten die Ansicht, dass viele Einwanderer aus „fremden Kulturkreisen" aufgrund ihrer Herkunft als nicht integrationsfähig zu betrachten seien.[70] Zudem schien die Förderung der Integration die von vielen Gesellschaftsteilen noch favorisierte Förderung der Rückkehr von Migranten in ihre Heimatländer zu hintertreiben.[71] Aber auch jene, welche die Vision einer am deutschen Grundgesetz orientierten multikulturellen Gesellschaft verfolgten, unterschätzten teilweise die Dringlichkeit der Integrationsprozesse.[72] Diese Auseinandersetzungen der letzten Jahrzehnte mündeten schon vor einigen Jahren in den Konsens, dass Integration nahezu in eins zu setzen ist mit gelungener, gemeinwohlverträglicher Immigration. Gesellschaftliche Integration wird dabei als vielschichtiger Prozess verstanden, welcher sich im Rahmen der indikatorengestützten Integrationsforschung in den vier Hauptdimensionen der kulturellen, strukturellen, sozialen und identifikativen Integration darstellen lässt.[73] Zusammenfassend lässt sich feststellen, dass für die gesellschaftliche Akzeptanz des Rechts auf Familiennachzug die Integration der zuwandernden Familienmitglieder ein entscheidendes Kriterium darstellt. Dabei handelt es sich um einen interaktiven sozialen Prozess, welcher sowohl die Migranten als auch die Aufnahmegesellschaft herausfordert und in Verantwortung nimmt.

Die Frage der Gestaltung des Rechts auf Familiennachzug und der Rahmenbedingungen seines Vollzuges verweist im Kern auf das Spannungsfeld der Gewährung individueller Schutz- und Anspruchsrechte bei gleichzeitiger Sorge um das Gemeinwohl der Aufnahmegesellschaft. Da es hierbei um die „gerechte Ordnung gesellschaftlicher Verhältnisse"[74] geht, steht diese Frage auch im Fokus der Christlichen Sozialethik. Dabei zeigt der Themenkomplex des Familiennachzugs

---

[70]Vgl. Kirloskar-Steinbach, Gibt es ein Menschenrecht auf Immigration?, S. 26.

[71]Vgl. Berlin-Institut für Bevölkerung und Entwicklung: Ungenutzte Potenziale, S. 4.

[72]Vgl. Berlin-Institut für Bevölkerung und Entwicklung: Ungenutzte Potenziale, S. 4. In abweichender Darstellung jedoch Kirloskar-Steinbach, Gibt es ein Menschenrecht auf Immigration?, S. 46-48. Auch Ludger Pries ist skeptisch, Integration und Multikulturalität als sich gegenseitig ausschließende Zielvorstellungen zu bewerten. „›Multikulti‹ kann man als normatives Konzept unter Umständen als gescheitert ansehen (wobei auch dies wissenschaftlich erst zu zeigen wäre). Das alltägliche Zusammenleben der Menschen in Deutschland aber ist von ›Multikulti‹ geprägt. Etwas anderes zu behaupten stellt eine Lebenslüge dar." Pries, Migration und Integration in Deutschland, S. 220-221.

[73]Vgl. Büttner/Stichs, Die Integration von zugewanderten Ehegattinnen und Ehegatten in Deutschland. S. 135.

[74]Möhring-Hesse, Zur Theologie christlicher Sozialethik im Anschluss an *Gaudium et spes,* S. 90.

eine hohe Komplexität ethisch relevanter Fragestellungen. Diese lassen sich den Bereichen Menschenrechte, Ehe und Familie, soziale Sicherung, politische Ordnung und internationale Migration zuordnen. Viele Ergebnisse sozialethischer Untersuchungen dieser Gebiete lassen sich für eine ethische Reflexion des Familiennachzugs nutzbar machen. Es sind deshalb mehrere ethische Zugänge zum Thema Familiennachzug möglich. Diese Arbeit wird den Familiennachzug in die Bundesrepublik Deutschland unter migrations- und familiensoziologischer Perspektive untersuchen.

1.3 Aufbau der Arbeit

Ziel dieser Arbeit ist es, in drei Schritten den Familiennachzug in die Bundesrepublik Deutschland migrationshistorisch, migrationstheoretisch und familiensoziologisch zu erschließen. 1. Zuerst wird auf der Grundlage demografischer Daten und migrationspolitischer Weichenstellungen die Entwicklung der familial induzierten Migrationsbewegungen nach Deutschland bis zum Jahre 1981 dargestellt. Die These der Zunahme des Familiennachzugs nach dem Anwerbestopp für ausländische Arbeitnehmer im Jahre 1973 wird dabei widerlegt werden. Ebenso wird mit Blick auf die Remigrationen eine Koinzidenz zwischen Familiennachzug und Verstetigung der Migration infrage gestellt. 2. Auf der Grundlage der Kenntnis empirisch nachweisbarer Migrationsbewegungen soll daraufhin die Migrationsform des Familiennachzugs aus dem Blickwinkel der Migrationstheorien untersucht werden. Aufgrund der sich dabei zeigenden Komplexität der Migrationsentscheidungen wird das weit verbreitete, oft auf dem push-pull-Modell basierende monokausale Erklärungsmuster für den Familiennachzug als defizitär erkannt. 3. Schließlich werden im dritten Teil aus familiensoziologischer Perspektive die Leistungen der Familien mit ausländischen Familienmitgliedern sowohl für die Individuen als auch die Gesellschaft dargestellt.

Im ersten Kapitel dieser Arbeit steht die demografisch-migrationshistorische Erfassung des Familiennachzugs in die Bundesrepublik Deutschland bis zum Jahre 1981 im Vordergrund. In der Migrationsforschung wird weithin die These vertreten, dass der Familiennachzug in der Folge der Beendigung der intensiven Anwerbung ausländischer Arbeitnehmer im Jahre 1973 an Bedeutung gewonnen habe und damit eine nicht intendierte Verstetigung der Migration auf dem Bundesgebiet einhergegangen sei. Der detaillierte Blick auf die damaligen ausländerpolitischen Entscheidungen und die daraus resultierenden

Migrationsbewegungen[75] zeigt, dass das Phänomen des Familiennachzugs damit
nur unzureichend, wenn nicht gar verfälscht wiedergegeben wird. Es erweist sich,
dass die Zahlen und Fakten zum Familiennachzug nicht so eindeutig sind, wie
sie oftmals angenommen werden.[76] Vielmehr wurde den bedeutenden Migrationsbewegungen durch den Familiennachzug vor dem Anwerbestopp im Jahr 1973
und auch den zahlreichen Remigrationen ausländischer Familien bisher nicht
gebührende Aufmerksamkeit geschenkt. Diese Arbeit möchte, soweit dies auf
demografischer Datenlage möglich ist, die kontinuierliche Entwicklung des Familiennachzugs in die Bundesrepublik Deutschland bis zum Jahre 1981 betrachten.
Zusätzlich werden auch die Fortzüge von Familien ausländischer Staatsbürger
dargestellt. Dies ist nur möglich, indem auch auf die politischen, wirtschaftlichen und sozialen Rahmenbedingungen der einen etwaigen späteren Zuzug der
Familienmitglieder initiierenden Arbeitsmigration Bezug genommen wird. Auf
der Grundlage empirischer Migrationsdaten lässt sich dabei feststellen, dass die
quantitative Bedeutung des Familiennachzugs in der Phase vor dem Anwerbestopp größer war als in der Zeit danach. Zudem lässt sich aufgrund der hohen
Zahlen der Fortzüge ausländischer Familienmitglieder über lange Zeiträume hinweg die These infrage stellen, wonach der Familiennachzug ausländischer Familienmitglieder gleichzusetzen sei mit der Einwanderung der ganzen Familie auf
Dauer.

    Nach der Darstellung des empirischen Migrationsgeschehens in der Bundes-
republik Deutschland in der Initialphase der abhängigen Migration bis 1981 soll
im nächsten Kapitel das Phänomen des Familiennachzugs theoretisch erschlossen
werden. Ziel der Migrationstheorien ist dabei die Erklärung der Entscheidungen
von Menschen, zum Zwecke der Familienzusammenführung über Staatsgrenzen
hinweg zu migrieren. Es wird sich dabei herausstellen, dass die in der öffentlichen Diskussion oft verwendeten Makrotheorien[77] der Wanderung nicht geeignet sind, das Phänomen der abhängigen Migration theoretisch zu erfassen. Dies

---

[75]Bei dem empirisch-demografischen Nachweis dieser Migrationsbewegungen handelt
es sich um ein anspruchsvolles Unterfangen. „Das Wissen und das Bewusstsein darüber,
was hinter jeder einzelnen Statistik steht und steckt, welchen postulierten Definitionen sie
zugrunde liegt, mit welchen Methoden sie erhoben wird und welchen nationalen Quellen
sie entstammt, ist also unabdingbare Notwendigkeit, um ihre richtige Interpretation und
Kontextualisierung zu gewährleisten." Wagner/Petzl, Konstruktion von Migration in Statistik, Diskurs und Praxis, S. 32.

[76]Vgl. Hübenthal, „Denn ihr seid selbst Fremde gewesen", S. 16; Ott, Zuwanderung und
Moral, S. 7.

[77]Besonders häufig in der Form des push-pull-Modells.

gelingt jedoch einigen mikrotheoretischen Modellierungen der Migration, welche den Entscheidungshorizont der Individuen durch Einbezug des werterwartungstheoretischen Ansatzes auf den Bereich der familialen Beziehungen hin öffnen. Neue Ansätze hinterfragen zudem die Prämisse der Migrationsentscheidung durch das Individuum zugunsten der Betonung des Familienverbandes als dem eigentlichen Entscheidungsträger bei Wanderungen ihrer Mitglieder.

Ziel des abschließenden dritten Kapitels dieser Arbeit ist die Untersuchung der Sozialformen Ehe und Familie aus der familiensoziologischen Perspektive. Bevor auf die spezifischen Aufgaben und Leistungen von Ehe und Familie detailliert eingegangen wird, soll durch die Betrachtung der historischen Entwicklung der gewählte Ansatz der funktionalen Analyse der Institutionen Ehe und Familie begründet werden. So lässt sich in einer historisch-soziologischen, genealogischen Erschließung dieser Institutionen der Nachweis erbringen, dass die Hebung ihres humanen Potenzials eng mit der funktionalen Differenzierung in der modernen Gesellschaft verbunden ist. Anschließend werden die Aufgaben und Leistungen von Ehe und Familie innerhalb der ausdifferenzierten Gesellschaft der Moderne eingehend beschrieben. Auf der Grundlage sozialwissenschaftlicher Erkenntnisse wird dargestellt, inwieweit die Ehen und Familien in der Bundesrepublik Deutschland diesen Anforderungen nachkommen und welche Probleme sie dabei zu gewärtigen haben. Besondere Bedeutung wird den Familien mit ausländischen Staatsbürgern zugemessen, deren Aufenthalt und Leben im Bundesgebiet oftmals die Folge des Familiennachzugs ist. Es wird festgestellt werden, dass die Ehen und Familien mit ausländischen Staatsangehörigen im Allgemeinen in einem sehr hohen Maße die ihnen gesellschaftlich zugewiesenen Aufgaben und Leistungen erfüllen bzw. erbringen.

Demografisch-migrationshistorische Erfassung des Familiennachzugs in der Bundesrepublik Deutschland bis zum Jahre 1981

2.1 Zur Methodik der Erfassung des Familiennachzugs in der Bundesrepublik Deutschland bis zum Jahre 1981

2.1.1 Darstellung des Familiennachzugs anhand des Phasenmodells von Migration

Der historische Blick auf das Migrationsgeschehen in Deutschland und anderen Staaten zeigt, dass es sich bei Migration in der Regel um keinen zeitlich linear fortschreitenden Prozess handelt. Vielmehr lassen sich die internationalen Wanderungsprozesse durch eine Einteilung in verschiedene Zeiträume, Phasen[1], adäquat beschreiben. Dabei unterscheiden sich die einzelnen Migrationsphasen durch spezifische Konstellationen migrationsbedingender Faktoren, welche sich jeweils in einem von den anderen Phasen unterscheidbaren Migrationsgeschehen niederschlagen. Zur Beschreibung des bundesdeutschen Migrationsgeschehens wurden im Laufe der letzten Jahre einige Phasenmodelle entwickelt, welche, abhängig vom Forschungsinteresse, teilweise unterschiedliche Phaseneinteilungen präferieren.[2] Über alle Unterschiede hinweg besteht Einigkeit darin, das Jahr 1973 durch den verfügten Anwerbestopp von ausländischen Arbeitnehmern als den Zeitraum eines wichtigen Phasenübergangs zu interpretieren.

---

[1] Vereinzelt werden auch die Begriffe Perioden oder Epochen verwendet.

[2] Vgl. Meier-Braun, Deutschland, Einwanderungsland, S. 5; Flam/Weber, Sieben Phasen der Einwanderung in die BRD, S. 293-296; Hunn, »Nächstes Jahr kehren wir zurück ...«, S. 5-7; Münz/Seifert/Ulrich, Zuwanderung nach Deutschland, S. 184; Münz/Ulrich, Internationale Wanderungen von und nach Deutschland, S. 7; Sechster Familienbericht, S. 37-42.

© Springer Fachmedien Wiesbaden GmbH 2018
W. Lingl, *Der Familiennachzug in die Bundesrepublik Deutschland,*
https://doi.org/10.1007/978-3-658-19640-0_2

Im Folgenden wird für die Darstellung der internationalen Migration der Bundesrepublik Deutschland bis zum Jahre 1981 eine Phaseneinteilung gewählt, welche sich sowohl an der bundesdeutschen Ausländerpolitik als auch an der demografischen Entwicklung der Migrationsbewegungen orientiert. Es wird dabei im Zeitraum von 1945 bis 1981 von drei Phasen der Migration ausgegangen. In der ersten Phase von 1945 bis 1955 ist in der Folge des Endes des Zweiten Weltkriegs eine große Zuwanderung Deutscher und Deutschstämmiger auf das Gebiet der Bundesrepublik zu verzeichnen. Der Familiennachzug von Ausländern spielte keine Rolle. Die zweite Phase von 1955 bis 1973 ist entscheidend von Arbeitsmigration geprägt. Es soll der Nachweis geführt werden, dass sich die Migration in den letzten Jahren dieser Phase schon durch einen hohen Familiennachzug auszeichnete.[3] Die dritte Phase von 1973 bis 1981 wird in vielen Studien als der Zeitraum gedeutet, in welchem die Arbeitsmigration durch den Familiennachzug abgelöst wurde.[4] Diese Phase gilt weithin als „die" Phase des Familiennachzugs mit dabei überragender Bedeutung des Herkunftslandes Türkei. Die wegziehenden Arbeitnehmer, so der breite migrationshistorische Konsens, seien durch die nachziehenden Familienmitglieder substituiert worden. Es ist Ziel dieser Arbeit, auf der Grundlage des demografischen Datenmaterials die schematische Zuordnung des Migrationstypus Arbeitsmigration auf die zweite und des Migrationstypus Familiennachzug auf die dritte Migrationsphase in Frage zu stellen. Vielmehr erscheint der Familiennachzug in dem untersuchten Zeitraum zeitlich so eng mit der primären Arbeitsmigration verbunden zu sein, dass von einem phasenverschobenen Vollzug schwerlich gesprochen werden kann.

Die zweite und dritte Migrationsphase zeichnet aus, dass in ihnen auch die ehelich und familial induzierten Fortzüge von Ausländern erfasst werden können. Somit wird es möglich, die Nettomigration der abhängigen Migration, bestehend aus den Zu- und Fortzügen von Ehegatten und minderjährigen Kindern, zu beschreiben und zu bewerten. Folgend werden die internationalen Wanderungsbewegungen in die Bundesrepublik Deutschland unter besonderer Berücksichtigung der Bedeutung des Familiennachzugs detailliert dargestellt. In der quantitativen Analyse wird dabei der Fokus auf den Bereichen Arbeitsmigration, abhängige

---

[3]Auf diesen Sachverhalt weist auch Stephen Castles hin: „By the time large-scale labour migration was halted, the trend to family reunification was well established." Castles, Here for good, S. 14.

[4]Vgl. Han, Frauen und Migration, S. 36-37; Han, Soziologie der Migration 2005, S. 98-99; Berlin-Institut für Bevölkerung und Entwicklung: Ungenutzte Potenziale, S. 13; Castles, Here for good, S. 14; Dorbritz/Gerlach/Scheiwe/Schuler-Harms, Strukturen und Rahmenbedingungen von Migration, S. 39 u. 44; Oltmer, Migration im 19. und 20. Jahrhundert, S. 54.

Migration und Verstetigung der Migration liegen. Die Migrationsphasen werden jeweils unter dem Gesichtspunkt der Ausländerpolitik, der demografischen Daten und der sozialen Situation der Migranten erörtert. Es wird sich dabei zeigen, dass die soziale Situation der Migranten im Aufnahmeland für die Entscheidung zum Familiennachzug von Bedeutung ist.

Die Beschränkung der Betrachtung des Migrationsgeschehens auf den Zeitraum von 1945 bis 1981 ergibt sich aus dem Forschungsinteresse dieser Arbeit. Der Familiennachzug in die Bundesrepublik Deutschland gilt im politischen, öffentlichen und sozialwissenschaftlichen Diskurs als eine der Hauptursachen für die Entwicklung Deutschlands zum Einwanderungsland. Verantwortlich für die internationalen Wanderungsbewegungen und die zu verzeichnende Verstetigung der Migration in Deutschland wird hauptsächlich die den Familiennachzug gewährende bundesdeutsche Migrationspolitik gemacht, welche im Jahre 1981 radikal verändert wurde. „Aus einem kurzen Wettlauf um Integrationskonzepte wurde 1981 plötzlich ein Rennen um eine Begrenzungspolitik. Zahllose, zum Teil äußerst dramatisierende Warnungen vor den »Ausländerproblemen« und Ankündigungen, diese durch restriktive Maßnahmen zu lösen, standen im Mittelpunkt der 80er Jahre."[5] Ursprünglich eigentlich verursacht durch die hohen Asylbewerberzahlen in den Jahren 1979 bis 1981, entstand in der deutschen Bevölkerung ein breites Unbehagen an der allgemeinen Einwanderungssituation. Vor dem Hintergrund hoher und steigender Arbeitslosigkeit, zahlreicher Berichte über Probleme mit der Zuwanderung und Eingliederung der Migranten war es in einer breiten Öffentlichkeit zu Besorgnis und Empörung über die Einwanderung generell gekommen. Die Politik nahm diese Stimmungen auf und formulierte eine strikte „Ausländer-Begrenzungspolitik". „Es ging vor allem um die Verringerung des Familiennachzugs, konkret um Beschränkung des Ehegattennachzugs und Senkung des Nachzugsalters für Kinder."[6] Ergänzend dazu wurden Remigrationsprogramme initiiert, welche zum Ziel hatten, die Rückkehrbereitschaft der Migranten zu stärken und schließlich die Migranten zum Fortzug aus der Bundesrepublik zu bewegen.[7] Es lässt sich demografisch feststellen, dass parallel zu den politischen Maßnahmen zur Begrenzung der Zuwanderung das Phänomen Familiennachzug faktisch an Bedeutung verlor. Im Jahre 1982 hatte sich der Familiennachzug von Ausländern in die Bundesrepublik, gemessen an den

---

[5]Meier-Braun, Deutschland, Einwanderungsland, S. 49.
[6]Sechster Familienbericht, S. 40; vgl. Hunn, »Nächstes Jahr kehren wir zurück ...«, S. 454-455.
[7]Vgl. Meier-Braun, Deutschland, Einwanderungsland, S. 53.

zugezogenen ausländischen Nicht-Erwerbspersonen, im Vergleich zum Jahre 1980 ungefähr halbiert, die Fortzüge von ausländischen Ehegatten und Kindern aus Deutschland waren hingegen um 16 Prozent gestiegen.[8] Die Tatsache, dass im Jahre 1980 97 Prozent der in der Bundesrepublik lebenden verheirateten Türkinnen auch den Ehemann in Deutschland hatten und 83 Prozent der verheirateten Türken ihre Ehefrau, verdeutlicht, dass die großen Potenziale des Familiennachzugs bis Anfang der 1980er Jahre schon in großem Umfange ausgeschöpft waren.[9] „Die Familienzusammenführung der Arbeitsmigranten war in den 80er Jahren weitgehend abgeschlossen."[10] Somit kann das Jahr 1981 als Schlussjahr der dritten Migrationsphase aus ausländerpolitischen und demografischen Gründen angenommen werden. Da es bei der Darstellung der Migrationsphasen der Bundesrepublik Deutschland um das allgemeine Migrationsgeschehen gehen soll, werden ungeachtet aufenthaltsrechtlicher Unterschiede die internationalen Wanderungsbewegungen sowohl mit den relevanten Drittländern als auch mit Ländern der Europäischen Gemeinschaft in den Blick genommen.

2.1.2   Empirische Bestimmung des Familiennachzugs

2.1.2.1 Begründung des demografischen Zugangs zum Familiennachzug

Spätestens seit Mitte der 1970er Jahre wurde in der Bundesrepublik Deutschland die internationale Migration Gegenstand vielfältiger wissenschaftlicher Forschungstätigkeiten. Zu Beginn wurden überwiegend aus wirtschaftswissenschaftlicher Perspektive Ursachen, Bedingungen und Auswirkungen der internationalen Wanderungsbewegungen untersucht. Entsprechend der geschichtlichen Entwicklung der Migration standen dabei zunächst die angeworbenen ausländischen Arbeitnehmer im Mittelpunkt der Betrachtungen. Mit zunehmender Dauer der Anwerbetätigkeit der Bundesrepublik widmeten sich auch Soziologien, Juristen und Politikwissenschaftler der Situation der ausländischen Arbeitnehmer. War der Fokus anfangs auf den zeitlich befristeten Aufenthalt von ausländischen

---

[8] 1980: Zuzüge ausländischer Nicht-Erwerbspersonen: 332.950; Fortzüge ausländischer Nicht-Erwerbspersonen: 204409; 1982: Zuzüge ausländischer Nicht-Erwerbspersonen: 174.223; Fortzüge ausländischer Nicht-Erwerbspersonen: 237433; vgl. Statistisches Bundesamt, Statistisches Jahrbuch 1982, 1984 und eigene Berechnungen.

[9] Vgl. Mehrländer/Ascheberg/Ueltzhöffer, Situation der ausländischen Arbeitnehmer und ihrer Familienangehörigen, S. 193.

[10] Han, Soziologie der Migration 2005, S. 99.

Arbeitnehmern in der Bundesrepublik Deutschland gerichtet, so kamen in der Folge auch deren zugezogene Familienangehörige in das Blickfeld. Es wurde eine Vielzahl von Studien diverser wissenschaftlicher Disziplinen erstellt, welche sich z. B. mit der sozialen Situation der Arbeitnehmer und ihrer Familien in Deutschland, den ökonomischen Auswirkungen der Arbeitsmigration oder den Belastungen der Kommunen durch die internationale Migration beschäftigten.

Bereits am Anfang der 1980er Jahre wurde jedoch kritisch darauf hingewiesen, dass die zur Verfügung stehenden demografischen Daten der Migrationsbewegungen in die überwiegende Mehrheit dieser Studien keinen Eingang gefunden hätten.[11] Dies kann einerseits dem Umstand geschuldet sein, dass nicht alle Forscher in den Sozial- und Rechtswissenschaften mit den statistischen Methoden der demografischen Datenerhebung und -auswertung vertraut waren. Andererseits weist dies aber auch auf ein Defizit des allgemeinverständlichen Verfügbarmachens demografischer Daten durch die Demografie selbst hin. Hinzu kommt, dass das in den ersten Jahrzehnten der Migration verfügbare amtliche demografische Datenmaterial auf viele Fragen keine validen Antworten geben konnte. Gerade in der Frage der abhängigen Migration führte dies über Jahrzehnte zu Analysen und Folgerungen, deren Plausibilität sich eher aus „vernünftigen" Überlegungen als der empirischen Überprüfung der Thesen nährte. Es ist jedoch daran festzuhalten, dass eine zahlenmäßige Beschreibung der realen Wanderungsbewegungen eine notwendige Voraussetzung dafür ist, Entwicklungen der internationalen Migration wissenschaftlich verstehen und erklären zu können.[12] Erst auf der Grundlage einer möglichst präzisen Beschreibung der realen Migrationsprozesse ist eine verlässliche Theoriebildung möglich und eine gegebenenfalls menschenrechtseinschränkende Begrenzung von Migration zu legitimieren. Obwohl seit vielen Jahren der Zugang zu den die Migrationsprozesse betreffenden demografischen Daten durch einige Publikationen[13] erleichtert wurde, sind weiterhin Defizite ihrer Rezeption festzustellen.

Im Folgenden soll der Versuch unternommen werden, auf der Grundlage der verfügbaren amtlichen demografischen Daten die abhängige internationale Migration der Bundesrepublik Deutschland innerhalb des Zeitraums der Jahre 1967 bis 1981 darzustellen. Die Fokussierung auf die Jahre 1967 mit 1981 ergibt sich erstens aus der großen Bedeutung, welche diesen Jahren für die Einwanderung

---

[11]Vgl. Booth, On the role of demography, S. 162.

[12]Vgl. Lederer, Indikatoren der Migration, S. 11.

[13]Besonders herauszuheben sind hier Booth, The migration process in Britain und West Germany; Lederer, Indikatoren der Migration; Migrationsberichte des Bundesamts für Migration und Flüchtlinge (ab dem Jahre 1999).

in die Bundesrepublik und den damit später verbundenen Problemen allgemein zuerkannt wird. Zweitens beinhaltet dieser Zeitraum die von vielen Migrationsforschern beschriebene Hauptphase des Familiennachzugs der Jahre 1973 bis 1981. Drittens sind bezüglich der internationalen Wanderungsbewegungen in den amtlichen Statistiken erst seit 1967 nach Geschlecht, Alter, Staatsangehörigkeit und Erwerbstätigkeit differenzierte Daten ausgewiesen.

2.1.2.2 Quantitative Bestimmung des Familiennachzugs

Empirisch gesicherte Aussagen über den Familiennachzug von Ausländern in die Bundesrepublik Deutschland lassen sich für die ersten Jahrzehnte ihres Bestehens nur eingeschränkt machen. Die deutsche amtliche Zuzugsstatistik lieferte bis zur Einführung der Visa-Statistik des Auswärtigen Amtes im Jahre 1996 über viele Jahrzehnte hinweg keine verlässlichen Daten über den Umfang der durch den Familiennachzug hervorgerufenen Wanderungsbewegungen.[14] Zog ein ausländischer Ehegatte oder ein ausländisches Kind zu einem in der Bundesrepublik Deutschland lebenden Mitglied der Kernfamilie, so wurde diese Person in der Regel durch den Meldeschein in der Zuzugsstatistik erfasst, ohne jedoch einen Hinweis auf einen Familiennachzug zu geben. Die über den Familiennachzug zuziehenden Personen stellten trotz ihrer mutmaßlichen großen Bedeutung eine „besonders von der deutschen Statistik vernachlässigte Gruppe"[15] dar. Aufgrund der fehlenden Datenquellen musste in den 1960er und 1970er Jahren der Familiennachzug vom Statistischen Bundesamt mittels des Merkmals „Erwerbstätig-Nichterwerbstätig" aus der Zuzugsstatistik geschätzt werden.[16] Diesem Verfahren lag die Annahme zugrunde, dass nachziehende Kinder, Ehegatten und Ehegattinnen in der Bundesrepublik Deutschland keine Beschäftigung aufnähmen, und so in der Gruppe der zuziehenden Nicht-Erwerbspersonen[17] zu verzeichnen seien.

---

[14]Vgl. Lederer, Indikatoren der Migration, S. 129; Unabhängige Kommission "Zuwanderung", Zuwanderung gestalten, S. 188.

[15]Lederer, Indikatoren der Migration, S. 128.

[16]Vgl. Lederer, Indikatoren der Migration, S. 130.

[17]Für die Zugehörigkeit zur Gruppe der Erwerbspersonen ist laut Definition des Statistischen Bundesamtes die Ausübung bzw. Suche einer auf Erwerb gerichteten Tätigkeit maßgebend. „Erwerbspersonen: Alle Personen (Deutsche und Ausländer) mit Wohnsitz im Bundesgebiet (Inländerkonzept), die eine unmittelbar oder mittelbar auf Erwerb gerichtete Tätigkeit auszuüben pflegen (Selbständige, Mithelfende Familienangehörige, Abhängige), unabhängig von der Bedeutung des Ertrages dieser Tätigkeit für ihren Lebensunterhalt und ohne Rücksicht auf die von ihnen tatsächlich geleistete oder vertragsmäßig zu leistende Arbeitszeit. Sie setzen sich zusammen aus den Erwerbstätigen und den Erwerbslosen." Statistisches Bundesamt, Statistisches Jahrbuch 1975, S. 147.

Die Validität der Schätzung des Familiennachzugs über das Merkmal „Erwerbs-tätig-Nichterwerbstätig" erforderte dabei die zusätzliche Annahme, dass nicht über den Familiennachzug einreisende Personen in der Regel eine Beschäftigung ausübten oder erlaubt nachfragten und somit der Gruppe der „erwerbstätigen Zuzüge" zuzuordnen seien. Diese Annahmen wurden in den 1960er und 1970er Jahren als erfüllt angenommen.[18] Spätestens seit Ende der 1980er Jahre lieferte diese Methode keine verlässlichen Daten mehr über die abhängige Migration von Ausländern in Deutschland. Das Migrationsmuster hatte sich inzwischen radikal verändert, und es reisten z. B. viele Asylantragsteller ein, welche keine Beschäfti-gung aufnehmen durften.[19]

Obwohl lange Zeit keine genauen Zahlen über die durch Familiennach-zug induzierten Migrationsbewegungen vorlagen, wurde das Ausmaß als bedeutsam angesehen. Schätzungen gingen davon aus, dass der Nachzug von Familienangehörigen in den siebziger und achtziger Jahren mehr als die Hälfte der Zuwanderung von Ausländern in die Bundesrepublik Deutsch-land umfasste.[20] „Erst die seit 1996 beim Auswärtigen Amt existierende Visa-Statistik [...] zum Ehegatten- und Familiennachzug belegt eindeutig, dass es sich dabei um eine quantitativ bedeutsame Zuwanderungsgruppe handelt."[21]

Es ist ein Ziel dieser Arbeit, den empirischen Verlauf des Familiennachzugs bzw. der abhängigen Migration in der Bundesrepublik Deutschland in seiner bislang wirkmächtigsten Phase auf der Grundlage des vorhandenen Datenma-terials darzustellen. Durch den Einbezug der ehelich und familial induzierten Remigration von Ausländern aus der Bundesrepublik wird ein umfassenderer Blick auf die abhängigen Migrationsprozesse dieser Jahren möglich, als er in den migrationshistorischen Darstellungen weithin zu finden ist.

---

[18]Vgl. Bethlehem, Heimatvertreibung, DDR-Flucht, Gastarbeiterwanderung, S. 124; Lederer, Indikatoren der Migration, S. 130; Statistisches Bundesamt, Wanderungen 1975, S. 553.

[19]Vgl. Lederer, Indikatoren der Migration, S. 130.

[20]Vgl. Unabhängige Kommission "Zuwanderung", Zuwanderung gestalten, S. 188.

[21]Lederer, Indikatoren der Migration, S. 129.

2.2 Die Phase der Integration der Flüchtlinge und Vertriebenen (1945-1955)

Das Ende des Zweiten Weltkriegs und die Nachkriegszeit waren von der Aufnahme der aus den ehemaligen Ostgebieten des Deutschen Reiches geflohenen und vertriebenen Deutschen geprägt. Volkszählungen in West- und Ostdeutschland im Jahre 1950 ergaben, dass sich insgesamt 12,5 Millionen Flüchtlinge und Vertriebene aus den ehemaligen Ostgebieten des Deutschen Reiches und den Siedlungsgebieten der „Volksdeutschen" in den Besatzungszonen und den daraus entstandenen deutschen Staaten befanden.[22] Für die Bundesrepublik Deutschland bedeutete dies, dass im Jahre 1950 bei einer Gesamtbevölkerung von 50 Millionen Einwohnern 8,4 Millionen Vertriebene und Flüchtlinge zu verzeichnen waren. 16,7 Prozent der Bevölkerung waren somit innerhalb einer relativ kurzen Zeitspanne in das Staatsgebiet der Bundesrepublik eingewandert.[23] Die alliierten Besatzungsmächte und deutschen Verwaltungen hegten bezüglich der Durchführbarkeit der Eingliederung dieser Menschen in die Lebenswelten und den Arbeitsmarkt der Zielregionen große Zweifel. Die Integration der Vertriebenen und Flüchtlinge in die bundesdeutsche Gesellschaft gelang jedoch in Anbetracht der immensen Belastungen ohne größere soziale Spannungen und politische Gefährdungen. Dies ist zu einem großen Teil der günstigen wirtschaftlichen Entwicklung in den 1950er Jahren zu verdanken, zum anderen der Tatsache, dass die Flüchtlinge und Vertriebenen die Arbeitsplätze der nach Kriegsende in ihre Heimat zurückkehrenden Zwangsarbeiter[24] und Kriegsgefangenen übernehmen konnten. Für die Aufnahmebereitschaft der einheimischen Bevölkerung erwies es sich außerdem als vorteilhaft, dass es sich bei den Zuwanderern um Personen deutscher Nationalität und Sprache handelte. Trotzdem gab es vielerorts Probleme bei der Integration der Zugewanderten. „So führten die Requirierung von Wohnungen, das häufig jahrelange enge Beieinander mit fremden und kulturell oft ganz anders geprägten Menschen ebenso zu Spannungen wie das Aufbrechen alter, festgefügter Traditionen und die Auflockerung von bis dahin stabilen Verhaltensweisen und Mentalitäten durch die Zuwanderung der Fremden".[25]

Die Aufnahme von Arbeitnehmern aus dem benachbarten Ausland hatte wenig wirtschaftliche und strukturelle Bedeutung und blieb auf wenige Fälle

---

[22]Vgl. Bade, Europa in Bewegung, S. 297.

[23]Vgl. Herbert, Geschichte der Ausländerpolitik in Deutschland, S. 193-194.

[24]Die Zwangsarbeiter wurden in Deutschland als Fremdarbeiter bezeichnet.

[25]Herbert, Geschichte der Ausländerpolitik in Deutschland, S. 196.

beschränkt. Zu Beginn der 1950er Jahre schloss die Bundesrepublik Deutschland mit Österreich[26], Belgien[27], Spanien[28] und Schweden[29] bilaterale Abkommen über die Zulassung von Gastarbeitnehmern. Der gegenseitige Austausch von Gastarbeitnehmern sollte dem Ziele der Vervollkommnung der Berufs- und gegebenenfalls Sprachkenntnisse dienen und blieb auf minimale Kontingente[30] beschränkt. Die Dauer des Arbeitsverhältnisses war auf ein Jahr beschränkt und konnte in Ausnahmefällen bis um sechs Monate verlängert werden. Ein Verbleib im Lande nach Ablauf des Gastarbeitnehmerverhältnisses zur Aufnahme eines anderen Arbeitsverhältnisses war grundsätzlich nicht erlaubt.

Die Ermöglichung von Familiennachzug war kein Bestandteil dieser Abkommen. Er wurde weder als dem Aufenthaltszweck dienlich noch aufgrund der strikten Befristung als notwendig erachtet.

2.3 Der Familiennachzug in der Phase der Arbeitsmigration (1955-1973)

In den Jahren 1955 bis 1973 wurden von der Bundesanstalt für Arbeit zahlreiche ausländische Arbeitskräfte zur Beschäftigung in der Bundesrepublik Deutschland angeworben. Dies geschah unter der Maßgabe, dass es sich hierbei um eine zeitlich begrenzte Maßnahme handeln sollte und die Arbeitnehmer über kurz oder lang wieder in ihre Heimat zurückkehren würden. Es sollte sich jedoch bald herausstellen, dass die ausländischen Arbeitnehmer mit unterschiedlichen Zielen bezüglich ihrer Aufenthaltsdauer eingereist waren und diese zudem in Anbetracht der individuellen Lebensumstände und der Rahmenbedingungen im Herkunfts- bzw. Aufnahmeland Veränderungen unterlagen. Zum Verstehen des Migrationsgeschehens in diesem Zeitraum erscheint es daher nicht sinnvoll, idealtypische Verhaltensweisen des „ausländischen Arbeitnehmers" destillieren zu wollen, - zu

---

[26]Abkommen zwischen der Bundesrepublik Deutschland und der Republik Österreich über Gastarbeitnehmer vom 23. November 1951

[27]Abkommen zwischen der Bundesrepublik Deutschland und dem Königreich Belgien über Gastarbeiter vom 18. Januar 1952

[28]Abkommen zwischen der Bundesrepublik Deutschland und dem Spanischen Staat über Gastarbeitnehmer vom 25. Januar 1952

[29]Vereinbarung zwischen der Regierung der Bundesrepublik Deutschland und der Regierung des Königreichs Schweden über Gastarbeitnehmer vom 15. Mai 1953

[30]Österreich: 500 Arbeitnehmer pro Jahr, Belgien und Spanien: 150 Arbeitnehmer pro Jahr, Schweden: 250 Arbeitnehmer pro Jahr.

verschieden sind dafür die individuellen Lebensplanungen und -entscheidungen der Zugewanderten. Um ein notwendiges Maß an Differenzierung gewährleisten zu können, sollen im Folgenden die Wanderungsbewegungen aus den sechs Hauptanwerbeländern[31] in die Bundesrepublik Deutschland länderspezifisch dargestellt werden.

2.3.1 Das zahlreiche Anwerben ausländischer Arbeitnehmer

2.3.1.1 Die Politik der Anwerbung ausländischer Arbeitnehmer

Die ersten beiden Jahrzehnte der Bundesrepublik Deutschland waren von einer starken Nachfrage nach Arbeitskräften geprägt. In den Jahren nach der Republikgründung konnte diese Nachfrage durch die einheimische Bevölkerung, rückkehrende Kriegsgefangene, Flüchtlinge und Vertriebene noch gut befriedigt werden. Dies sollte sich aber bald ändern. Lag die bundesweite Arbeitslosenquote bei Männern im September 1954 noch bei 3,9 Prozent, so war sie im darauf folgenden Jahr bereits auf 1,8 Prozent gesunken.[32] Dies führte in vielen wirtschaftlich prosperierenden Regionen zu einem faktischen Mangel an Arbeitskräften. Da zudem die Prognosen für die Wirtschaft ein weiter starkes Wachstum voraussagten, war es nur eine Frage der Zeit, bis vielerorts mit einem massiven Arbeitskräftemangel zu rechnen war. Die Aufstellung der Bundeswehr im Jahre 1955 entzog dem Arbeitsmarkt zusätzlich mehrere Hunderttausend Arbeitskräfte.[33] Um dem drohenden Notstand Abhilfe zu leisten, sollten Arbeitskräfte aus dem Ausland angeworben werden. Schon im Herbst 1954 nahm diesbezüglich Bundeswirtschaftsminister Erhard Verhandlungen mit dem italienischen Außenminister auf. Als Resultat dieser bilateralen Verhandlungen wurde am 20. Dezember 1955 das deutsch-italienische Anwerbeabkommen[34] geschlossen. Der Umfang der auf

---

[31]Für den hier ausgewählten Zeitraum: Italien, Griechenland, Spanien, Portugal, Türkei, Jugoslawien.

[32]Vgl. Statistisches Bundesamt, Statistisches Jahrbuch 1957, S. 127.

[33]Neben dem militärischen Personal musste noch eine große Zahl von Zivilbediensteten zur Errichtung und Aufrechterhaltung der erforderlichen Infrastruktur eingestellt werden. Vgl. Heckmann, Die Bundesrepublik: Ein Einwanderungsland?, S. 150.

[34]Vereinbarung zwischen der Regierung der Bundesrepublik Deutschland und der Regierung der Italienischen Republik über die Anwerbung und Vermittlung von italienischen Arbeitskräften nach der Bundesrepublik Deutschland vom 20. Dezember 1955.

dieser Grundlage angeworbenen italienischen Arbeitskräfte war bis zum Beginn
der 1960er Jahre jedoch eher gering, auch aus dem Grunde, dass durch die stetige Zuwanderung von Deutschen aus der Deutschen Demokratischen Republik
Reserven auf dem Arbeitsmarkt vorhanden waren.[35]

Anfang der 1960er Jahre trat die Bundesrepublik Deutschland in eine neue
Phase der Beschäftigungs- und Zuwanderungspolitik ein. Anhaltend hohes Wirtschaftswachstum führte bis 1967 zu einem stetig steigenden Arbeitskräftebedarf,
welcher nicht mehr in Gänze durch den einheimischen Arbeitsmarkt gedeckt werden konnte. In den Jahren 1959 bis 1967 musste sogar ein Rückgang der deutschen Erwerbstätigen von 26,3 Millionen auf 25,7 Millionen konstatiert werden.
Diese Abnahme der deutschen Erwerbstätigen erklärte sich u. a. durch den Ein-
tritt der geburtenschwachen Kriegsjahrgänge ins Berufsleben, die Verlängerung
der Ausbildungszeiten und die Absenkung des Renteneintrittalters. Die von den
Gewerkschaften durchgesetzten Arbeitszeitverkürzungen führten zudem zu einem
Mehrbedarf an Arbeitskräften. Zusätzlich führte der Babyboom zu einer Verringerung der Erwerbsbeteiligung der Frauen, da sich aus der Betonung traditioneller
Familienwerte die Forderung nach einem Ausbau der Berufstätigkeit von Müttern
verbot.[36] Mit dem Bau der Mauer im Jahre 1961 versiegte der Zustrom an Flüchtlingen aus der Deutschen Demokratischen Republik.[37]

All dies führte zur Vollbeschäftigung der deutschen Arbeitskräfte und zu einem
großen Arbeitskräftebedarf der deutschen Wirtschaft, welcher sich aus dem einheimischen Reservoir nicht mehr decken ließ. „Daß in dieser Situation in erheblichem
Umfang ausländische Arbeiter in die Bundesrepublik anzuwerben seien, war bei
Arbeitgebern und Regierung unumstritten. Das entsprechende Instrumentarium
dafür war ja in den 1950er Jahren bereits entwickelt worden und wurde nun ausgeweitet. Schon im März 1960 schloß Arbeitsminister Blank mit Griechenland und
Spanien Anwerbeverträge nach dem Vorbild der deutsch-italienischen Vereinbarungen. Weitere Anwerbeverträge folgten: mit der Türkei am 30. Oktober 1961, mit
Portugal am 17. März 1964, mit Jugoslawien am 12. Oktober 1968."[38] (Tabelle 2.1)

---

[35]Vgl. Herbert, Geschichte der Ausländerpolitik in Deutschland, S. 206.

[36]Vgl. Münz/Seifert/Ulrich, Zuwanderung nach Deutschland, S. 37; Nave-Herz, Wandel
und Kontinuität von Ehe und Familie in Deutschland, S. 45.

[37]Zwischen 1949 und 1961 wurde von Ost- nach Westdeutschland eine Nettomigration von
ungefähr 2,7 Millionen Deutschen verzeichnet. Vgl. Bade/Oltmer, Normalfall Migration,
S. 71; Herbert, Geschichte der Ausländerpolitik in Deutschland, S. 208.

[38]Herbert, Geschichte der Ausländerpolitik in Deutschland, S. 208. Daneben wurden noch
Anwerbeabkommen mit Marokko (1963) und Tunesien (1965) abgeschlossen.

Tabelle 2.1 *Bilaterale Anwerbeabkommen der Bundesrepublik Deutschland (1955 - 1968)*

Bilaterale Anwerbeabkommen der Bundesrepublik Deutschland (1955 - 1968)			
Jahr	*1955*	*1960*	*1960*	*1961*
Vertragspartner	Italien	Spanien	Griechenland	Türkei
Jahr	*1963*	*1964*	*1965*	*1968*
Vertragspartner	Marokko	Portugal	Tunesien	Jugoslawien

Quelle: Eigene Zusammenstellung[39]

Bei der Anwerbevereinbarung mit der Türkei aus dem Jahre 1961 kam es schon Ende 1962 zu Bestrebungen, durch eine Modifizierung die zweijährige Aufenthaltsbefristung für türkischen Arbeitnehmer abzuschaffen. Die Bundesanstalt für Arbeit, die Bundesvereinigung Deutscher Arbeitgeberverbände (BDA) und das Arbeitsministerium setzten sich für die Aufhebung der

---

[39]- Vereinbarung zwischen der Regierung der Bundesrepublik Deutschland und der Regierung der Italienischen Republik über die Anwerbung und Vermittlung von italienischen Arbeitskräften nach der Bundesrepublik Deutschland vom 20. Dezember 1955.
- Vereinbarung zwischen der Regierung der Bundesrepublik Deutschland und der Regierung des Spanischen Staates über die Wanderung, Anwerbung und Vermittlung von spanischen Arbeitnehmern nach der Bundesrepublik Deutschland vom 29. März 1960.
- Vereinbarung zwischen der Regierung der Bundesrepublik Deutschland und der Regierung des Königreichs Griechenland über die Anwerbung und Vermittlung von griechischen Arbeitnehmern nach der Bundesrepublik Deutschland vom 30. März 1960.
- Deutsch-türkische Vereinbarung über die Vermittlung türkischer Arbeitnehmer nach der Bundesrepublik Deutschland vom 30. Oktober 1961.
- Vereinbarung zwischen der Regierung der Bundesrepublik Deutschland und der Regierung des Königreichs Marokko über die vorübergehende Beschäftigung marokkanischer Arbeitnehmer in der Bundesrepublik Deutschland vom 21. Mai 1963. Entsprechend der Anlage I beschränkt sich die Vereinbarung auf die Beschäftigung marokkanischer Bergarbeiter im deutschen Kohlenbergbau.
- Vereinbarung zwischen der Regierung der Bundesrepublik Deutschland und der Regierung der Portugiesischen Republik über die Vermittlung von portugiesischen Arbeitnehmern nach Deutschland vom 17. März 1964.
- Vereinbarung zwischen der Regierung der Bundesrepublik Deutschland und der Regierung der Tunesischen Republik über die Beschäftigung tunesischer Arbeitnehmer in der Bundesrepublik Deutschland vom 7./18. Oktober 1965. Die Vereinbarung ist auf maximal 3000 tunesische Arbeitnehmer beschränkt.
- Vereinbarung zwischen der Regierung der Bundesrepublik Deutschland und der Regierung der Sozialistischen Föderativen Republik Jugoslawien über die Vermittlung jugoslawischer Arbeitnehmer nach und ihrer Beschäftigung in der Bundesrepublik Deutschland vom 12. Oktober 1968.

Aufenthaltsbefristung ein. Bedenken meldete die türkische Regierung und das deutsche Innenministerium an. Erstere befürchtete den dauerhaften Verlust von qualifizierten türkischen Arbeitnehmern, letzteres vermehrten Familiennachzug durch die dauerhafte Niederlassung der türkischen Arbeitnehmer. Letztendlich setzten sich die Bedürfnisse der deutschen Wirtschaft durch, und die zweijährige Aufenthaltsbefristung für türkische Arbeitnehmer wurde in der Neufassung der deutsch-türkischen Vereinbarung zur Vermittlung türkischer Arbeitnehmer in die Bundesrepublik Deutschland, welche am 30. September 1964 in Kraft trat,[40] gestrichen.[41]

In den Jahren 1955 bis 1973 wurde die zunehmende Beschäftigung von ausländischen Arbeitnehmern von den bundesdeutschen Regierungen unter den gegebenen Bedingungen als alternativlos ausgegeben. Die sogenannten Gastarbeiter galten als Garanten von Wohlstand und Stabilität.[42] Eine öffentliche Debatte, ob überhaupt und falls ja, in welchem Umfang man ausländische Arbeitskräfte in die Bundesrepublik holen solle, gab es bis zur ersten Rezession 1966/1967 nicht. Zu selbstverständlich war die Priorität der Zielsetzung eines stetigen Wirtschaftswachstums, welches untrennbar mit einem wachsenden Bedarf an neuen Arbeitskräften verbunden war.[43] Zudem schienen mit der Beschäftigung ausländischer Arbeitnehmer ausschließlich positive Wirkungen einherzugehen. Die Zunahme des Angebots an Arbeitskräften auf dem einheimischen Arbeitsmarkt hatte eine Verlangsamung des Lohnkostenanstiegs zur Folge, welche inflationäre Tendenzen der Volkswirtschaft schwächte.[44] Gleiches wurde durch die hohe Sparquote der Gastarbeiter und ihre hohen Lohntransfers in die Heimatländer bewirkt. Für weite Teile der einheimischen Wohnbevölkerung eröffnete die Beschäftigung von Ausländern außerdem berufliche Aufstiegschancen. Gastarbeiter wurden als un- oder angelernte Arbeiter von der Industrie angeworben, „und zwar vor allem in solchen Bereichen, in denen schwere und schmutzige Arbeit, Akkordlohn, Schichtsystem sowie serielle Produktionsformen mit niedrigen Qualifikationsanforderungen (Fließband) besonders häufig waren. […] Hinzu trat in zunehmendem Maße ein zweiter Aspekt: Dadurch, daß die Arbeitnehmer Arbeitsplätze besetzten, für die deutsche Arbeiter nicht oder nur mit entsprechenden Lohnanreizen zu bekommen

---

[40]Deutsch-türkische Vereinbarung über die Vermittlung türkischer Arbeitnehmer nach der Bundesrepublik Deutschland. Änderung und Neufassung, in Kraft getreten am 30. September 1964.

[41]Vgl. Hunn, »Nächstes Jahr kehren wir zurück …«, S. 59-68.

[42]Vgl. Rudloff, Im Schatten des Wirtschaftswunders, S. 428.

[43]Vgl. Herbert, Geschichte der Ausländerpolitik in Deutschland, S. 208.

[44]Vgl. Bethlehem, Heimatvertreibung, DDR-Flucht, Gastarbeiterwanderung, S. 151-152.

waren, ermöglichten sie den Aufstieg von Deutschen in qualifizierte oder beliebtere Positionen.“[45] Im Zuge dessen bildete sich in den 1960er Jahren ein Subproletariat vorwiegend minderqualifizierter ausländischer Hilfsarbeiter heraus, welches die Voraussetzungen für einen sozialen Mobilitätsschub der deutschen Arbeitnehmer schuf.[46] Anders, als in der öffentlichen Meinung weit verbreitet, handelte es sich dabei nicht nur um männliche Arbeitnehmer aus dem Ausland. Seit dem Jahr 1965 stellten angeworbene ausländische Arbeitnehmerinnen kontinuierlich ungefähr ein Viertel der insgesamt angeworbenen ausländischen Arbeitnehmer dar. Am höchsten war in den 1960er Jahren der Frauenanteil bei der Zuwanderung aus Griechenland. 40 Prozent der angeworbenen griechischen Arbeitskräfte waren weibliche Arbeitnehmerinnen.[47] „Die mit Abstand meisten ausländischen Arbeitnehmerinnen waren im Verarbeitenden Gewerbe und hier vornehmlich in der Textil- und Bekleidungsindustrie und der Nahrungs- und Genussmittelindustrie beschäftigt. Ein relativ großer Teil von ihnen war auch in der Eisen- und Metallverarbeitung und hier vorrangig in der Elektrotechnik tätig.“[48]

Zusammenfassend lässt sich feststellen, dass die massive Zuwanderung ausländischer Arbeitskräfte in die Bundesrepublik Deutschland bis zum Jahre 1973 insgesamt von großem Vorteil für die deutsche Volkswirtschaft und damit auch für die deutsche Gesellschaft war.

2.3.1.2 Demografische Daten zur Anwerbung ausländischer Arbeitnehmer

Auf der Grundlage der bilateralen Anwerbeabkommen mit vielen Staaten aus dem Mittelmeerraum fand in den 1960er Jahren ein starker Zuzug von ausländischen Arbeitnehmern in die Bundesrepublik Deutschland statt. Wie Abbildung 2.1 zeigt, stieg insgesamt die Zahl der sich auf dem Gebiet der Bundesrepublik Deutschland befindenden ausländischen Arbeitnehmer von 105.000 im Jahre 1957 auf 2,595 Millionen im Jahre 1973 rapide an.

Die Zunahme der beschäftigten ausländischen Arbeitnehmer in der Bundesrepublik verlief jedoch nicht über den ganzen Zeitraum linear. In den Jahren der Wirtschaftsrezession 1966 und 1967 war ein starker Rückgang der

---

[45]Herbert, Geschichte der Ausländerpolitik in Deutschland, S. 213.

[46]Vgl. Herbert, Geschichte der Ausländerpolitik in Deutschland, S. 214; Rudloff, Im Schatten des Wirtschaftswunders, S. 429-430; Castles, Here for good, S. 2-3 mit Bezugnahme auf die gleichlaufende Entwicklung in allen westeuropäischen Industriestaaten.

[47]Vgl. Mattes, »Gastarbeiterinnen« in der Bundesrepublik, S. 39-43; Booth, The migration process in Britain und West Germany, S. 197 mit teilweise differierenden, in der Tendenz aber bestätigenden Zahlenangaben.

[48]Mattes, »Gastarbeiterinnen« in der Bundesrepublik, S. 194.

Beschäftigte ausländische Arbeitnehmer in der BRD 1957-1973

☒ Beschäftigte ausländische Arbeitnehmer in der BRD

Abbildung 2.1 *Beschäftigte ausländische Arbeitnehmer in der BRD 1957-1973. (Quelle: Statistisches Bundesamt, Statistisches Jahrbuch 1962 - 1976)*

Ausländerbeschäftigung zu verzeichnen, welcher bis zu 300.000 Personen umfasste. Im Wirtschaftsaufschwung nach Überwindung der Rezession wurde bis 1973 in vorher nicht gekanntem Ausmaß massiv auf die Anwerbung von ausländischen Arbeitnehmern gesetzt. Allein zwischen den Jahren 1968 und 1971 verdoppelte sich die Zahl der beschäftigten ausländischen Arbeitnehmer. Insbesondere stieg in diesen Jahren der Zuzug von Arbeitnehmern aus der Türkei. Ihre Zahl stieg von 130.000 im Jahre 1967 auf mehr als 600.000 im Jahre 1973. Sie stellten damit die größte nationale Gruppe der angeworbenen Arbeitnehmer dar.[49] Hatte zu Beginn der 1960er Jahre noch die Zuwanderung aus Italien, Spanien und Griechenland dominiert, so war bis 1973 zunehmend ein Rückgang aus diesen Ländern zugunsten eines starken Anstiegs des Zuzugs aus der Türkei und Jugoslawien zu verzeichnen.[50]

Anfang der 1970er Jahre bahnten sich jedoch auch schon Entwicklungen an, welche den Nutzen der Arbeitsmigration einzuschränken bzw. ganz zu gefährden drohten.

2.3.1.3 Zur sozialen Lage der ausländischen Arbeitnehmer

Mit Blick auf die soziale Situation der ausländischen Arbeitnehmer in der Bundesrepublik Deutschland und ihrer in den Heimatländern zurückgebliebenen Familienangehörigen ließen sich die Ursachen der wachsenden Bedeutung des Familiennachzugs leicht ausmachen. Empirische Daten lieferte dazu neben der

---

[49]Vgl. Herbert, Geschichte der Ausländerpolitik in Deutschland, S. 224.
[50]Vgl. Bade/Oltmer, Normalfall Migration, S. 72.

Repräsentativuntersuchung '72[51] vor allem eine vom Bundesministerium für Arbeit und Sozialordnung in Auftrag gegebene Studie über soziale Aspekte der Ausländerbeschäftigung.[52] Diese Studie basierte auf 2.200 Interviews mit ausländischen Arbeitnehmern aus dem Jahre 1972. Ihre Zielsetzung war, wichtige soziale Probleme bei ihrem Aufenthalt in der Bundesrepublik Deutschland aufzuzeigen und geeignete Maßnahmen zum Abbau dieser Konflikte vorzuschlagen. Aus Zeit- und Kostengründen wurde sich dabei auf ausländische Arbeitnehmer in den Bundesländern Baden-Württemberg und Nordrhein-Westfalen beschränkt und die Auswahl der zu Befragenden aus den Migranten der fünf damaligen Hauptanwerbeländer[53] getroffen.[54] Die Studie zeigte, dass 72 Prozent der ausländischen Arbeitnehmer verheiratet waren und 63 Prozent von ihnen Kinder hatten.[55] Die Migration eines Familienangehörigen in die Bundesrepublik Deutschland stellte in der Regel für alle Beteiligten eine neuartige und schwierige Situation dar. Der Verlust der familialen Lebensgemeinschaft und damit des täglichen persönlichen Kontaktes zum Ehepartner und gegebenenfalls, auch den Kindern führte oftmals zur Erfahrung der Vereinsamung. Diese verstärkte sich noch durch die Notwendigkeit des Lebens in einer unbekannten und als fremd empfundenen Umgebung. Die Trennung von der Familie rief oft eine Reduktion der Persönlichkeit und ihrer Entfaltungsmöglichkeiten hervor. Der ausländische Arbeitnehmer konnte seine soziale Funktion als Ehepartner und Elternteil nicht mehr ausüben.[56] Bei den männlichen Arbeitnehmern konnte zudem eine Kompensation durch eine Rollenverschiebung beobachtet werden. Anstelle der Rolle des sorgenden Familienvaters trat beispielsweise die Rolle des ledigen, ungebundenen Mannes. Daraus konnte ein Verhalten resultieren, welches durch das Fehlen der sozialen Kontrolle durch den Familien- und Sippenverband zudem erleichtert wurde.[57] Doch auch die zurückgebliebenen Familien hatten Trennungslasten zu tragen. „Große Probleme ergaben sich ebenfalls für den Ehegatten, in der Regel die Ehefrau, der im Heimatland geblieben ist. Für die Ehefrau bringt eine Familientrennung eine starke Belastung, die in manchen Fällen zu seelischen Störungen

---

[51]Repräsentativuntersuchung '72, initiiert von der Bundesanstalt für Arbeit, Nürnberg.

[52]Die Ergebnisse der Studie werden dargestellt in: Mehrländer, Soziale Aspekte der Ausländerbeschäftigung.

[53]Italien, Spanien, Griechenland, Jugoslawien und Türkei.

[54]Vgl. Mehrländer, Soziale Aspekte der Ausländerbeschäftigung, S. 15-18.

[55]Vgl. Mehrländer, Soziale Aspekte der Ausländerbeschäftigung, S. 26-27.

[56]Vgl. Gaitanides, Sozialstruktur und „Ausländerproblem", S. 99-100; Mattes, »Gastarbeiterinnen« in der Bundesrepublik, S. 279-280.

[57]Vgl. Mehrländer, Soziale Aspekte der Ausländerbeschäftigung, S. 214; Gessner, Das soziale Verhalten der Gastarbeiter, S. 32-33.

und zu physischer Anfälligkeit führt. Durch die Abwesenheit des Mannes werden sie in der Familie in eine menschlich, familiär und sozial nur schwer zu bewältigende Situation gedrängt. Besonders im Hinblick auf die Erziehung der Kinder ist es als Überforderung zu werten; die Mütter müssen ersatzweise die väterlichen Funktionen übernehmen. Aus dieser Trennung der Familien, hervorgerufen durch die Arbeitsaufnahme der Ehegatten in der BRD, resultieren zwangsläufig Störungen der internen Verfassung und der Gruppenbeziehung innerhalb der Familie. Für die Kinder dürften sich aus der Abwesenheit des Vaters schwerwiegende Nachteile für die Erziehung und Entwicklung ergeben."[58]

Obwohl aus verschiedenen Regionen und Kulturkreisen kommend, ließen sich viele Gemeinsamkeiten bei den angeworbenen ausländischen Arbeitnehmern feststellen. Viele von ihnen verfügten nur über eine geringe Schulbildung. Über die Hälfte der Angeworbenen hatte, wenn überhaupt, eine Schulbildung hinter sich, deren Dauer sechs Jahre nicht überstiegen hatte. Nach einer im Jahre 1973 veröffentlichten Studie zeigten hierbei besonders die türkischen Arbeitnehmer Defizite. Von diesen hatten über 75 Prozent höchstens 5 Jahre lang eine Schule besucht.[59] Aktuelle Publikationen zeichnen jedoch ein anderes Bild. „Auffallend hoch war insgesamt der Anteil qualifizierter Arbeitnehmerinnen und Arbeitnehmer unter den angeworbenen Arbeitskräften aus der Türkei, der rund 31 % ausmachte. Dieser Anteil lag wesentlich höher als etwa bei den Spaniern (rund 8 %), den Griechen (etwas 9 %), den Portugiesen (22 %) oder bei den Italienern (23 %)."[60] Unabhängig von länderspezifischen Unterschieden bei dem Bildungsniveau und den Berufsabschlüssen der angeworbenen Arbeitskräfte wurden die ausländischen Arbeitnehmer in der Bundesrepublik vor allem als un- oder angelernte Arbeiter in der Industrie beschäftigt. Sie erhielten aus diesem Grunde auch niedrigere Löhne und hatten erheblich häufiger Arbeitsunfälle als deutsche Arbeitnehmer.[61] Diese überwiegend schlecht qualifizierten Hilfsarbeiter lebten oft unter prekären Bedingungen. Dies spiegelte sich unter anderem in ihren Wohnverhältnissen wider. Im Jahre 1962 wohnten ungefähr zwei Drittel der ausländischen Arbeitnehmer in meist spärlich ausgestatteten Massenlagern und Barackenquartieren, welche ihnen von ihren Firmen angewiesen wurden. Wollten sie diese, meist hinter den allgemeinen Wohnstandards stark zurück bleibenden Firmenunterkünfte

---

[58]Mehrländer, Soziale Aspekte der Ausländerbeschäftigung, S. 203.

[59]Vgl. Repräsentativuntersuchung '72, S. 28.

[60]Meier-Braun, Einleitung: Deutschland Einwanderungsland, S. 15.

[61]Vgl. Herbert, Geschichte der Ausländerpolitik in Deutschland, S. 213.

verlassen, waren sie auf den privaten Wohnungsmarkt angewiesen. Hier waren sie jedoch aufgrund ihrer Herkunft, ihrer befristeten Anstellungen und ihres geringes Gehaltes im Vergleich zu den ansässigen Wohnungsinteressenten benachteiligt. „Ein grosser Teil der Wohnungen fällt für Gastarbeiter deshalb aus, weil die Hausbesitzer aufgrund von Vorurteilen oder aus Rücksicht auf ihre deutschen Mieter grundsätzlich nicht bereit sind, an Gastarbeiter zu vermieten. Das für die Gastarbeiter noch verbleibende Wohnungsangebot umfaßt deshalb in erster Linie Wohngelegenheiten, die an Deutsche nicht mehr zu vermieten sind und Abbruchhäuser oder sanierungsreife Häuser, bei denen durch Vermietung an Gastarbeiter vor der Nutzungsänderung beziehungsweise der Erneuerung eine rentable Zwischennutzung erzielt werden kann."[62] Es waren Zeitungsberichte über die oft überteuerten und dabei miserablen Mietunterkünfte für die ausländischen Arbeitnehmer, welche zuerst den Blick einer breiteren Öffentlichkeit auf die soziale Situation der angeworbenen Arbeitnehmer richteten. Nur einige Jahre später sollte das Problem der residentiellen Segregation, umgangssprachlich der „Gettobildung" der Ausländer in den deutschen Großstädten eine größere Beachtung finden.[63] Insgesamt blieb die Wohnsituation der Ausländer bis in die späten 1970er Jahre das von außen sichtbarste Zeichen ihrer Unterprivilegierung und gesellschaftlichen Ausgrenzung in der Bundesrepublik Deutschland.[64]

Wichtige Bedingung für die Integration und Teilnahme am öffentlichen Leben im Anwerbeland stellte die hinreichende Kenntnis der deutschen Sprache dar. Ohne ausreichende Deutschkenntnisse war die Kommunikation im Beruf und im täglichen Leben stark limitiert. Über 50 Prozent der in der Bundesrepublik angeworbenen Arbeitnehmer griechischer, spanischer, portugiesischer und türkischer Nationalität verfügten im Jahre 1972 über keine oder nur schlechte Deutschkenntnisse.[65] Ihnen blieben damit viele für das Zusammenleben unabdingbare soziale Kontakte mit den Berufskollegen und der deutschen Bevölkerung verwehrt. Dies alles führte dazu, dass viele ausländische Arbeitnehmer nicht nur in sozial prekären Verhältnissen, sondern auch in sozialer Isolation in der Bundesrepublik Deutschland lebten.

Sie stellten eine neue gesellschaftliche Randgruppe bzw. Minderheit[66] dar. Blieb die Dauer ihres Aufenthalts strikt auf einen kurzen Zeitraum begrenzt,

---

[62]Neubeck-Fischer, Gastarbeiter, S. 140-141.

[63]Vgl. Rudloff, Im Schatten des Wirtschaftswunders, S. 436-437.

[64]Vgl. Herbert, Geschichte der Ausländerpolitik in Deutschland, S. 216; Berlinghoff, Das Ende der ›Gastarbeit‹, S. 156-159.

[65]Vgl. Repräsentativuntersuchung '72, S. 29.

[66]Zur Verwendung des Randgruppenbegriffs bezüglich der ausländischen Arbeitnehmer vgl. Rudloff, Im Schatten des Wirtschaftswunders, S. 426-427; zur Verwendung des Minderheitenbegriffs vgl. Heckmann, Die Bundesrepublik: Ein Einwanderungsland?, S. 64-65.

schien dieser Umstand für die Mehrheit der Betroffenen und die deutsche Gesellschaft akzeptabel zu sein. Es sollte sich jedoch bald herausstellen, dass dies nicht auf alle ausländischen Arbeitnehmer zutraf.

2.3.2   Der Familiennachzug in den Jahren der Arbeitsmigration (1955-1973)

2.3.2.1   Ausländerpolitik und Familiennachzug

Schon zu Beginn der Anwerbung ausländischer Arbeitnehmer wurde von Seiten der Behörden ein etwaiger Bedarf des Familiennachzugs zum Zwecke der Wiederherstellung der häuslichen familialen Lebensgemeinschaft vermutet und dessen Gewährung im Falle ausgewählter Länder auch in den Anwerbeabkommen in Aussicht gestellt. Dies umso mehr, als die Entsendeländer der ausländischen Arbeitnehmer Garantien bezüglich der Bezahlung und den sozialen Rahmenbedingungen forderten, bevor sie sich zum Abschluss der Anwerbeabkommen bereit erklärten.[67] So legte schon Artikel 16 des deutsch-italienischen Anwerbeabkommens im Jahre 1955 fest, dass Anträge auf Familiennachzug bei Nachweis ausreichenden Wohnraumes wohlwollend geprüft werden sollten.[68] Weiter wurden in Anwerbeabkommen mit weiteren Staaten Artikel bezüglich des Familiennachzugs aufgenommen, welche eine wohlwollende Prüfung etwaiger Anträge durch die bundesdeutschen Behörden in Aussicht stellten. Beim Anwerbeabkommen mit der Türkei aus dem Jahre 1961 war noch im zweiten Entwurf ebenfalls ein solcher Passus vorgesehen. Auf Druck des Innenministeriums wurde er jedoch wieder gestrichen.[69] Der Versuch des deutschen Innenministeriums, bei den Verhandlungen zur Neufassung der deutsch-türkischen Vereinbarung im Jahre 1964 die Möglichkeit des Familiennachzugs explizit auszuschließen, scheiterte am Widerstand der türkischen Regierung und des deutschen Arbeitsministeriums.[70] (Tabelle 2.2)

---

[67]Vgl. Castles, Here for good, S. 13.

[68]Deutsch-italienisches Anwerbeabkommen vom 20. Dezember 1955, Artikel 16, Abs. 1: "Italienische Arbeiter, die ihre Familienangehörigen nachkommen lassen wollen, können, wenn sie eine behördliche Bescheinigung darüber beibringen, daß für die Familienangehörigen ausreichend Wohnraum zur Verfügung steht, einen Antrag auf Zusicherung der Aufenthaltserlaubnis für ihre Familienangehörigen bei den Ausländerpolizeibehörden stellen. Diese werden die Anträge wohlwollend prüfen und sobald wie möglich darüber entscheiden."

[69]Vgl. Hunn, »Nächstes Jahr kehren wir zurück …«, S. 55-56.

[70]Vgl. Hunn, »Nächstes Jahr kehren wir zurück …«, S. 63-67; Oswald/Schönwälder/Sonnenberger, Einwanderungsland Deutschland, S. 23.

Tabelle 2.2 *Berücksichtigung des Familiennachzugs in den bilateralen Anwerbeabkommen der Bundesrepublik Deutschland (1955 - 1968)*

Berücksichtigung des Familiennachzugs in den bilateralen Anwerbeabkommen der Bundesrepublik Deutschland (1955 - 1968)				
1955	*1960*	*1960*	*1961*	*1963*
Italien	Spanien	Griechenland	Türkei	Marokko
mit Klausel zum Familiennachzug (Art. 16)	mit Klausel zum Familiennachzug (Art. 17)	mit Klausel zum Familiennachzug (Artikel 17)	ohne Klausel zum Familiennachzug	ohne Klausel zum Familiennachzug
1964	*1965*	*1968*		
Portugal	Tunesien	Jugoslawien		
mit Klausel zum Familiennachzug (Art. 16)	ohne Klausel zum Familiennachzug	ohne Klausel zum Familiennachzug		

Quelle: Eigene Zusammenstellung[71]

---

[71]- Vereinbarung zwischen der Regierung der Bundesrepublik Deutschland und der Regierung der Italienischen Republik über die Anwerbung und Vermittlung von italienischen Arbeitskräften nach der Bundesrepublik Deutschland vom 20. Dezember 1955.
- Vereinbarung zwischen der Regierung der Bundesrepublik Deutschland und der Regierung des Spanischen Staates über die Wanderung, Anwerbung und Vermittlung von spanischen Arbeitnehmern nach der Bundesrepublik Deutschland vom 29. März 1960.
- Vereinbarung zwischen der Regierung der Bundesrepublik Deutschland und der Regierung des Königreichs Griechenland über die Anwerbung und Vermittlung von griechischen Arbeitnehmern nach der Bundesrepublik Deutschland vom 30. März 1960.
- Deutsch-türkische Vereinbarung über die Vermittlung türkischer Arbeitnehmer nach der Bundesrepublik Deutschland vom 30. Oktober 1961.
- Vereinbarung zwischen der Regierung der Bundesrepublik Deutschland und der Regierung des Königreichs Marokko über die vorübergehende Beschäftigung marokkanischer Arbeitnehmer in der Bundesrepublik Deutschland vom 21. Mai 1963. Entsprechend der Anlage I beschränkt sich die Vereinbarung auf die Beschäftigung marokkanischer Bergarbeiter im deutschen Kohlenbergbau.
- Vereinbarung zwischen der Regierung der Bundesrepublik Deutschland und der Regierung der Portugiesischen Republik über die Vermittlung von portugiesischen Arbeitnehmern nach Deutschland vom 17. März 1964.
- Vereinbarung zwischen der Regierung der Bundesrepublik Deutschland und der Regierung der Tunesischen Republik über die Beschäftigung tunesischer Arbeitnehmer in der Bundesrepublik Deutschland vom 7./18. Oktober 1965. Die Vereinbarung ist auf maximal 3000 tunesische Arbeitnehmer beschränkt.
- Vereinbarung zwischen der Regierung der Bundesrepublik Deutschland und der Regierung der Sozialistischen Föderativen Republik Jugoslawien über die Vermittlung jugoslawischer Arbeitnehmer nach und ihrer Beschäftigung in der Bundesrepublik Deutschland vom 12. Oktober 1968.

2.3 Der Familiennachzug in der Phase der Arbeitsmigration (1955-1973)   39

2.3.2.2 Demografische Daten zum Familiennachzug

Als Anfang der 1960er Jahre in zunehmendem Maße Arbeitnehmer aus dem Ausland angeworben wurden, war der Familiennachzug noch ohne besondere Bedeutung. Es galt die Zielsetzung der befristeten Beschäftigung ausländischer Arbeitnehmer. Diese sollten mit den im Ausland erwirtschafteten Devisen ihre zu Hause gebliebenen Familien finanziell unterstützen. Ein zahlreicher Nachzug der Familienangehörigen der im Bundesgebiet beschäftigen ausländischen Arbeitnehmer schien so weder im Interesse der Arbeitnehmer, noch im Interesse des Aufnahmestaates. Zudem stellte die immer noch vielerorts feststellbare Wohnungsnot ein praktisches Hindernis für Familienzusammenführungen auf deutschem Boden dar.[72] Dies alles führte zu einer hohen Fluktuation der ausländischen Arbeitnehmer. Ihre Beschäftigung in der Bundesrepublik Deutschland erwies sich anfangs in der überwiegenden Zahl der Fälle als tatsächlich vorübergehend.[73]

Gegen Ende der 1960er Jahre trat jedoch eine Veränderung in der Zusammensetzung der Zuwanderung von Ausländern ein. Der Anteil der Erwerbspersonen an den zuziehenden Ausländern verringerte sich, wenn auch nicht stetig, so doch in seiner Tendenz zunehmend. Waren im Jahre 1965 noch 83 Prozent der zuziehenden Ausländer Erwerbspersonen, so reduzierte sich ihr Anteil auf 63 Prozent im Jahre 1973. Dieser Verlauf erklärt sich vor allem aus dem zunehmenden Zuzug von Familienangehörigen, welcher den Anteil der Nichterwerbspersonen an der Zuwanderung erhöhte.[74] Betrachtet man in Abbildung 2.2 die Nettomigration bis 1973, also die Differenz zwischen der Zahl der zu- und abwandernden Ausländer innerhalb eines Jahres, so zeigt sich die Verschiebung in Richtung Familiennachzug deutlich.

Betrachtet man weiterhin in Abbildung 2.3 die Zahlen des Zuzugs von ausländischen Nicht-Erwerbspersonen, dann lässt sich schon in den späten 1960er und frühen 1970er Jahren ein starker Anstieg des Familiennachzugs von Ausländern in das Gebiet der Bundesrepublik Deutschland feststellen.

Neben den Ehepartnern stellten die Kinder der ausländischen Arbeitnehmer die bedeutende Gruppe des Familiennachzugs dar. Eine genaue Bestimmung von Anzahl, Alter und Aufenthaltsort der Kinder ausländischer Arbeitnehmer Anfang der 1970er Jahre ist aufgrund des fehlenden Datenmaterials nicht möglich. Jedoch geben die Repräsentativuntersuchung '72 und die Studie über Soziale Aspekte der Ausländerbeschäftigung einen Überblick über die betreffenden

---

[72]Vgl. Mattes, »Gastarbeiterinnen« in der Bundesrepublik, S. 276-277.

[73]Vgl. Herbert, Geschichte der Ausländerpolitik in Deutschland, S. 212.

[74]Vgl. Bethlehem, Heimatvertreibung, DDR-Flucht, Gastarbeiterwanderung. S. 124; Velling, Immigration to Germany in the Seventies and Eighties, S. 7.

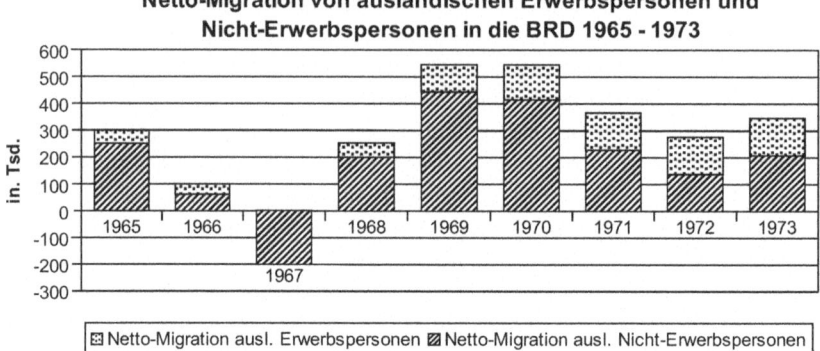

Abbildung 2.2 *Nettomigration von ausländischen Erwerbspersonen und Nicht-Erwerbspersonen in die Bundesrepublik Deutschland 1965-1973. (Datenquelle: Statistisches Bundesamt, Statistisches Jahrbuch 1967-1976, eigene Berechnungen)*

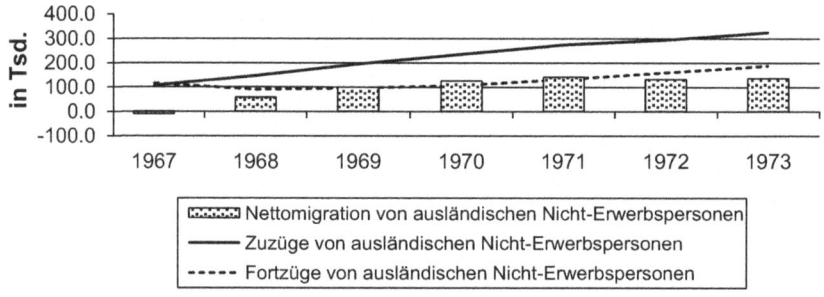

Abbildung 2.3 *Bundesrepublik Deutschland: Zuzüge, Fortzüge und Nettomigration von ausländischen Nicht-Erwerbspersonen 1967-1973. (Datenquelle: Statistisches Bundesamt, Statistisches Jahrbuch 1968-1975, eigene Berechnungen)*

Sachverhalte. So ist davon auszugehen, dass es sich im Jahre 1972 bei über einem Viertel der im Bundesgebiet lebenden Ausländer um minderjährige Kinder handelte. Etwa 950.000 Kinder von ausländischen Arbeitnehmern lebten 1972 im Bundesgebiet. Davon waren 42 Prozent Klein- und Vorschulkinder, 21 Prozent

Grundschulkinder, 16 Prozent Kinder bzw. Jugendliche zwischen 11 und 16 Jahren und 21 Prozent Jugendliche über 16 Jahren.[75]

Die Studie Soziale Aspekte der Ausländerbeschäftigung lieferte zusätzlich detaillierte Informationen über die ausländischen Arbeitnehmer aus den fünf Hauptentsendeländern[76] und ihre Kinder. Danach waren 63 Prozent der Befragten Eltern. Von diesen hatten bis zum Jahre 1972 weniger als die Hälfte (46 Prozent) ihre Kinder in die Bundesrepublik Deutschland nachkommen lassen. Weiter zeigte sich, dass sehr viele Eltern nur einige ihrer Kinder in das Bundesgebiet geholt hatten und die anderen weiter im Entsendeland aufwachsen ließen.[77] Eine auf das vorliegende Datenmaterial rekurrierende grobe Schätzung ging davon aus, dass von allen Kindern der ausländischen Arbeitnehmer im Bundesgebiet bisher lediglich 38 Prozent nachgeholt worden waren. Die Aufschlüsselung nach dem Lebensalter der Kinder ergab, dass von den Kindern unter einem Jahr die überwiegende Mehrzahl bei den Eltern lebte. Die ein- bis unter sechsjährigen Kinder wurden wohl seltener nachgeholt, während sich wiederum von den sechs- bis unter fünfzehnjährigen Kindern eine große Zahl mit ihren Eltern im Bundesgebiet aufhielten. Die über Fünfzehnjährigen waren damals jedoch in ihrer Mehrheit in ihren Heimatländern geblieben.[78] Zudem stellte sich heraus, dass es einen Zusammenhang zwischen dem Zusammenleben mit den Kindern im Anwerbeland und dem Interesse an einem dauerhaften Verbleib in der Bundesrepublik gab. Während im Jahre 1972 lediglich 20 Prozent aller ausländischen Arbeitnehmer die Intention eines dauerhaften Aufenthalts in der Bundesrepublik Deutschland hatten, waren es von den ausländischen Arbeitnehmern mit im Bundesgebiet anwesenden Kindern 37 Prozent.[79] Gesicherte Aussagen über kausale Ursächlichkeiten, ob beispielsweise die Anwesenheit der Kinder den Wunsch nach dauerhaftem Aufenthalt förderte, oder ob ersteres vielmehr die Folge eines schon vorhandenen Verbleibewunsches war, ließen sich nicht treffen. Es erwies sich allerdings schnell als unstrittig, dass bei den ausländischen Arbeitnehmern eine Korrelation zwischen der faktischen oder intendierten langjährigen Aufenthaltsdauer und dem Zusammenleben mit den Kindern, bzw. dem Wunsch danach, bestand.

---

[75]Vgl. Repräsentativuntersuchung '72, S. 22-23.

[76]Italien, Spanien, Griechenland, Jugoslawien und Türkei.

[77]Vgl. Mehrländer, Soziale Aspekte der Ausländerbeschäftigung, S. 205.

[78]Vgl. Mehrländer, Soziale Aspekte der Ausländerbeschäftigung, S. 205-206.

[79]Vgl. Repräsentativuntersuchung '72, S. 39.

2.3.2.3 Soziale Situation nach dem vollzogenen Familiennachzug

Ein wesentlicher Grund für die Entscheidung zur Beantragung und Durchführung eines Familiennachzugs war sicherlich die missliche soziale Lage, in welche die Familienmitglieder durch die Migration eines Familienmitglieds gekommen waren. Sowohl die in die Bundesrepublik gereisten ausländischen Arbeitnehmer, als auch die zurückgebliebenen Familienangehörigen litten oft unter der Trennung der Familie. Die Zusammenführung der Familie im Anwerbeland über den Familiennachzug wurde eine attraktive Option. Die Studie Repräsentativuntersuchung '72 gab Auskunft darüber, dass tatsächlich bei vielen eine Zusammenführung über den Familiennachzug schon stattgefunden hatte oder zumindest ein Wunsch danach bestand. Bei denjenigen, welche die Zusammenführung der Familie auf dem Gebiet der Bundesrepublik Deutschland beantragt und bewilligt bekommen hatten, konte eine signifikante Verbesserung der Lebenssituation empirisch belegt werden. Es ließ sich feststellen, dass „das Zusammenleben mit der eigenen Familie ein wesentliches stabilisierendes Moment der Lebensbedingungen in einem fremden Land darstellt, auch im Hinblick auf die Möglichkeit und Bereitschaft der Integration. Jedenfalls machen die bisherigen Erfahrungen sehr deutlich, daß die aus ihren Familienverbindungen gelösten Ausländer sich weit weniger und langsamer integrieren als die im Familienverband hier lebenden Ausländer."[80]

Der Wunsch nach dem familialen Zusammenleben auf dem Gebiet der Bundesrepublik Deutschland wurde auch zunehmend von den ausländischen Arbeitnehmern umgesetzt. Bei den verheirateten männlichen ausländischen Arbeitnehmern lebten im Jahre 1972 62 Prozent der Ehefrauen auf dem Bundesgebiet. Bei den verheirateten ausländischen Arbeitnehmerinnen lag die Quote noch bedeutend höher, bei 92 Prozent.[81] Diese geschlechtsspezifische Ungleichverteilung erklärte sich aus der traditionell starken Bindung der Frauen an ihre Familien in den Entsendeländern. Deshalb verließ eine verheiratete Frau nur in Ausnahmefällen bzw. Notlagen den Familienverband, um im Ausland ohne ihren Ehemann und ihre Kinder eine Beschäftigung aufzunehmen.[82] Beachtenswert ist der mit 64 Prozent relativ hohe Anteil im Bundesgebiet lebender Ehefrauen von ausländischen Arbeitnehmern, welche ihrerseits selbst auch als

---

[80]Repräsentativuntersuchung '72, S. 19.

[81]Vgl. Repräsentativuntersuchung '72, S. 19-20. Die Studie Soziale Aspekte der Ausländerbeschäftigung lieferte ein vergleichbares Ergebnis; vgl. Mehrländer, Soziale Aspekte der Ausländerbeschäftigung, S. 26.

[82]Vgl. Mehrländer, Soziale Aspekte der Ausländerbeschäftigung, S. 24-26.

Arbeitnehmerinnen erwerbstätig waren.[83] Des Weiteren äußerten 33 Prozent der verheirateten männlichen ausländischen Arbeitnehmer, deren Ehefrauen nicht im Bundesgebiet lebten, den Wunsch, ihre Gattinnen nachkommen zu lassen.[84] Es gab dementsprechend noch eine relativ große Gruppe von Personen, welche den Nachzug ihrer Ehefrauen anstrebten.

Kirchen und Wohlfahrtsverbände begrüßten den Familiennachzug generell.[85] Die breite Zustimmung der Kirchen zur Familienzusammenführung gründete einerseits in dem anthropologisch begründeten Ziel, die „natürliche" Familienordnung wiederherzustellen, deren Einheit aus wirtschaftlichem Interesse bzw. wirtschaftlicher Not durch die Arbeitsmigration zerstört worden war. Andererseits gab es auch ganz konkrete humanitäre Gründe für die Befürwortung des Familiennachzugs. Die Erfahrung zeigte, dass Arbeitsmigranten fern ihrer Heimat durch das Zusammenleben mit ihren Familienmitgliedern psychisch und sozial stabilisiert wurden. Durch den familialen Halt konnten die anomischen Gefahren des Migrantenlebens wie Unzuverlässigkeit, Alkoholismus, Ehebruch, Gewaltausbrüche etc. reduziert werden.[86]

Die positiven Auswirkungen des Familiennachzugs wurden jedoch in der öffentlichen und politischen Diskussion nur vereinzelt wahrgenommen. Meinungsbildend wurden vielmehr die gesellschaftlichen Probleme und staatlichen Herausforderungen, welche mit dem Familiennachzug einhergingen. So traten die mit diesem Migrationsgeschehen verbundenen Lasten einseitig in den Vordergrund. Neben der Frage der Wohnungsnot zeigte sich die Frage der Betreuung und Bildung der ausländischen Kinder als besonders drängend.

---

[83]Dem traditionellen Rollenverständnis entsprach dagegen die Tatsache, dass 96 Prozent der Ehegatten von im Bundesgebiet lebenden ausländischen Arbeitnehmerinnen als Arbeitnehmer erwerbstätig waren. Vgl. Repräsentativuntersuchung '72, S. 19-20.

[84]14 Prozent der Männer zeigten sich noch unschlüssig, 53 Prozent der Männer gaben an, dass ein Ehegattinnennachzug nicht intendiert sei. Als Gründe für letztere Einstellung wurden genannt: Ehefrau muss wegen des Schulbesuchs bzw. der Ausbildung der Kinder im Heimatland bleiben (29 %), die Rückkehr ins Entsendeland steht kurz bevor (22 %), keine Unterkunft/Wohnung gefunden (20 %), bei Nachzug des Ehepartners kann nicht genügend gespart werden (5 %), Ehegattin will nicht nachkommen (4 %), Ehefrau muss Hof, Geschäft im Heimatland versorgen (5 %), Leben in der BRD ist zu frei für Frauen (2 %), sonstige Gründe (20%). Vgl. Mehrländer, Soziale Aspekte der Ausländerbeschäftigung, S. 203.

[85]Vgl. Oswald/Schönwälder/Sonnenberger, Einwanderungsland Deutschland, S. 24.

[86]Vgl. Mattes, »Gastarbeiterinnen« in der Bundesrepublik, S. 279-280. In Verkennung der realen Migrantensituationen wurde dabei jedoch oft vom Stereotyp des arbeitenden Mannes ausgegangen, welcher seine Ehefrau nachkommen ließ, damit sie für ihn sorge und ihm den nun wieder gemeinsamen Haushalt führe.

Die Situation der im Bundesgebiet lebenden Kinder der ausländischen Arbeitnehmer erwies sich von Anfang an als schwierig und problembehaftet. Viele Veröffentlichungen zur sozialen Situation der ausländischen Bevölkerung in der Bundesrepublik Deutschland wiesen seit Anfang der 1970er Jahren darauf hin. [87] Besonderes Augenmerk wurde dabei den Problemen beim Schulbesuch gewidmet. Aufgrund von Schulerlassen der Kultusministerien, welche den Beschluss der Kultusministerkonferenz vom Mai 1964 auf Länderebene umsetzten, galt für die Kinder der ausländischen Arbeitnehmer dieselbe Schulpflicht wie für deutsche Kinder. Die ausländischen Kinder sollten zusammen mit deutschen Kindern die öffentlichen Schulen besuchen. Trotz gesetzlicher Regelungen konnte lange Zeit jedoch nicht gewährleistet werden, dass tatsächlich alle schulpflichtigen ausländischen Kinder die Schule besuchten.[88] Schätzungen gingen davon aus, dass 20 bis 25 Prozent der schulpflichtigen ausländischen Kinder keine Schule besuchten.[89] Dieser hohe Anteil an nicht eingeschulten Kindern erklärte sich einerseits aus der mangelnden Bereitschaft der Eltern, ihre Kinder zum Schulbesuch einzuschreiben, andererseits aus fehlenden staatlichen Kontrollmöglichkeiten. Für das Verhalten der Eltern wurden folgende Gründe als ausschlaggebend angesehen: 1. Die ausländischen Eltern seien nur unzureichend über die deutsche Schulpflicht informiert geworden. 2. Die Kinder seien nicht in die Schule geschickt geworden, weil noch jüngere Geschwister versorgt und beaufsichtigt werden mussten, für die es keine Kindergartenplätze gab. 3. Die ausländischen Eltern, die oft selbst kaum die Schule besucht hatten,[90] erkannten die Bedeutung einer Schulausbildung für die Zukunft ihrer Kinder nicht. Das Umgehen der Schulpflicht wurde zusätzlich dadurch erleichtert, dass nach dem damals gültigen Ausländergesetz von 1965 Kinder unter 16 Jahren im Bundesgebiet nicht gemeldet werden mussten und daher mit dem Eintreten in das schulpflichtige Alter keine staatliche Kontrolle des Vollzugs der Einschulung einhergehen konnte.[91]

---

[87]Vgl. Koch, Zur schulischen und beruflichen Situation ausländischer Kinder und Jugendlicher; Glatzer, Bildungsnachfrage und Bildungsdefizit der Kinder ausländischer Arbeitnehmer, S. 62-68; Mehrländer, Soziale Aspekte der Ausländerbeschäftigung, S. 207-214; Neubeck-Fischer, Gastarbeiter, S. 155-180; Repräsentativuntersuchung '72, S. 21-22.

[88]Vgl. Neubeck-Fischer, Gastarbeiter, S. 156.

[89]Vgl. Mehrländer, Soziale Aspekte der Ausländerbeschäftigung, S. 209; Neubeck-Fischer, Gastarbeiter, S. 156-157.

[90]So gaben 75 Prozent der türkischen Arbeitnehmer bei einer Befragung an, sie hätten keine Schulbildung oder maximal fünf Jahren lang eine Schule besucht. Vgl. Koch, Zur schulischen und beruflichen Situation ausländischer Kinder und Jugendlicher, S. 75-76.

[91]Vgl. Neubeck-Fischer, Gastarbeiter, S. 157.

Bei den Kindern, welche in das deutsche Schulsystem eingegliedert wurden, stellte sich gegenüber ihren deutschen Mitschülern durch ihre Sprachschwierigkeiten und häuslichen Verhältnisse meist eine deutliche Benachteiligung heraus.[92] Da man allgemein von einer Ungewissheit bezüglich der weiteren Aufenthaltsdauer der Kinder im Bundesgebiet ausging, wurde ein doppeltes Ziel verfolgt. Einerseits sollten die Kinder der Ausländer in den Stand versetzt werden, die Möglichkeiten des deutschen Schulsystems voll auszuschöpfen, andererseits sollte auch die Verbindung zur heimatlichen Kultur und Sprache erhalten bleiben, damit sie bei einer Rückkehr in ihr Heimatland auch dort Anschluss an Schule und Berufsausbildung finden konnten. Trotz verschiedenster Bemühungen zur Umsetzung dieses Doppelziels erwies sich diese Konzeption jedoch in der Praxis als realitätsfern und nicht umsetzbar.[93] So erreichten nur 40 Prozent der ausländischen Jugendlichen den Hauptschulabschluss und lediglich drei Prozent von ihnen standen in einem mehrjährigen Ausbildungsverhältnis. Das Ziel der zweigleisigen Sozialisation schien die Kinder, die Elternhäuser und auch das deutsche Bildungssystem zu überfordern. Es führte oft zu einem Versagen in doppelter Hinsicht: Die Kinder und Jugendlichen der ausländischen Arbeitnehmer waren der Kultur ihres Heimatlandes entfremdet und der Kultur des Aufnahmelandes fremd geblieben.[94]

2.3.3   Erste Anzeichen einer Verstetigung der Arbeitsmigration

Als wichtigste Determinante für den gesellschaftlichen Nutzen bzw. für die gesellschaftliche Belastung durch die Beschäftigung ausländischer Arbeitnehmer wurde bald die Dauerhaftigkeit ihres Aufenthalts im Gastgeberland erkannt. In bewusster Abgrenzung von der auf Dauer angelegten Zuwanderung in klassischen Einwanderungsstaaten,[95] sollte es sich bei der bundesdeutschen

---

[92]Vgl. Koch, Zur schulischen und beruflichen Situation ausländischer Kinder und Jugendlicher, S. 90; Neubeck-Fischer, Gastarbeiter, S. 176.

[93]Vgl. Koch, Zur schulischen und beruflichen Situation ausländischer Kinder und Jugendlicher, S. 81, 90-92.

[94]Vgl. Kühn, Stand und Weiterentwicklung der Integration der ausländischen Arbeitnehmer und ihrer Familien, S. 26-27.

[95]Dazu werden vor allem Argentinien, Australien, Brasilien, Kanada, Vereinigte Staaten von Amerika gezählt.

Zuwanderung um ein zeitlich beschränktes Phänomen handeln. Die Bundesrepublik Deutschland sollte nach ihrem eigenen Anspruch nur eine Art Durchgangsstation für die ausländischen Arbeitnehmer sein. Diese sollten zu gegebener Zeit nach Hause zurückkehren, um durch andere Arbeiter ersetzt zu werden, die ihrerseits genauso heimkehrwillig sein sollten.[96] Ausländerrecht, Ausländerpolitik und gesellschaftliche Rahmenbedingungen waren aus diesem Grunde darauf hin ausgelegt, dass die im öffentlichen Sprachgebrauch so genannten „Gastarbeiter"[97] früher oder später wieder heimkehren würden.[98] So wurden die gesuchten ausländischen Arbeitskräfte in ihrem Herkunftsland durch die Bundesanstalt für Arbeit und ihre Vermittlungseinrichtungen im Auftrag eines Arbeitgebers für ein bestimmtes Arbeitsverhältnis und zunächst nur für die Dauer eines Jahres angeworben. Eine etwaige Verlängerung der Arbeits- und Aufenthaltserlaubnis sollte ursprünglich von dem Abschluss eines neuen Jahresarbeitsvertrages abhängig gemacht werden.[99] Nach Überzeugung der Behörden, der Arbeitgeber und der deutschen Bevölkerung waren die Anstellung und der Aufenthalt der Gastarbeiter in der Bundesrepublik nur vorübergehend. Diese Einstellung deckte sich zumeist auch mit den eigenen Plänen und Erwartungen der angeworbenen ausländischen Arbeitnehmer. So bestand der überwiegende Anteil der angeworbenen Arbeiter aus zwanzig- bis vierzigjährigen Männern, die in der Regel ohne ihre Familie nach Deutschland gekommen waren.[100] Sie hatten anfangs die feste Absicht, bald nach Hause zurückzukehren und hielten ihre Verbindungen zu ihrer Heimat und der dort weiterhin ansässigen Familie über die weite Entfernung hin sehr eng.[101] Die hohen Zahlen der jährlich zu verzeichnenden Fortzüge von Ausländern in den

---

[96]Vgl. Rist, Guestworkers in Germany, S. 57; Berlinghoff, Das Ende der ›Gastarbeit‹, S. 141-142.

[97]Der Begriff „Gastarbeiter" hatte sich seit dem Jahre 1962 im öffentlichen, jedoch nicht im amtlichen Sprachgebrauch eingebürgert. Er löste damit den durch die nationalsozialistische Zeit kompromittierten Begriff des Fremdarbeiters ab. Anfang der 1970er Jahre wurde diese Bezeichnung allerdings kritisiert, da die dem Begriff Gast inhärente Vorstellung des zeitlich befristeten Aufenthalts oft nicht mit der Realität übereinstimmte und sich zwischenzeitlich mit ihm negative Assoziationen in Richtung einer unterprivilegierten Existenz herausgebildet hatten. Vgl. Bade/Oltmer, Normalfall Migration, S. 72-73; Neubeck-Fischer, Gastarbeiter, S. 4-5.

[98]Vgl. Herbert, Geschichte der Ausländerpolitik in Deutschland, S. 212; Meier-Braun, Deutschland, Einwanderungsland, S. 30-31; Neubeck-Fischer, Gastarbeiter, S. 26.

[99]Vgl. Neubeck-Fischer, Gastarbeiter, S. 23f.

[100]Vgl. Mehrländer, Ausländerforschung, S. 33.

[101]Vgl. Herbert, Geschichte der Ausländerpolitik in Deutschland, S. 212.

1960er Jahren bis in die frühen 1970er Jahre belegen, dass die Auslandsbeschäftigung auf Zeit für viele nicht nur reines Wunschdenken war, sondern auch in die Tat umgesetzt wurde. Bis Ende der 1960er Jahre kehrten jedes Jahr ungefähr 30 Prozent der in der Bundesrepublik beschäftigten ausländischen Arbeitnehmer in ihre Heimat zurück, um durch neu angeworbene Gastarbeiter ersetzt zu werden.[102] Ein weiteres Indiz für das Vorliegen einer großteils noch temporären Arbeitsmigration in den 1960er Jahren lieferte die Entwicklung während der Rezession 1966 und 1967. Die mit dem wirtschaftlichen Rückgang einhergehende Reduzierung der Arbeitsplätze führte zu einer starken Abwanderung ausländischer Arbeitskräfte bei gleichzeitiger Reduzierung der Neuanwerbungen aus dem Ausland. Per Saldo verließen im Jahre 1967 188 Tausend ausländische Erwerbspersonen das Land.[103] Die Vorstellung der Gastarbeiter als einer zeitlich begrenzten, arbeitsmarktorientierten, flexiblen und hochmobilen Reservearmee schien sich zu bestätigen, die Ziele der Angeworbenen schienen mit den Zielen des Anwerbestaates identisch zu sein.[104]

Erst zu Beginn der 1970er Jahre wurde eine Verfestigung der Zuwanderung von Wissenschaft und Politik in den Blick genommen. Obwohl keine gesicherten Daten darüber zur Verfügung standen, bei wie vielen ausländischen Arbeitnehmern sich der befristete Zuzug in eine Zuwanderung auf Dauer entwickelt hatte, gab es jedenfalls bei einigen angeworbenen Arbeitnehmern Anzeichen für eine Entwicklung zum Aufenthalt auf Dauer. Ein Indiz für eine Tendenz zur Verstetigung der Zuwanderung stellte der Tatbestand dar, dass sich der Anteil der innerhalb eines Kalenderjahres aus der Bundesrepublik Deutschland fortziehenden ausländischen Erwerbspersonen am Gesamtbestand der in der Bundesrepublik lebenden ausländischen Erwerbspersonen zunehmend verringerte. Verließen im Jahre 1965 noch 29,6 Prozent der ansässigen ausländischen Erwerbspersonen wieder die Bundesrepublik, so waren es im Jahre 1973 noch 13,1 Prozent.[105] Der Anteil der während eines Jahres die Bundesrepublik wieder verlassenden ausländischen Arbeitnehmer ging somit zurück. Dies konnte als Hinweis auf eine Tendenz zur Verstetigung des Aufenthalts der angeworbenen Arbeitnehmer gewertet werden. Der Indikator der durchschnittlichen Aufenthaltsdauer von ausländischen Erwerbspersonen konnte nicht herangezogen werden, da diese Zahlen erstmalig für das Jahr 1973[106] ausgewiesen wurden.

---

[102]Vgl. Herbert, Geschichte der Ausländerpolitik in Deutschland, S. 220.

[103]Vgl. Statistisches Bundesamt, Statistisches Jahrbuch 1970.

[104]Vgl. Pagenstecher, Ausländerpolitik und Immigrantenidentität, S. 38-39; Castles, Here for good, S. 12-13.

[105]Vgl. Statistisches Bundesamt, Statistisches Jahrbuch 1967-1976, eigene Berechnungen.

[106]Vgl. Statistisches Bundesamt, Statistisches Jahrbuch 1974, S. 51.

Da die Daten zudem hinsichtlich des zu erhebenden Tatbestands erhebliche Mängel aufwiesen[107] und die durchschnittliche Aufenthaltsdauer überproportional durch die in den Jahren 1970 bis 1973 in hoher Zahl angeworbenen Arbeitnehmer bestimmt wurde, war eine valide statistische Aussage über eine etwaige Tendenz zur Verstetigung der Zuwanderung bei ausländischen Arbeitnehmern auch hier nicht zu treffen.

Konnten auch keine allgemeinen Aussagen über eine Verstetigung der Zuwanderung gemacht werden, so war jedoch seit Anfang der 1970er Jahre offensichtlich, dass sich im Laufe der vergangenen Jahre eine zahlenmäßig nicht unbedeutende Gruppe von ausländischen Arbeitnehmern herausgebildet hatte, welche schon eine geraume Zeit ununterbrochen im Bundesgebiet verweilten und teilweise auch ihre Familienmitglieder über den Familiennachzug nachgeholt hatten.[108]

Fundierte Daten über diese Personengruppe lieferte erstmals die von der Bundesanstalt für Arbeit in Auftrag gegebene Repräsentativuntersuchung '72 über die Beschäftigung ausländischer Arbeitnehmer im Bundesgebiet und ihre sozialen Verhältnisse. Dabei wurden im Rahmen einer repräsentativen Stichprobe 14.000 ausländische Arbeitnehmer zu ihrer Beschäftigung, Einkommenssituation, Schul- und Berufsausbildung und den Familien- und Wohnverhältnissen befragt. Besonders wertvoll erwies sich die Möglichkeit, die ermittelten Daten mit den Ergebnissen einer vorangegangenen entsprechenden Untersuchung aus dem Jahre 1968 in Bezug zu bringen. Dabei zeigte sich, dass der Anteil der ausländischen Arbeitnehmer, welche sich erst seit kurzem, d. h. seit höchstens drei Jahren, im Bundesgebiet aufhielten, von 37 Prozent im Jahre 1968 auf 57 Prozent im Jahre 1972 gestiegen war.[109] Diese Entwicklung lässt sich vor allem aus den starken Anwerbejahrgängen 1969 bis 1972 erklären. Für eine etwaige Tendenz zur Verstetigung des Aufenthalts der ausländischen Arbeitnehmer sollte sich jedoch eine andere Gruppe als bedeutsam herausstellen. Waren hochgerechnet im Jahre 1968 ungefähr 87.000[110]

---

[107]„Die Aufenthaltsdauer ergibt sich ohne Berücksichtigung von Aufenthaltsunterbrechungen als Differenz zwischen Auszählungsstichtag und Datum der ersten Einreise. Ein Ausländer, der beispielsweise vom 1.1.1965 bis 31.12.1966 im Bundesgebiet wohnte und ab 1.1.1973 seinen Wohnsitz erneut im Geltungsbereich des Ausländergesetzes hat, hielt sich am 30.9.1973 8 bis unter 9 Jahre im Bundesgebiet auf." Statistisches Bundesamt, Statistisches Jahrbuch 1974, S. 51.

[108]Vgl. Oltmer, Migration im 19. und 20. Jahrhundert, S. 54: Hatte es im Schuljahr 1965/66 nur 35 Tausend ausländischen Schüler und Schülerinnen in der Bundesrepublik Deutschland gegeben, so waren es im Schuljahr 1970/71 schon 159 Tausend.

[109]Vgl. Repräsentativuntersuchung '72, S. 32-33.

[110]Dies entsprach 8 % der ausländischen Arbeitnehmer im Bundesgebiet. Vgl. Repräsentativuntersuchung '72, S. 7, 33.

ausländische Arbeitnehmer schon 10 Jahre und länger ohne maßgebliche Unterbrechung[111] im Bundesgebiet, so umfasste diese Gruppen im Jahre 1972 schon 199.000[112] ausländische Arbeitnehmer. Innerhalb von vier Jahren hatte sich die Anzahl der schon seit mindestens 10 Jahren im Bundesgebiet verweilenden ausländischen Arbeitnehmer somit weit mehr als verdoppelt. Zusätzlich äußerten 20 Prozent der insgesamt befragten Personen die Absicht, dauerhaft als Arbeitnehmer im Bundesgebiet bleiben zu wollen.[113] Es war also damit zu rechnen, dass zukünftig noch mehr ausländische Arbeitnehmer nicht mehr in ihre Heimatländer zurückkehren wollten. Mit der Verstetigung des Verbleibs in der Bundesrepublik Deutschland gewann für viele der Angeworbenen die Frage der Wiederherstellung der durch den Umzug nach Deutschland verloren gegangen Einheit der Familie an Bedeutung.

Die Studie zeigte bezüglich des Potenzials zum Familiennachzug auf, dass ein Großteil der angeworbenen Arbeitnehmer verheiratet[114] war und ein Großteil von ihnen schon mit ihren meist ebenfalls ausländischen Ehepartnern[115] und Kindern[116] in Deutschland zusammen lebte.

Somit stellte schon im Jahre 1972 die Gruppe der schon seit längerer Zeit im Bundesgebiet lebenden ausländischen Arbeitnehmer mit ihren Familien eine bedeutende und nicht mehr zu übersehende Gruppe dar.[117] „1971 lebten mehr als die Hälfte der ausländischen Beschäftigten seit mehr als vier Jahren in der Bundesrepublik, zwischen 10 und 18 % sogar seit mehr als sieben Jahren. Damit erreichten sie die im Arbeitsförderungsgesetz festgelegten Fristen, die nach fünf Jahren ununterbrochener Arbeit oder acht Jahren ununterbrochenen Aufenthalts einen Rechtsanspruch auf eine Arbeitserlaubnis begründeten."[118]

---

[111]D.h. keine oder kürzer als sechsmonatige Unterbrechungen.

[112]Dies entsprach 9 % der ausländischen Arbeitnehmer im Bundesgebiet. Vgl. Repräsentativuntersuchung '72, S. 7, 32-33.

[113]Vgl. Repräsentativuntersuchung '72, S. 34-35.

[114]74 % der ausländischen männlichen Arbeitnehmer und 68 % der ausländischen weiblichen Arbeitnehmer waren 1972 verheiratet. Vgl. Repräsentativuntersuchung '72, S. 19-20.

[115]62 % der ausländischen verheirateten männlichen Arbeitnehmer und 92 % der ausländischen verheirateten weiblichen Arbeitnehmer hatten ihren Ehepartner im Bundesgebiet. Vgl. Repräsentativuntersuchung '72, S. 19-20.

[116]Im Frühjahr 1972 lebten von den 2,2 Millionen ausländischen Arbeitnehmern etwa 950.000 Kinder im Bundesgebiet. Die meisten davon waren Kleinkinder und Kinder bis zum Grundschulalter. Vgl. Repräsentativuntersuchung '72, S. 7, 22-23.

[117]Vgl. Neubeck-Fischer, Gastarbeiter, S. 227; Herbert, Geschichte der Ausländerpolitik in Deutschland, S. 225-226.

[118]Berlinghoff, Das Ende der ›Gastarbeit‹, S. 155.

Bei weitem nicht bei allen, aber bei einer nicht mehr zu vernachlässigenden Zahl hatte sich die ursprünglich befristete Zuwanderung in eine dauerhafte Einwanderung gewandelt.

Diese Entwicklung stellte für viele Bereiche der deutschen Gesellschaft eine Herausforderung dar. „Die wachsende Nachfrage der Gastarbeiter nach privaten Wohnungen und infrastrukturellen Einrichtungen beeinträchtigt zunehmend die Bedürfnisbefriedigung bestimmter deutscher Bevölkerungsgruppen. Es kommt daher zu Protesten gegen die Ausländerbeschäftigung und zugleich zur Forderung an die öffentliche Hand, die Gastarbeiterfrage zu lösen. Die wachsenden innenpolitischen Spannungen und die Erkenntnis, daß die Annahme, die Ausländerbeschäftigung sei von kurzfristiger Dauer, weitgehend illusorisch ist, zwingen Staat und Kommunen, ihre lange Zeit eher passive Haltung gegenüber der Gastarbeiterproblematik aufzugeben. So erklärt es sich, daß nahezu alle Kommunen seit etwa 1969 Arbeitsgemeinschaften, Arbeitsausschüsse u. ä. zur Ausländerfrage konstituieren, deren Ziel es ist, konkrete Maßnahmen zur Lösung der Gastarbeiterproblematik zu erarbeiten. Teilweise wurden zu diesem Zweck auch empirische Untersuchungen in Auftrag gegeben."[119] Im Zuge der systematischen Erfassung der Lebenssituation der ausländischen Arbeitnehmer durch neue Studien wurde erstmalig eine neuartige Migrationsform wahrgenommen, welche bislang von eher zu vernachlässigender Bedeutung erschien, der Familiennachzug. Es sollte sich zeigen, dass der Vollzug des Familiennachzugs sowohl auf Seiten der ausländischen Arbeitnehmer hinsichtlich ihres Migrationsverhaltens als auch auf Seiten der aufnehmenden Gesellschaft in Bezug auf die Folgelasten der Arbeitsmigration große Auswirkungen zeitigte. In der ersten öffentlichen Wahrnehmung zu Anfang der 1970er Jahren wurde der Familiennachzug vornehmlich als eine vor allem mit Lasten verbundenen Migrationsform gesehen, welche die Folge einer nicht geplanten und nicht gewollten Verstetigung der Arbeitsmigration war. Der Familiennachzug wurde, unter Ausblendung seiner positiven Wirkungen für die Familien, einseitig unter dem Gesichtspunkt einer unerwünschten Belastung für die Gesellschaft diskutiert. Verstärkt wurde dies noch durch die Tatsache, dass weithin Kinder ausländischer Eltern, die schon in der Bundesrepublik geboren worden waren, fälschlicherweise ebenso dem Phänomen des Familiennachzugs zugerechnet wurden. Anfang der 1970er Jahre schien sich in der öffentlichen Wahrnehmung die internationale Migration durch die Verstetigung der Arbeitsmigration und den Familiennachzug für die bundesdeutsche Gesellschaft vom Nutzen in eine Belastung gewandelt zu haben, der nun vehement Einhalt zu gebieten sei.

---

[119]Neubeck-Fischer, Gastarbeiter, S. 227; vgl. Herbert, Geschichte der Ausländerpolitik in Deutschland, S. 226-228.

2.4   Der Familiennachzug nach der Phase der Arbeitsmigration (1973-1981)

2.4.1   Einführung

Grundlegend für die Analyse des bundesdeutschen Migrationsgeschehens in den 1970er Jahren wurde die von Stephen Castles eingeführte Drei-Phasen-Einteilung der Einwanderung.[120] In Bezug auf die nach dem Ende des Zweiten Weltkriegs annähernd parallel verlaufenden Einwanderungsprozesse der westeuropäischen Staaten spricht Castles von den drei aufeinander folgenden Phasen der Arbeitsmigration, der Familienzusammenführung und der dauerhaften Niederlassung. Dabei entsprechen die drei Phasen ungefähr den 1960er, 1970er und 1980er Jahren. Dieser Einteilung folgend, ist es in der Migrationsforschung weit verbreitet, von den 1970er Jahren in der Bundesrepublik Deutschland als dem Jahrzehnt der Familienzusammenführung bzw. des Familiennachzugs zu sprechen.[121] Diese Entwicklung wird in Westdeutschland im direkten kausalen Zusammenhang mit dem Anwerbestopp für ausländische Arbeitnehmer vom 23. November 1973 gesehen. Der Anwerbestopp zeige dafür verantwortlich, dass ausländische Arbeitnehmer nicht mehr in ihre Heimat zurückreisen konnten bzw. wollten und sich stattdessen auf einen dauerhaften Aufenthalt in der Bundesrepublik einrichteten. Dies führte zu einem Nachholen der Familienmitglieder aus der Heimat. „Der Anwerbestopp aber verfestigte die Bleibeabsichten, denn Ausländer, die ihre Arbeitsverhältnisse beendeten, um für einige Zeit in ihre Heimat zurückzukehren, hatten keine Chance mehr, erneut als Arbeitswanderer zugelassen zu werden. Wollten sie nicht auf Dauer von ihren Familien im Herkunftsland getrennt leben, standen sie vor der Alternative einer endgültigen Rückkehr oder eines Familiennachzugs in die Bundesrepublik. Die Folge war, dass die Zahl derer stieg, die blieben und ihre Familien nachholten."[122]

---

[120]Vgl. Castles, Here for good, S. 11-15; Pagenstecher, Ausländerpolitik und Immigrantenidentität, S. 21.

[121]Vgl. Castles, Here for good, S. 13; Currle, Migration in Europa, S. 19; Müller-Schneider, Zuwanderung in westliche Gesellschaften, S. 253; Pagenstecher, Ausländerpolitik und Immigrantenidentität, S. 21; Unabhängige Kommission "Zuwanderung", Zuwanderung gestalten, S. 188.

[122]Oltmer, Migration im 19. und 20. Jahrhundert, S. 54. Damit übereinstimmend konstatierte die Unabhängige Kommission „Zuwanderung" unter dem Vorsitz von Rita Süssmuth im Jahre 2001: „Die auf dem Wege des Familiennachzugs einreisenden Personen bilden neben Asylbewerbern und Spätaussiedlern die quantitativ bedeutendste Zuwanderungsgruppe. Der wesentlichste Grund hierfür liegt in der Verfestigung des Aufenthalts der seit Mitte der fünfziger Jahre angeworbenen ausländischen Arbeitskräfte („Gastarbeiter"), die nach dem Anwerbestopp im Jahr 1973 in immer stärkerem Maße ihre Familien nachziehen ließen." Unabhängige Kommission "Zuwanderung", Zuwanderung gestalten, S. 188.

Die zentrale These lautet, dass in der Bundesrepublik Deutschland hinter dem Migrationsaufkommen seit der Rezession von 1973 hauptsächlich der Familiennachzug stehe. „Nach dem Anwerbestopp für Gastarbeiter vom 23. November 1973 zogen weiterhin ausländische Migranten nach Deutschland. Die angeworbenen Arbeitsmigranten holten im Laufe der Zeit Ehepartner und Familienangehörige nach. Zwischen 1973 und 1980 wurden amtlicherseits circa 3,35 Millionen Zuzüge von ausländischen Staatsangehörigen registriert. Da es in diesem Zeitraum keine Anwerbeprogramme mehr gab und die Zahl der Asylsuchenden relativ gering war (von 1973 bis 1980 circa 239.000 Asylantragsteller), kann vermutet werden, dass circa 3 Millionen Zuzüge von ausländischen Staatsangehörigen auf das Konto des Ehegatten- und Familiennachzugs gingen".[123]

Es soll im Folgenden gezeigt werden, dass die scheinbar überragende Bedeutung des Familiennachzugs in den 1970er Jahren sich stark relativiert, wenn das gesamte Migrationsgeschehen der Bundesrepublik Deutschland, welches sich aus den Zuzügen und den Fortzügen zusammensetzt, in den Blick genommen wird. Auf der Grundlage der amtlichen Bevölkerungs- und Wanderungsstatistiken des Statistischen Bundesamtes[124] soll der Nachweis geführt werden, dass der Anwerbestopp von 1973 weder eine verstärkende Wirkung auf den Familiennachzug zeitigte, noch bei Betrachtung der Nettomigration in den Jahren 1973 bis 1980 eine Zunahme der Einwanderung über die abhängige Migration zu verzeichnen ist. Unabhängig von der Frage der quantitativen Bedeutung des Familiennachzugs herrscht jedoch Einigkeit darüber, dass in den 1970er Jahren eine Verstetigung der Zuwanderung in großem, nicht erwartetem Ausmaße zu konstatieren ist.[125] Aus vielen als Gastarbeiter angeworbenen ausländischen Arbeitnehmern und ihren Familien wurden Einwanderer.

Im Folgenden sollen die den Familiennachzug betreffenden Entwicklungstendenzen dieser Zeitphase nachgezeichnet werden. Dabei wird der Schwerpunkt auf den im vorausgehenden Kapitel schon detaillierter behandelten Hauptherkunftsländern der Migration in die Bundesrepublik Deutschland liegen.

---

[123]Lederer, Indikatoren der Migration, S. 134.

[124]Die Daten werden, insofern dies möglich ist, der Zusammenstellung entnommen von: Booth, The migration process in Britain und West Germany, S. 155-227.

[125]Vgl. Castles, Here for good, S. 8; Heckmann, Die Bundesrepublik: Ein Einwanderungsland? S. 190-191; Herbert, Geschichte der Ausländerpolitik in Deutschland,S. 232; Kielmansegg, Das geteilte Land, S. 399-400; Meier-Braun, Integration und Rückkehr?, S. 93; Pagenstecher, Ausländerpolitik und Immigrantenidentität, S. 21; Repräsentativuntersuchung '80, S. 4-5; Rist, Guestworkers in Germany, S.57.

2.4.2   Der Anwerbestopp vom 23. November 1973

2.4.2.1 Die Vorgeschichte des Anwerbestopps

Seit dem Beginn der 1970er Jahre begannen die politisch Verantwortlichen in der Bundesrepublik Deutschland die Folgen der Anwerbung ausländischer Arbeitnehmer zunehmend skeptischer einzuschätzen.[126] Bei einer Konferenz über den europäischen Arbeitsmarkt im März 1972 stellte Arbeitsminister Walter Arendt in einer Rede fest, dass aufgrund des oft vollzogenen Nachzugs von Familienangehörigen die regionale Mobilität der ausländischen Arbeitnehmer abgenommen habe. Weiterhin führten die „billigen Arbeitskräfte" dazu, dass in der Industrie Investitionen zu Rationalisierungen unterlassen würden und durch diesen modernisierungshemmenden Effekt mittelfristig die internationale Wettbewerbsfähigkeit der deutschen Industrie gefährdet werde. Schließlich führten die angeworbenen Ausländer mit ihren Familien zu einem ständig steigenden Bedarf an Infrastruktur- und Fürsorgemaßnahmen.[127] Es drängte sich vielen der Eindruck auf, „es sei der gesamtgesellschaftliche Grenznutzen des Imports von Arbeitskräften längst erreicht, die Zuwanderung erzeuge Neben- und Folgekosten im Bereich der sozialen Infrastruktur, die den ökonomischen Nutzen bereits weit überstiegen".[128]

In Folge dieser zunehmend kritischen Bewertung des Nutzens ausländischer Arbeitskräfte wollte die Bundesregierung schon ab Herbst 1972 die Anwerbezahlen reduzieren. Im November sperrte sie den so genannten „Zweiten Weg" der direkten namentlichen Anwerbung durch die Unternehmen. Dabei hatten sich die Unternehmen von ihren bewährten ausländischen Arbeitern Verwandte empfehlen lassen, die sie dann beim Arbeitsamt anforderten. Obwohl sie dann das Risiko einer Fehlvermittlung selbst zu tragen hatten, schätzten viele Unternehmer die leichtere betriebliche Eingliederung, wenn Bekanntschafts- und Verwandtschaftskontakte vorhanden waren. Allerdings entstand auf diese Weise eine Kettenmigration, durch welche Großfamilien nach Deutschland einwanderten. Als weiterer Schritt zur Reduzierung der Anwerbezahlen wurde im Juni 1973 die Vermittlungspauschale[129] für die Unternehmen und die Anforderungen an die

---

[126]Eine ausführliche Schilderung der Entwicklung der bundesdeutschen Migrationspolitik bis zum Anwerbestopp 1973 findet sich bei Berlinghoff, Das Ende der ›Gastarbeit‹, S. 141-246.

[127]Vgl. Herbert, Geschichte der Ausländerpolitik in Deutschland, S. 228.

[128]Rudloff, Im Schatten des Wirtschaftswunders, S. 428.

[129]Erhöhung der Gebühr für die Vermittlung ausländischer Arbeitnehmer aus Nicht-EG-Ländern von 300 DM auf 1000 DM. Vgl. Herbert, Geschichte der Ausländerpolitik in Deutschland, S. 228.

Unterkünfte erhöht. Sollten diese Maßnahmen nicht greifen, wurde die Einführung einer Wirtschaftsabgabe für die Beschäftigung von Ausländern erwogen.[130]

2.4.2.2 Der Anwerbestopp vom 23. November 1973

Die konsequente Durchführung dieser Maßnahmen wurde allerdings durch den generellen Anwerbestopp[131] für ausländische Arbeitnehmer hinfällig, welcher am 23. November 1973 von der deutschen Bundesregierung verfügt wurde. Der Bundesminister für Arbeit und Sozialordnung Walter Arendt wies den Präsidenten der Bundesanstalt für Arbeit per Fernschreiben an, bei auslaufenden Verträgen von ausländischen Arbeitnehmern „streng zu prüfen, ob eine Erneuerung der Arbeitserlaubnis auf Grund der Lage und Entwicklung des Arbeitsmarktes verantwortet werden kann."[132] Der Präsident der Bundesanstalt setzte die Weisung in einem Erlass vom 26. November 1973 um, wonach sowohl bei erstmaliger als auch bei erneuter Beantragung der Arbeitserlaubnis unter Anlegung eines strengen Maßstabes besonders sorgfältig geprüft werden solle, ob Vermittlungsmöglichkeiten für deutsche und ihnen gleichgestellte nichtdeutsche Arbeitnehmer durch die Erteilung der Arbeitserlaubnis beeinträchtigt bzw. künftig beeinträchtigt werden könnten. Ferner sei zu prüfen, ob nicht durch die Mobilisierung inländischer Reserven der Arbeitskräftebedarf gedeckt werden könne oder aber dem Betrieb andere Maßnahmen zur Behebung des Kräftebedarfs zugemutet werden könnten.[133] „Da die erwartete ›strenge Prüfung‹ einer Anweisung zur Verweigerung der Arbeitserlaubnis gleichkam, wurde daraus mittelfristig eine Sperre für legale Arbeitsmigration aus nicht-westlichen Drittstaaten mit der Option, die Zahl der in der Bundesrepublik beschäftigten Ausländer zu senken."[134] Bemerkenswert ist, dass vor dieser wichtigsten ausländerpolitischen Maßnahme der 1970er Jahre weder der Deutsche Bundestag noch die Bundesanstalt für Arbeit konsultiert wurden. Die türkischen Behörden erfuhren von dem Erlass erst durch die Presse.[135]

---

[130]Vgl. Pagenstecher, Ausländerpolitik und Immigrantenidentität, S. 40, 48; Meier-Braun, Integration und Rückkehr?, S. 11-12.

[131]Zur Zeit des Erlasses war im öffentlichen Sprachgebrauch dafür die Bezeichnung „Ausländerstopp" vorherrschend. Vgl. Statistisches Bundesamt, Wanderungen 1973, S. 709.

[132]Zitiert nach Franz, Energiekrise und Ausländerbeschäftigung, S. 350.

[133]Vgl. Franz, Energiekrise und Ausländerbeschäftigung, S. 350.

[134]Berlinghoff, Das Ende der ›Gastarbeit‹, S. 252.

[135]Vgl. Pagenstecher, Ausländerpolitik und Immigrantenidentität, S. 48.

Die Koinzidenz des Anwerbestopps mit dem Ölboykott durch die arabischen Staaten im Oktober 1973 wurde von der deutschen Regierung zur Legitimation dieser Maßnahme genutzt. Die Bundesregierung stellte den Anwerbestopp als prophylaktische und vorübergehende Maßnahme angesichts des aus der Energieverknappung resultierenden Konjunktur- und Beschäftigungsrisikos dar. So wurde die Ölkrise zur Erklärung und Begründung der Beendigung des Anwerbens ausländischer Arbeitnehmer herangezogen.[136] „Tatsächlich aber war diese nicht mehr als ein verstärkendes Moment und zudem ein günstiger Anlaß, den Zustrom ausländischer Arbeiter ohne große Widerstände von seiten der Entsendeländer und ohne langwierige Diskussion in der deutschen Öffentlichkeit über die sozialen Folgen dieser Maßnahme einzudämmen und die Zahl der Ausländer zu senken. Der Zusammenhang zwischen der jahrelangen Kosten-Nutzen-Diskussion und dem Anwerbestop wurde auf diese Weise in den Hintergrund gedrängt, der «Ölschock» schien die Ursache für die Wende der deutschen Ausländerpolitik zu sein."[137] In den Hauptentsendeländern löste der Anwerbestopp jedoch heftige Reaktionen aus. So versetzte beispielsweise die türkische Öffentlichkeit die Aussicht, dass in Zukunft keine weiteren Arbeiter mehr in die Bundesrepublik Deutschland vermittelt werden könnten und womöglich die schlagartige Rückkehr Tausender Arbeitsmigranten bevorstehe, in helle Aufregung. Die türkische Regierung versuchte daraufhin einerseits, die türkische Öffentlichkeit zu beruhigen, andererseits, die bundesdeutsche Regierung dazu zu bewegen, die Türkei vom Anwerbestopp auszunehmen. Das Antragen dieses Begehrens stieß jedoch bei der deutschen Regierung auf Ablehnung.[138] Nicht betroffen vom Anwerbestopp waren jedoch der Zuzug von Angehörigen aus EG-Ländern und der Zuzug zum Zwecke der Familienzusammenführung.[139]

2.4.2.3 Auswirkungen des Anwerbestopps

Der Anwerbestopp wurde in einer Zeit erlassen, die einen gravierenden Einschnitt für die gesamte westliche Welt darstellte. Im Herbst 1973 hatten alle westlichen Industrienationen an den Auswirkungen der Weltwirtschaftskrise,

---

[136]Vgl. Bethlehem, Heimatvertreibung, DDR-Flucht, Gastarbeiterwanderung, S. 157-158; Herbert, Geschichte der Ausländerpolitik in Deutschland, S. 229; Pagenstecher, Ausländerpolitik und Immigrantenidentität, S. 48.

[137]Herbert, Geschichte der Ausländerpolitik in Deutschland, S. 229.

[138]Vgl. Hunn, »Nächstes Jahr kehren wir zurück …«, S. 329-330.

[139]Vgl. Repräsentativuntersuchung '80, S. 4; Statistisches Bundesamt, Wanderungen 1973, S. 709.

dem Zusammenbruch der Weltwirtschaftsordnung, der Ölpreiskrise und einer extrem hohen Inflation zu leiden. Nach über einem Vierteljahrhundert fast ununterbrochenen wirtschaftlichen Aufschwungs stand man nun vor einem historischen Moment, der sich als der Beginn einer Krisen- und Umbruchdekade herausstellen sollte. Mit der Herausbildung eines Sockels der Arbeitslosigkeit, der Belastung der sozialen Sicherungssysteme oder der Abhängigkeit von fossilen Brennstoffen zeigten sich erstmals viele der wirtschaftspolitischen Probleme, welche bis in die Gegenwart zu einer ständigen Belastung und Herausforderung für die Gesellschaft und die Politik werden sollten.[140] In Deutschland führte die Weltwirtschaftskrise zu einer Phase der Stagflation. Diese zeichnete sich durch schwaches bis rückläufiges Wirtschaftswachstum, Inflation und steigende Arbeitslosigkeit aus. Den Tiefpunkt der wirtschaftlichen Lage bildete das Jahr 1975, in welchem fast alle Sektoren der Wirtschaft von der Krise erfasst waren. Das Bruttosozialprodukt sank in diesem Jahr erstmals in der Geschichte der Bundesrepublik deutlich und die Arbeitslosenquote verdoppelte sich fast innerhalb eines Jahres von 2,5 Prozent im Jahre 1974 auf 4,7 Prozent im Jahre 1975.[141] Die Schwäche auf dem Arbeitsmarkt bekamen dabei die ausländischen Arbeitnehmer überproportional zu spüren. Ihre Arbeitslosenquote stieg innerhalb eines Jahres von 2,9 Prozent im Jahre 1974 auf 6,8 Prozent im Jahre 1975 an.[142] Dies ist darauf zurückzuführen, dass ausländische Arbeitnehmer oft in befristeten Arbeitsverhältnissen standen und aufgrund ihrer meist niedrigen Qualifikation in Wirtschaftsbereichen der Industrie tätig waren, welche besonders stark von der Strukturkrise betroffen waren.[143]

Der Anwerbestopp im Jahre 1973 führte keineswegs sofort zu einer bundesweit einheitlichen Regelung bezüglich der Praxis der Erteilung und Verlängerung von Arbeits- und Aufenthaltsgenehmigungen ausländischer Antragsteller.[144] Die Ziele der möglichst kurzen Gültigkeitsdauer zukünftig zu erteilender Arbeitserlaubnisse, der Versagung ihrer Verlängerung und ihrer Beschränkung auf einen bestimmten Beruf, Betrieb und Geltungsbereich, ließen sich nur bedingt umsetzen, da sie erheblich von der geltenden Arbeitserlaubnisverordnung abwichen. Schnell wurde auch klar, dass Arbeitnehmer mit einem fünfjährigen ununterbrochenen Aufenthalt in der Bundesrepublik auch künftig unabhängig von der Lage auf dem Arbeitsmarkt eine

[140]Vgl. Prollius, Deutsche Wirtschaftsgeschichte, S. 180-181.

[141]Vgl. Sachverständigenrat, Jahresgutachten 1984/85, S. 68.

[142]Vgl. Geiß/Reichow/Schmidt/Winkler-Pöhler, Bericht zur Ausländerbeschäftigung, S. 61.

[143]Vgl. Herbert, Geschichte der Ausländerpolitik in Deutschland, S. 237.

[144]Vgl. Franz, Energiekrise und Ausländerbeschäftigung, S. 350.

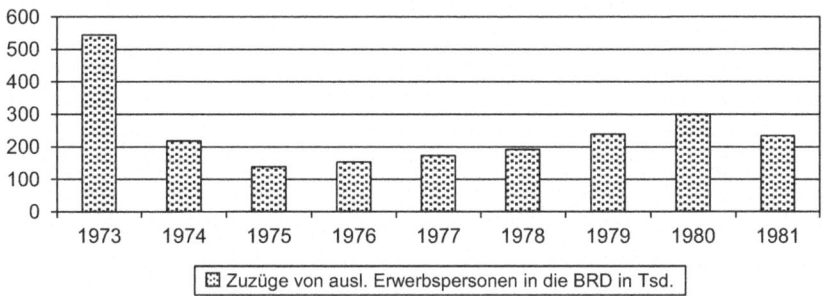

Zuzüge von ausl. Erwerbspersonen in die BRD in Tsd. 1973-1981

Legende: ⊞ Zuzüge von ausl. Erwerbspersonen in die BRD in Tsd.

Abbildung 2.4 *Zuzüge von ausländischen Erwerbspersonen in die Bunderepublik Deutschland 1973-1981. (Datenquelle: Statistisches Bundesamt, Statistisches Jahrbuch 1975-1983)*

uneingeschränkte Arbeitserlaubnis erhalten würden.[145] Somit zeigte der Anwerbestopp seine unmittelbare Wirkung primär bei der Verhinderung der Anwerbung neuer Arbeitskräfte aus den Entsendeländern. Da die Bundesregierung wenig Bereitschaft zeigte, Forderungen der Wirtschaft nach Ausnahmegenehmigungen nachzugeben,[146] resultierte daraus ein schneller und signifikanter Rückgang des Zuzugs ausländischer Erwerbspersonen über die bundesdeutsche Staatsgrenze. Als Ergebnis des Anwerbestopps reduzierte sich der Zuzug von ausländischen Erwerbspersonen auf das Bundesgebiet von 544 Tausend im Jahre 1973 auf 217 Tausend im Jahre 1974 um 60 Prozent. Im darauf folgenden Jahr 1975 zeigte sich ein weiterer starker Rückgang auf 138 Tausend zuziehenden ausländischen Erwerbspersonen.[147] Der Anwerbestopp hatte somit auf dem Gebiet der Neuanwerbung ausländischer Arbeitnehmer zur gewünschten schnellen Reduzierung der Zahlen geführt. (Abbildung 2.4) Als Schattenseite dieser Maßnahme stieg allerdings in den Jahren nach 1973 die illegale

---

[145]Vgl. Hunn, »Nächstes Jahr kehren wir zurück ...«, S. 333-334.

[146]Ausgenommen vom Anwerbestopp wurden lediglich ausländische Krankenschwestern, Werkvertragsarbeitnehmer und das Koreaprogramm der Ruhrkohle AG. Vgl. Hunn, »Nächstes Jahr kehren wir zurück ...«, S. 331.

[147]Vgl. Statistisches Bundesamt, Statistisches Jahrbuch 1975-1977. Die Anzahl der einreisenden ausländischen Erwerbspersonen ging trotz des Anwerbestopps nicht auf Null zurück, weil in die Statistik folgende Ausländer mit eingingen: a) junge ausländische Männer, welche ihren Militärdienst im Herkunftsland abgeleistet hatten, und danach zurückkehrten, b) ausländische Erwerbspersonen, welche von den Ausnahmeregelungen des Anwerbestopps profitierten, c) Ausländer, welche mit Deutschen verheiratet waren. Vgl. Booth, The migration process in Britain und West Germany, S. 120.

Einreise und Beschäftigung ausländischer Arbeitnehmer drastisch an. Wurden vor dem Anwerbestopp nur eine geringe Zahl irregulär beschäftigter Ausländer angenommen, gingen Schätzungen im Jahre 1975 schon von 200 Tausend bis 300 Tausend „illegaler" ausländischer Arbeiter auf dem Bundesgebiet aus.[148]

Beabsichtigtes Ziel des Anwerbestopps war neben der Beschränkung des Zuzugs neuer ausländischer Arbeitskräfte eine kontinuierliche Reduktion des Bestands der zugezogenen Arbeitnehmer und ihrer Familien. Ausreichende Erfolgsaussichten schienen dadurch gewährleist, dass im Jahre 1973 von den insgesamt fast vier Millionen Ausländern im Bundesgebiet 2,5 Millionen[149] in einer Beschäftigung standen. Administrativ sollte dies durch eine sehr restriktive Politik der Erneuerung befristeter Arbeitserlaubnisse erreicht werden. So sollte bei einer erneuten Beantragung einer Arbeitserlaubnis unter Anlegung eines strengen Maßstabes geprüft werden, ob nicht der Arbeitskräftebedarf durch die Vermittlung von deutschen oder ihnen gleichgestellten Arbeitnehmern gedeckt werden könne. In Anbetracht der Tatsache, dass immer noch die Mehrzahl der ausländischen Arbeitnehmer in un- bzw. angelernten Tätigkeiten beschäftigt war, schien eine Substitution ausländischer Arbeitskräfte durch arbeitslos gewordene deutsche Arbeitnehmer relativ leicht durchführbar. Grundlegend war weiter die Annahme, dass auf dem deutschen Arbeitsmarkt nicht mehr benötigte ausländische Arbeitnehmer wieder umgehend in ihre Heimatländer zurückkehren würden und gegebenenfalls dabei auch ihre inzwischen in Deutschland ansässig gewordenen Familienmitglieder mitnehmen würden. Für diese Annahme sprach, dass in der Phase der letzten Rezession in den Jahren 1966 und 1967 dieselbe Entwicklung prognostiziert worden war und auch statistisch eindeutig nachgewiesen werden konnte.

Doch wie verhielten sich die ausländischen Arbeitnehmer und ihre Familien in der Rezession der 1970er Jahre? Zahlreiche Publikationen gehen davon aus, dass in den Jahren nach dem Anwerbestopp eine mit folgenschweren gesellschaftlichen Belastungen einhergehende neuartige Entwicklung eintrat, bei welcher der Familiennachzug eine entscheidende Rolle spielte. Diese Entwicklung wird mit dem mitunter verwendeten Begriff des Bumerangs anschaulich beschrieben.[150]

---

[148]Vgl. Hunn, »Nächstes Jahr kehren wir zurück ...«, S. 354; Berlinghoff, Das Ende der ›Gastarbeit‹, S. 257; Rist, Guestworkers in Germany, S. 78.

[149]Bei der für 1973 zur Verfügung stehenden Zahlenangabe handelt es sich um ein aus dem Meldeverfahren zur Sozialversicherung von der Bundesanstalt für Arbeit hochgerechnetes Ergebnis. Vgl. Bethlehem, Heimatvertreibung, DDR-Flucht, Gastarbeiterwanderung, S. 125.

[150]Die Metapher des Bumerangs bezieht sich auf den Versuch, ein Stück Holz wegzuwerfen, nicht ahnend, dass es sich dabei um einen Bumerang handelt. Das Tertium Comparationis besteht in der nicht erwünschten, der ursprünglichen Intention einer Maßnahme gegenläufigen Folgewirkung. Vgl. Bade, Ausländer, Aussiedler, Asyl, S. 45-46; Bade, Einheimische Ausländer, S. 396.

Dieser Bumerang-Effekt wird dafür verantwortlich gemacht, dass durch den Familiennachzug aus einer ursprünglich zeitlich befristet geplanten Arbeitsmigration eine unkontrollierbare fortwährende Einwanderung wurde.[151] Im Folgenden soll dieser von vielen konstatierte Effekt beschrieben und kritisch daraufhin untersucht werden, inwieweit er durch die zur Verfügung stehenden Migrationsstatistiken als erwiesen gelten kann.

Beim Bumerang-Effekt handelt es sich um die These, dass der Anwerbestopp aus dem Jahre 1973 letztlich nicht das intendierte Ziel der kontinuierlichen Reduzierung der Zahlen der ausländischen Arbeitnehmer und ihrer Familien in Deutschland erreichte, sondern das Gegenteil, den vermehrten Zuzug ausländischer Familienangehöriger in die Bundesrepublik Deutschland. Damit einhergehend diagnostiziert er, dass der Anwerbestopp die Umwandlung befristeter in unbefristete Aufenthalte von Ausländern förderte. „Damals waren Ausländer mit so langen Aufenthaltszeiten noch eine Minderheit. Das änderte sich seit dem Anwerbestop von 1973, der mit seinen flankierenden Maßnahmen zu einem Bumerang in der Ausländerpolitik wurde: Er blockierte zwar den weiteren Arbeitskräftezustrom. Bei der schon ansässigen Ausländerbevölkerung aber beendete er die ohnehin schon abnehmende Fluktuation von ‚Gastarbeitern' zwischen der Bundesrepublik und Herkunftsländern; denn nun konnte aus freiwilliger Rückkehr auf Zeit ein unfreiwilliger Abschied für immer werden. Viele blieben aus diesem Grund und zogen ihre Familienmitglieder nach."[152] Anstatt somit die mit der Arbeitsmigration verbundenen, immer größer gewordenen Belastungen für die bundesdeutsche Gesellschaft durch den Anwerbestopp zu reduzieren, wurde demnach das Gegenteil erreicht. „Das Kalkül des Anwerbestops war nicht aufgegangen, die Zahl der Ausländer in Deutschland nicht zurückgegangen,

---

[151]Vgl. Bade, Ausländer, Aussiedler, Asyl, S. 45-46; Bade, Einheimische Ausländer, S. 396; Bischoff/Teubner, Zwischen Einbürgerung und Rückkehr, S. 27; Castles, Here for good, S. 4; Currle, Migration in Europa, S. 19; Geiß/Reichow/Schmidt/Winkler-Pöhler, Bericht zur Ausländerbeschäftigung, S. 19-20; Han, Frauen und Migration, S. 36-37, Herbert, Geschichte der Ausländerpolitik in Deutschland, S. 232; Hunn, »Nächstes Jahr kehren wir zurück ...«, S. 343; Rudolph, Die Dynamik der Einwanderung, S. 170; Unabhängige Kommission "Zuwanderung", Zuwanderung gestalten, S. 188; Velling, Immigration to Germany in the Seventies and Eighties, S. 7, 17.

[152]Bade, Ausländer, Aussiedler, Asyl, S. 45-46. Petrus Han konstatiert zwar eine zahlreiche Heimkehr von Arbeitsmigranten nach 1973, argumentiert aber in der Sache identisch: „Der generelle Anwerbestopp von „Gastarbeitern" vom 23. November 1973 hatte nicht zum erhofften Rückgang der Ausländerzahl geführt. Wegen der wirtschaftlichen Rezession und der wachsenden Arbeitslosigkeit sind zwar viele angeworbene Arbeitsmigranten in ihre Heimat zurückgekehrt, ihre Zahl ist jedoch durch die Familienzusammenführung der hier Verbliebenen mehr als substituiert worden." Han, Soziologie der Migration 2010, S. 183.

sondern im Gegenteil angestiegen. Alle Anzeichen deuteten zudem darauf hin, daß immer mehr Ausländer auf längere Zeit, wenn nicht auf Dauer, in der Bundesrepublik bleiben wollten - sie holten ihre Familien nach, zogen aus den Wohnheimen in (möglichst billige) Mietwohnungen, ihre Sparquote sank, ihr Konsumanteil wurde höher, und die Verbindungen zur Heimat wurden lockerer, vor allem bei den Kindern der Gastarbeiter".[153]

Es herrscht somit in der Migrationsforschung weitgehend Konsens darin, dass der Anwerbestopp zwei nicht intendierte Folgen mit gravierenden Auswirkungen zeitigte: Erstens kehrten viele angeworbene Ausländer mit ihren Familien nicht mehr, wie ursprünglich beabsichtigt, in ihre Heimatländer zurück, weil ihnen die Möglichkeit einer erneuten Einreise durch den Anwerbestopp genommen wurde. Zweitens holten viele der sich nun auf einen längeren bis dauerhaften Aufenthalt im Bundesgebiet einstellenden Zuwanderer ihre restlichen Familienmitglieder nach.

Im Folgenden soll der Versuch unternommen werden, diese Thesen anhand des zur Verfügung stehenden statistischen Datenmaterials kritisch zu hinterfragen. Gemäß der Themenstellung dieser Arbeit wird der Schwerpunkt dabei auf der Frage der Entwicklung des Familiennachzugs nach dem Anwerbestopp liegen.

2.4.3 Der Familiennachzug von Ausländern in die Bundesrepublik Deutschland nach dem Anwerbestopp

Da die amtlichen Statistiken für den zu untersuchenden Zeitraum von 1973 bis 1981 keine Daten für den Familiennachzug bzw. die abhängige Migration ausweisen, ist es erforderlich, den Familiennachzug mittels des Merkmals „Erwerbstätig-Nichterwerbstätig" aus den Bevölkerungsbewegungen von Ausländern indirekt zu erschließen. Wie oben im Kapitel 2.1.2.2. Quantitative Bestimmung des Familiennachzugs ausgeführt, kann davon ausgegangen werden, dass die Validität der Ermittlung des Familiennachzugs über das Merkmal „Erwerbstätig-Nichterwerbstätig" für die 1970er Jahre gegeben ist.[154]

---

[153]Herbert, Geschichte der Ausländerpolitik in Deutschland, S. 232.

[154]Vgl. Bethlehem, Heimatvertreibung, DDR-Flucht, Gastarbeiterwanderung. S. 124, Lederer, Indikatoren der Migration, S. 130; Statistisches Bundesamt, Wanderungen 1975, S. 553.

Die vielfach konstatierte Entwicklung, dass nach dem Anwerbestopp vom November 1973 weniger ausländische Arbeitnehmer mit ihren Familien in die Heimat zurückkehrten und stattdessen mehr ihre Familienangehörigen in die Bundesrepublik nachholten, sollte sich in der Statistik derart niederschlagen, dass nach 1973 weniger Nicht-Erwerbspersonen aus Deutschland fortzogen, wohingegen der Zuzug von Nicht-Erwerbspersonen ansteigen sollte. Diese Entwicklung müsste sich auch in einem starken Anwachsen der Nettomigration, also der Differenz zwischen den Zuzügen und Fortzügen von Nicht-Erwerbspersonen niederschlagen. Die in Abbildung 2.5 dargestellten Statistiken zeichnen allerdings ein anderes Bild.

Blickt man auf die Zuzüge von ausländischen Nicht-Erwerbspersonen, so zeigt sich, dass keineswegs ab dem Jahr 1974 ein stetiger Anstieg zu verzeichnen ist. Vielmehr sinkt die Zahl der Zuzüge von 325 Tausend im Jahre 1973 bis zum Jahre 1975 auf 228 Tausend, um danach wieder leicht zu steigen, jedoch bis 1980 nicht mehr das Ausmaß von 1973 erreichend. Ein Erstarken des Familiennachzugs nach dem Anwerbestopp lässt sich somit statistisch nicht nachweisen. Vielmehr bewegt er sich meist unter dem Niveau der frühen 1970er Jahre.

Auch die These, dass nach dem Anwerbestopp ausländische Arbeitnehmer mit ihren Familien nur noch stark reduziert in ihre Heimat zurückkehrten, lässt sich empirisch nicht belegen. Im Gegenteil lässt sich die Aussage treffen, dass die Zahl der Fortzüge von ausländischen Nicht-Erwerbspersonen in allen Jahren nach

Zuzüge, Fortzüge und Nettomigration von ausländischen Nicht-Erwerbspersonen 1967-1981

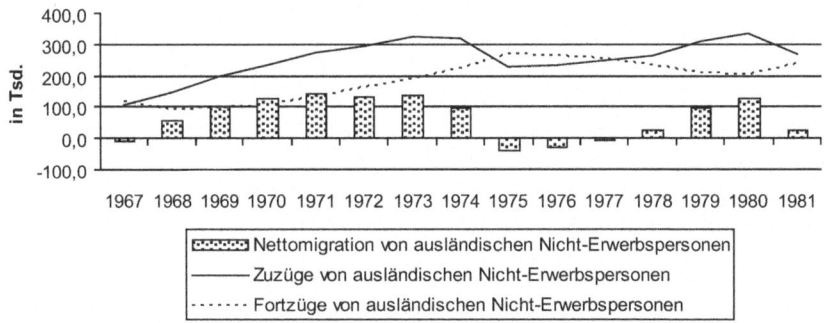

Abbildung 2.5 *Bundesrepublik Deutschland: Zuzüge, Fortzüge und Nettomigration von ausländischen Nicht-Erwerbspersonen 1967-1981. (Datenquelle: Statistisches Bundesamt, Statistisches Jahrbuch 1968-1982)*

dem Anwerbestopp höher war als im Jahr 1973 selbst. Diese Entwicklung führt im Saldo zu einer negativen Nettomigration von Nicht-Erwerbspersonen in den Jahren 1975 bis 1977 und einer im Vergleich zu den frühen 1970er Jahren stark reduzierten Nettomigration in den Jahren 1974, 1978 und 1979.

Anhand dieser Migrationsdaten kann nicht vom Zeitraum von 1973 bis 1981 als einer Phase verstärkten Familiennachzugs gesprochen werden. Vielmehr scheint der Schwerpunkt des größten Netto-Zuzugs durch den Familiennachzug in der Phase zwischen 1969 und 1973 zu liegen, also in der Phase, in der noch aktive Zuwanderungspolitik durch die Bundesrepublik betrieben wurde.

Diesen Sachverhalt bestätigt auch der differenzierte Blick auf die Entwicklung der Nettomigration von Nicht-Erwerbspersonen aus den sechs Hauptanwerbeländern der Bundesrepublik Deutschland. Die Reihung der Betrachtung folgt dem historischen Verlauf der durch die Anwerbung hervorgerufenen Migrationsbewegungen.

2.4.3.1 Der Familiennachzug aus Italien

Das Wanderungsverhalten zwischen Italien und der Bundesrepublik Deutschland ist stark durch die Zugehörigkeit beider Staaten zur Europäischen Wirtschaftsgemeinschaft geprägt. Durch die Verordnung (EWG) Nr. 1612/68 vom 15. Oktober 1968,[155] welche die Freizügigkeit der Arbeitnehmer der Mitgliedsstaaten der Europäischen Wirtschaftsgemeinschaft herstellte, konnten die italienischen Arbeitnehmer seit 1968 frei bestimmen, in welchem Land der Europäischen Wirtschaftsgemeinschaft sie sich, gegebenenfalls auch mit ihren Familien, niederlassen wollten.[156]

Diese Freizügigkeit führte jedoch keineswegs, wie damals von vielen befürchtet, zu einem starken Anstieg der Zuwanderung italienischer Arbeitskräfte nach Deutschland. Tatsächlich sank selbst in den Jahren der massiven Anwerbung von ausländischen Arbeitnehmern die Zahl der aus Italien einreisenden ausländischen Erwerbspersonen kontinuierlich von 155 Tausend im Jahre 1969 auf 110 Tausend im Jahre 1973.[157] Im Unterschied zu den anderen Anwerbeländern machte sich die gewährte Freizügigkeit der Arbeitnehmer nach dem Anwerbestopp darin bemerkbar, dass sich der Zuzug italienischer Arbeitnehmer zwar in den darauffolgenden Jahren um über 50 Prozent verringerte, damit aber bei weitem nicht die drastischen Rückgangsquoten der anderen Länder erreichte. (Abbildung 2.6)

---

[155]Verordnung (EWG) Nr. 1612/68 des Rates vom 15. Oktober 1968 über die Freizügigkeit der Arbeitnehmer innerhalb der Gemeinschaft.

[156]Vgl. Booth, The migration process in Britain und West Germany, S. 145; Werner, Freizügigkeit der Arbeitskräfte, S. 328.

[157]Vgl. Booth, The migration process in Britain und West Germany, S. 164.

**Zuzüge, Fortzüge und Nettomigration von ausländischen
Erwerbspersonen mit Italien 1967-1981**

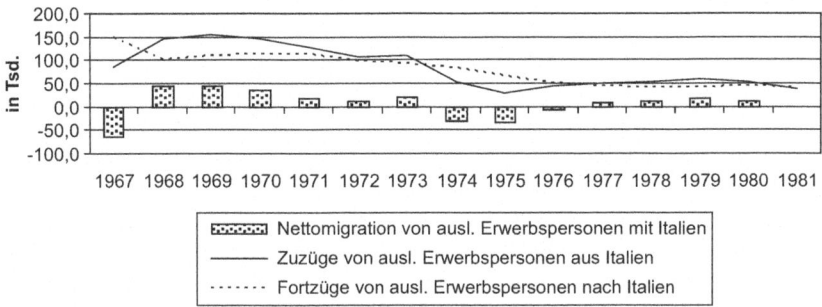

Abbildung 2.6 *Bundesrepublik Deutschland: Zuzüge, Fortzüge und Nettomigration von ausländischen Erwerbspersonen mit Italien 1967-1981. (Datenquelle: Booth, The migration process in Britain und West Germany S. 164-166)*

**Zuzüge, Fortzüge und Nettomigration von ausländischen
Nicht-Erwerbspersonen mit Italien 1967-1981**

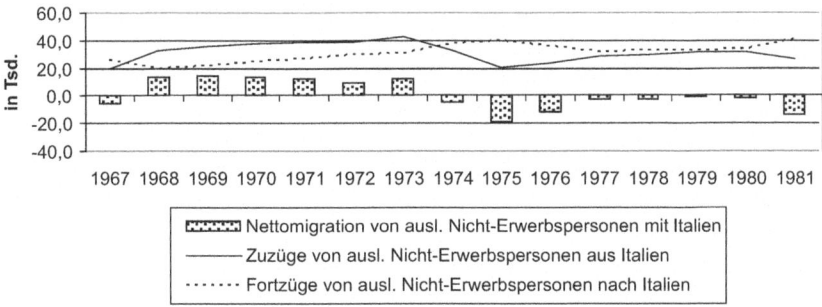

Abbildung 2.7 *Bundesrepublik Deutschland: Zuzüge, Fortzüge und Nettomigration von ausländischen Nicht-Erwerbspersonen mit Italien 1967-1981. (Datenquelle: Booth, The migration process in Britain und West Germany, S. 170-174)*

Parallel dazu verlief auch die Entwicklung des in Abbildung 2.7 gezeigten Familiennachzugs. In den Jahren der Rezession nach 1973 verringerten sich die Zuzüge bis 1975 um 50 Prozent, wohingegen die Zahl der Fortzüge von Familienangehörigen ab 1974 um ca. 20 Prozent anstieg und bis 1981 weiter ein hohes Niveau hielt. Werden die Zuzüge mit den Fortzügen von Familienangehörigen in Beziehung gesetzt, ergibt sich für die Jahre 1974 bis 1980 eine durchgehend negative Nettomigration von Familienangehörigen ausländischer Erwerbspersonen aus Italien.

2.4.3.2 Der Familiennachzug aus Griechenland

Zuwanderung und Nettomigration aus Griechenland sind dadurch geprägt, dass sie, mit Ausnahme der Rezessionsjahre 1966/67, bis 1970 stetig anstiegen, um danach wieder stark zu sinken. Es ist beachtenswert, dass sich schon vor dem Anwerbestopp die Nettomigration aus Griechenland so stark verringerte, dass sie sich schließlich im Jahre 1973 ins Negative kehrte.[158] Diese Entwicklung ist sowohl hinsichtlich der Nettomigration von Erwerbspersonen[159] (Abbildung 2.8) als auch von Nicht-Erwerbspersonen (Abbildung 2.9) aus Griechenland zu beobachten. In den Jahren nach dem Anwerbestopp verstärkte sich diese Tendenz.

Die hohe Nettomigration von Nicht-Erwerbspersonen, das heißt Familienangehörigen, bis zum Jahre 1971 weist die länderspezifische Besonderheit auf, dass darunter im Vergleich zu den anderen Anwerbeländern ein hoher Anteil an Kindern zu verzeichnen ist. Dies lässt sich aus der Begebenheit schließen, dass bei den Zuzügen von ausländischen Arbeitnehmern aus Griechenland seit den frühen 1960er Jahren traditionell die Frauenquote sehr hoch war. So lag in den späten 1960er Jahren, im Unterschied zu 15 Prozent bei den Italienern, die Frauenquote bei den Zuzügen von Erwerbspersonen aus Griechenland bei ungefähr 40 Prozent. Dieser hohe Prozentsatz an berufstätigen Frauen aus Griechenland förderte das verstärkte Nachziehen ihrer Kinder in die Bundesrepublik. Diese Entwicklung führte dazu, dass im Jahre 1974 die griechische Bevölkerung im Vergleich zu den anderen Nationalitäten einen hohen Anteil an Frauen (Abbildung 2.10) und mit einem Anteil von 23 Prozent an Kindern unter 16 Jahren die höchste Kinderquote aufwies. [160]

Die Zuwanderung aus Griechenland zeigt somit von Anfang an keine so starke Konzentration auf relativ junge Männer, wie sie beispielsweise bei der Zuwanderung aus Italien zu verzeichnen war. Wie wirkte sich dieser Umstand nun auf die abhängige Migration nach dem Anwerbestopp aus? Zur Beantwortung dieser Frage ist zuerst der Blick auf das Migrationsverhalten der Erwerbspersonen zu richten. Bei diesen zeigte sich nach dem Anwerbestopp von 1973 auf 1974 ein sehr starker Rückgang der Zuzüge um über 50 Prozent. Gleichzeitig stieg

---

[158]Vgl. Booth, The migration process in Britain und West Germany, S. 161.

[159]Vgl. Booth, The migration process in Britain und West Germany, S. 168.

[160]Vgl. Booth, The migration process in Britain und West Germany, S. 146-147.

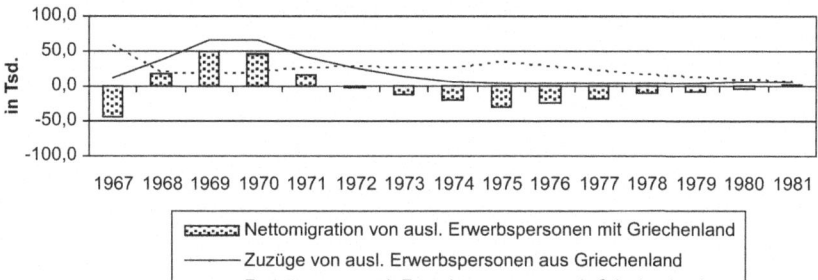

Abbildung 2.8 *Bundesrepublik Deutschland: Zuzüge, Fortzüge und Nettomigration von ausländischen Erwerbspersonen mit Griechenland 1967-1981. (Datenquelle: Booth, The migration process in Britain und West Germany, S. 164-166)*

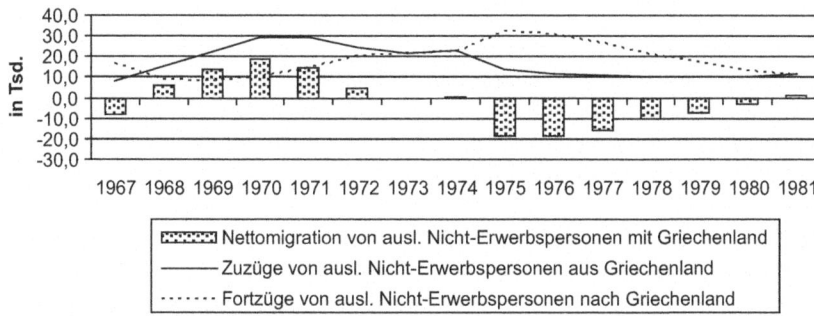

Abbildung 2.9 *Bundesrepublik Deutschland: Zuzüge, Fortzüge und Nettomigration von ausländischen Nicht-Erwerbspersonen mit Griechenland 1967-1981. (Datenquelle: Booth, The migration process in Britain und West Germany, S. 170-174)*

die sich schon auf einem hohen Niveau befindende Zahl der Fortzüge leicht an. Dies führte zu einer stark negativen Nettomigration von Erwerbspersonen aus Griechenland in den Jahren von 1973 bis 1980. Dieser Entwicklung folgte das Wanderungsverhalten der Nicht-Erwerbspersonen aus Griechenland. Im Jahre 1976 hatte sich die Zahl der Zuzüge aus Griechenland im Vergleich zu 1973 fast

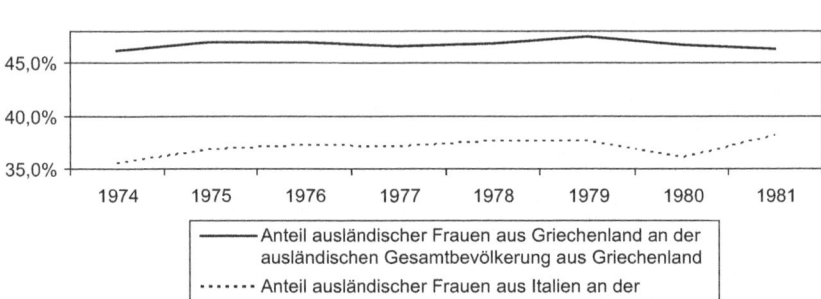

Anteil ausländischer Frauen aus Italien bzw. Griechenland an der ausländischen Gesamtbevölkerung aus Italien bzw. Griechenland 1974-1981

Abbildung 2.10 *Bundesrepublik Deutschland: Anteil ausländischer Frauen aus Italien bzw. Griechenland an der ausländischen Gesamtbevölkerung aus Italien bzw. Griechenland 1974-1981. (Datenquelle: Booth, The migration process in Britain und West Germany, S. 223, Statistisches Jahrbuch: 1975-1981)*

halbiert, die Zahl der Fortzüge fast verdoppelt. Dies schlug sich in einer relativ hohen negativen Nettomigration von Nicht-Erwerbspersonen aus Griechenland nieder. Viele griechische Arbeitnehmer kehrten demzufolge in den Jahren nach dem Anwerbestopp zusammen mit ihren Familienangehörigen in ihre Heimat zurück. Ein durch den Anwerbestopp induzierter verstärkter Familiennachzug aus Griechenland lässt sich nicht feststellen.

2.4.3.3 Der Familiennachzug aus Spanien

Die Wanderungsbewegungen zwischen Spanien und der Bundesrepublik sind mit den Wanderungsbewegungen zwischen Griechenland und der Bundesrepublik sehr vergleichbar.[161] Bei der Zuwanderung von ausländischen Arbeitnehmern aus Spanien handelte es sich ebenso um eine Entwicklung, deren Höhepunkt in den 1960er Jahren lag. Die Spitze der Nettomigration von Erwerbspersonen lag im Jahre 1964 bei 36 Tausend.[162] Diese Zahl wurde in den Jahren nach der Rezession 1966/67 nie wieder erreicht und kehrte sich von 1974 bis 1980 ins Negative. Insgesamt war in der Bundesrepublik die Zahl der ausländischen Bevölkerung aus Spanien seit 1967 niedriger als die Zahl der Ausländer aus Griechenland. Im Vergleich mit der

---

[161]Vgl. Booth, The migration process in Britain und West Germany, S. 146.

[162]Vgl. Booth, The migration process in Britain und West Germany, S. 168.

ausländischen Bevölkerung aus Griechenland war der Anteil an Kindern unter 16 Jahren bei der Bevölkerung aus Spanien mit 19 Prozent im Jahre 1974 niedriger.[163] Dramatischer als bei Griechenland verlief vor allem der Einbruch bei den Zuzügen von Erwerbspersonen aus Spanien nach dem Anwerbestopp. Zogen im Jahre 1973 noch 33 Tausend ausländische Erwerbspersonen aus Spanien in die Bundesrepublik, so waren im Jahre 1974 nur noch 4 Tausend zu verzeichnen.[164] (Abbildung 2.11) Per Saldo verließen in den Jahren 1974 bis 1980 92 Tausend Arbeitnehmer aus Spanien wieder die Bundesrepublik.[165] Dieser Zahl entspricht per Saldo der in Abbildung 2.12 dargestellte Fortzug von 43 Tausend ausländischer Familienangehörigen als Nicht-Erwerbspersonen nach Spanien. All dies führte zu einem deutlichen Rückgang der ausländischen Bevölkerung aus Spanien in der Bundesrepublik. Lebten 1973 noch 287 Tausend gemeldete spanische Ausländer auf dem Bundesgebiet, so waren im Jahre 1980 nur noch 180 Tausend zu verzeichnen.[166]

Der Blick auf die statistisch nachweisbare abhängige Migration bestätigt eine Entwicklung, welche für viele Arbeitnehmer und ihre Familienangehörigen aus

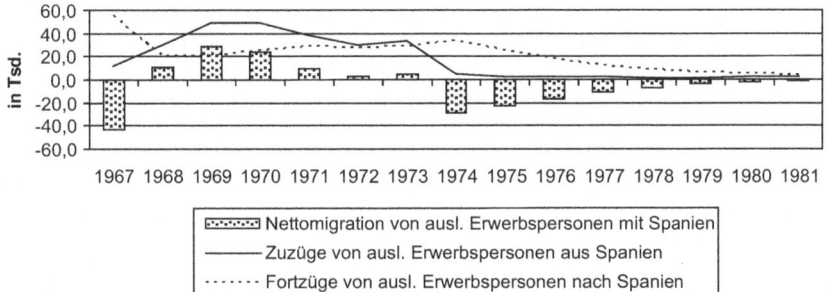

Abbildung 2.11 *Bundesrepublik Deutschland: Zuzüge, Fortzüge und Nettomigration von ausländischen Erwerbspersonen mit Spanien 1967-1981. (Datenquelle: Booth, The migration process in Britain und West Germany, S. 164-166)*

---

[163]Vgl. Booth, The migration process in Britain und West Germany, S. 224.

[164]Vgl. Booth, The migration process in Britain und West Germany, S. 164.

[165]Vgl. Booth, The migration process in Britain und West Germany, S. 168.

[166]Vgl. Statistisches Bundesamt, Statistisches Jahrbuch 1974, 1981.

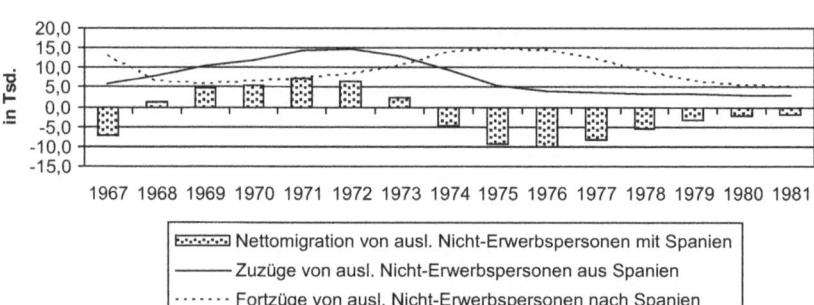

Abbildung 2.12 *Bundesrepublik Deutschland: Zuzüge, Fortzüge und Nettomigration von ausländischen Nicht-Erwerbspersonen mit Spanien 1967-1981. (Datenquelle: Booth, The migration process in Britain und West Germany, S. 170-174)*

Spanien nach dem Anwerbestopp zu einem Fortzug aus der Bundesrepublik führte. Die Tatsache, dass sich der Anteil der Frauen an der ausländischen Bevölkerung aus Spanien von 39 Prozent im Jahre 1974 auf 42 Prozent im Jahre 1980 erhöhte,[167] liegt eher darin begründet, dass viele männliche Arbeitnehmer fortzogen, als darin, dass viele Frauen ihren Männern in die Bundesrepublik folgten.[168]

2.4.3.4 Der Familiennachzug aus Portugal

Die Zuwanderung von ausländischen Arbeitnehmern aus Portugal spielte im Vergleich mit den anderen Hauptanwerbeländern eine untergeordnete Rolle. Ihre größte Stärke Anfang der 1970er Jahre erreichend, stellten die Zuzüge von Ausländern aus Portugal selbst in ihrer Spitze im Jahre 1973 lediglich 4,5 Prozent der gesamten Zuzüge aus dem Ausland dar.[169] Die Zusammensetzung der Bevölkerung aus Portugal zeichnete sich noch im Jahre 1974 durch einen relativ hohen Anteil männlicher Arbeitnehmer und einem geringen Anteil von Kindern unter 16 Jahren aus.[170] Der Anwerbestopp führte im Jahre 1974 zu einem Einbruch bei

---

[167]Vgl. Booth, The migration process in Britain und West Germany, S. 223, Statistisches Bundesamt, Statistisches Jahrbuch 1974, 1981.

[168]Vgl. Booth, The migration process in Britain und West Germany, S. 148.

[169]Vgl. Booth, The migration process in Britain und West Germany, S. 158.

[170]Vgl. Booth, The migration process in Britain und West Germany, S. 224.

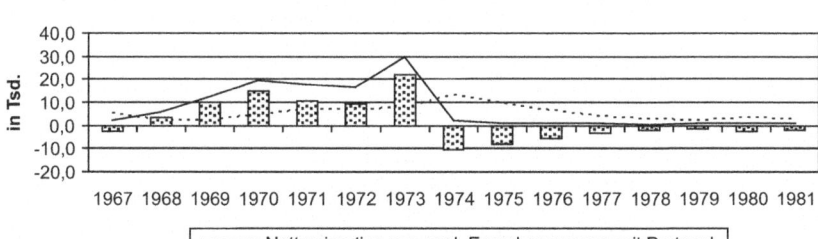

Abbildung 2.13   *Bundesrepublik Deutschland: Zuzüge, Fortzüge und Nettomigration von ausländischen Erwerbspersonen mit Portugal 1967-1981. (Datenquelle: Booth, The migration process in Britain und West Germany, S. 164-166)*

den Zuzügen von Erwerbspersonen aus Portugal um 92 Prozent. Gleichzeitig stiegen von 1973 auf 1974 die Fortzüge von Erwerbspersonen nach Portugal um 64 Prozent an. Daraus resultierte eine negative Nettomigration von ausländischen Erwerbspersonen aus Portugal in den Jahren 1974 bis 1980.[171] (Abbildung 2.13)

Abbildung 2.14 zeigt jedoch, dass sich bei der Migration von Nicht-Erwerbspersonen in den Jahren nach dem Anwerbestopp ein zu der entsprechenden Migration aus Italien, Griechenland und Spanien divergentes Verhalten ergab.

Anders als bei diesen Ländern der frühen Anwerbungsphase ließ sich bei der Nettomigration von Nicht-Erwerbspersonen aus Portugal in den Jahren 1974 und 1975 noch ein positiver Saldo verzeichnen. Dieses abweichende Verhalten wird damit erklärt, dass es sich bei der Zuwanderung aus Portugal bei vielen Arbeitnehmern um ein noch nicht lange Zeit zurückliegendes Ereignis handelte. „In common with the other more recently migratory populations of Turks und Yugoslavs, the entry of dependants continued after 1973 because there were relatively few dependants then living in West Germany and for those migrant workers who made the decision to remain in West Germany, the process of family reunification began or was accelerated."[172] Diese Entwicklung lässt sich statistisch bis zum Jahre 1975 belegen. Danach scheint diese Form des nachholenden

---

[171]Vgl. Booth, The migration process in Britain und West Germany, S. 164, 166, 168.

[172]Booth, The migration process in Britain und West Germany, S. 149.

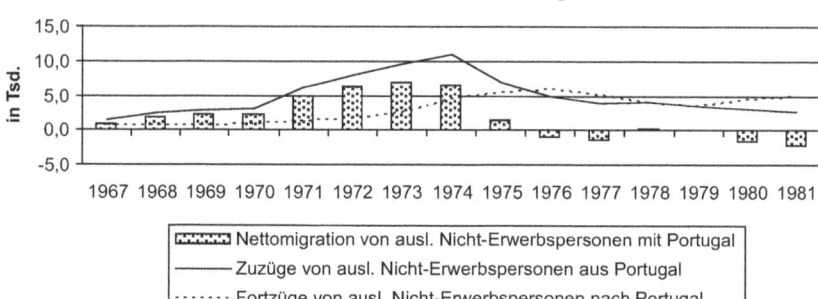

Abbildung 2.14 *Bundesrepublik Deutschland: Zuzüge, Fortzüge und Nettomigration von ausländischen Nicht-Erwerbspersonen mit Portugal 1967-1981. (Datenquelle: Booth, The migration process in Britain und West Germany, S. 170-174)*

Familiennachzugs überwiegend abgeschlossen gewesen zu sein. Die Zuzüge von Nicht-Erwerbspersonen aus Portugal sanken kontinuierlich, die Fortzüge blieben auf relativ hohem Niveau stabil. Per Saldo ist somit auch im Falle Portugals eine negative Nettomigration von Nicht-Erwerbspersonen in den Jahren 1975 bis 1980 nachzuweisen. Die Familiennachzüge schienen schon Mitte der 1970er Jahre abgeschlossen, bzw. auf einem Niveau, welches nicht mehr in der Summe zu Zuzügen von Familienangehörigen aus Portugal führte.

2.4.3.5 Der Familiennachzug aus Jugoslawien
In den 1960er und 1970er Jahren war die Zuwanderung aus Jugoslawien von großer Bedeutung für die Bundesrepublik Deutschland. Der Höhepunkt der Arbeitsmigration aus Jugoslawien lag in den Jahren 1968 bis 1970, in welchen Jugoslawien für die Bundesrepublik mit großem Abstand das Hauptentsendeland ausländischer Arbeitnehmer wurde.[173] Im Jahre 1971 gab es einen Einbruch bei der Netto-Migration von Arbeitnehmern aus Jugoslawien von 132 Tausend im Jahr 1970 auf 34 Tausend im Jahre 1971. Diese Zahl reduzierte sich 1972 durch Restriktionen der jugoslawischen Regierung bei der Ausreise qualifizierter Arbeitskräfte weiter auf 19 Tausend.[174] Im Vergleich mit den anderen Anwerbeländern

---

[173]Vgl. Booth, The migration process in Britain und West Germany, S. 168.

[174]Vgl. Booth, The migration process in Britain und West Germany, S. 168.

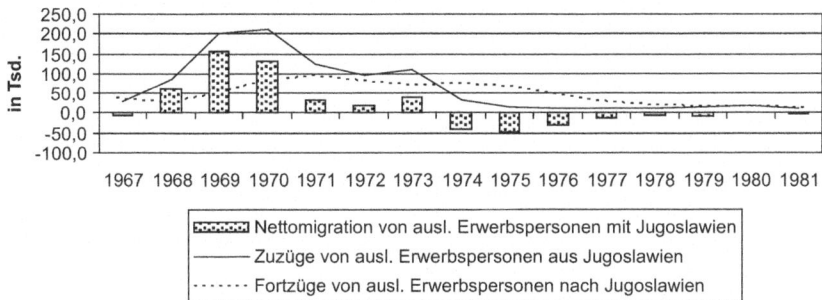

Abbildung 2.15 *Bundesrepublik Deutschland: Zuzüge, Fortzüge und Nettomigration von ausländischen Erwerbspersonen mit Jugoslawien 1967-1981. (Datenquelle: Booth, The migration process in Britain und West Germany, S. 164-166)*

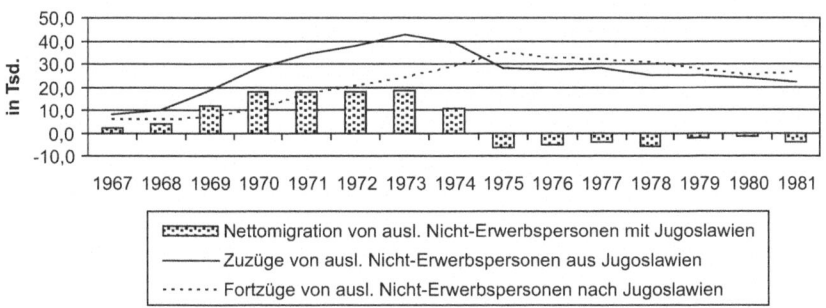

Abbildung 2.16 *Bundesrepublik Deutschland: Zuzüge, Fortzüge und Nettomigration von ausländischen Nicht-Erwerbspersonen mit Jugoslawien 1967-1981. (Datenquelle: Booth, The migration process in Britain und West Germany, S. 170-174)*

war der Männeranteil unter den ausländischen Arbeitnehmern aus Jugoslawien relativ hoch. Dies führte dazu, dass die im Jahre 1974 auf dem Bundesgebiet gemeldete Bevölkerung aus Jugoslawien die höchste Männerquote und die niedrigste Kinderquote unter allen Anwerbeländern aufwies.[175]

---

[175]Vgl. Booth, The migration process in Britain und West Germany, S. 152, 224.

Abbildung 2.15 weist auf, dass der Anwerbestopp schon im Jahre 1974 die Nettomigration von Erwerbspersonen aus Jugoslawien ins Negative kehrte. Parallel dazu reduzierte sich die Nettomigration der Nicht-Erwerbspersonen um fast 50 Prozent. (Abbildung 2.16) Die Zahl der auf dem Bundesgebiet gemeldeten ausländischen Bevölkerung aus Jugoslawien reduzierte sich von 708 Tausend im Jahre 1974 kontinuierlich auf 610 Tausend im Jahre 1978.[176]

Der Abbildung 2.16 ist zu entnehmen, dass der Verlauf der abhängigen Migration mit Jugoslawien mit einer Zeitversetzung dem Verlauf der Arbeitsmigration folgte.

Den Höhepunkt der Nettomigration von Nicht-Erwerbspersonen aus Jugoslawien stellte das Jahr 1973 mit 19 Tausend Personen dar. Danach führte der Rückgang der Zuzüge bei gleichzeitigem Erstarken der Fortzüge von Nicht-Erwerbspersonen zu einer Reduktion auf 10 Tausend Personen im Jahre 1974. In den Jahren 1975 bis 1980 verließen schließlich in der Summe mehr Familienangehörige aus Jugoslawien die Bundesrepublik als in sie einreisten. Dies legt den Rückschluss nahe, dass schon im Jahre 1975 die meisten Familien aus Jugoslawien, welche die Absicht dazu hatten, die Familienzusammenführung auf dem Bundesgebiet durchgeführt hatten.[177] Für Jugoslawien lässt sich somit die Hauptphase des Familiennachzugs in den Jahren 1969 bis 1974 nachweisen.

2.4.3.6 Der Familiennachzug aus der Türkei

Bei der ungewollten Entwicklung der Bundesrepublik Deutschland zum Einwanderungsland[178] wird in der Regel dem Familiennachzug aus der Türkei eine herausragende Bedeutung zugewiesen. Der Einwanderung vieler türkischer Familienmitglieder sei die Tatsache zum großen Teil geschuldet, dass die Anzahl der in der Bundesrepublik lebenden Türken von 653 Tausend im Jahre 1971 auf 1,58 Millionen im Jahre 1982[179] gestiegen war. Aus diesem Grund soll die abhängige Migration mit der Türkei ausführlicher als bei den anderen Hauptanwerbeländern behandelt werden.

---

[176]Vgl. Booth, The migration process in Britain und West Germany, S. 222.

[177]Vgl. Booth, The migration process in Britain und West Germany, S. 153.

[178]Nach Karl-Heinz Meier-Braun hat die Bundesrepublik Deutschland mit dem im Jahre 2000 in Kraft getretenen neuen Staatsangehörigkeitsgesetz den Schritt zum Einwanderungsland vollzogen. Vgl. Meier-Braun, Einleitung: Deutschland Einwanderungsland, S. 18. Petrus Han hingegen stellt weiterhin fest: „Deutschland ist nach offizieller Politik kein Einwanderungsland. [...] Es gibt daher keine Einwanderungspolitik. Bei dem Zuwanderungsgesetz handelt es sich um die Steuerung der Zuwanderung von qualifizierten Arbeitskräften, die die deutsche Wirtschaft braucht." Han, Soziologie der Migration 2010, S. 183.

[179]Vgl. Han, Soziologie der Migration 2010, S. 184.

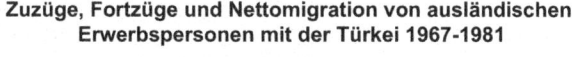

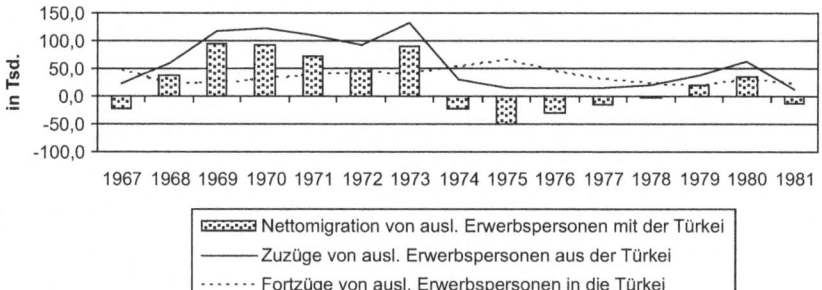

Abbildung 2.17 *Bundesrepublik Deutschland: Zuzüge, Fortzüge und Nettomigration von ausländischen Erwerbspersonen mit der Türkei 1967-1981. (Datenquelle: Booth, The migration process in Britain und West Germany S. 164-166)*

Das erste Anwerbeabkommen mit der Türkei wurde bereits im Jahre 1961 abgeschlossen. In den folgenden Jahren bis 1967 ähnelte die Arbeitsmigration aus der Türkei der aus den Ländern Griechenland und Spanien, wobei sie allerdings nie ganz deren Ausmaß erreichte.[180] (Abbildung 2.17)

Sollte die These sich bewahrheiten, dass der Anwerbestopp von 1973 vor allem zu einem verstärkten Nachzug von Familienangehörigen aus der Türkei führte, dann müsste sich diese Entwicklung auch in den bundesdeutschen Migrationsstatistiken der entsprechenden Jahre niedergeschlagen haben.[181]

Zuerst müsste ein erhöhter Familiennachzug aus der Türkei durch einen Anstieg der Zuzüge von Nicht-Erwerbspersonen von Ausländern aus der Türkei belegbar sein. Abbildung 2.18 zeigt jedoch, dass dieser nicht zu verzeichnen ist. Die Zuzüge von Nicht-Erwerbspersonen waren in den späten 1960er Jahren kontinuierlich angestiegen. Dieser Anstieg wurde jedoch von 1973 auf 1974 gebremst, um dann von 1974 auf 1975 um ungefähr ein Drittel einzubrechen.[182] Erst in den Jahren 1979 und 1980 hatten die Zuzüge von Familienmitgliedern wieder das Niveau von 1974 erreicht und leicht überschritten. Die Zuzüge der türkischen Angehörigen blieben im Durchschnitt auf dem relativ hohen Niveau,

---

[180]Vgl. Booth, The migration process in Britain und West Germany, S. 157.

[181]Vgl. Hunn, »Nächstes Jahr kehren wir zurück ...«, S. 408.

[182]Zuzüge von Nicht-Erwerbspersonen aus der Türkei 1973: 118 Tausend, 1974: 132 Tausend, 1975: 84 Tausend. Vgl. Booth, The migration process in Britain und West Germany, S. 170.

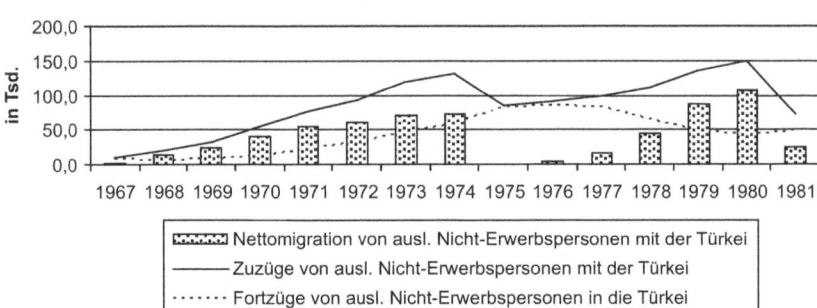

Abbildung 2.18 *Bundesrepublik Deutschland: Zuzüge, Fortzüge und Nettomigration von ausländischen Nicht-Erwerbspersonen mit der Türkei 1967-1981. (Datenquelle: Booth, The migration process in Britain und West Germany, S. 170-174)*

welches sie schon 1973 eingenommen hatten. Ein sprunghafter Anstieg nach dem Anwerbestopp ist nicht zu verzeichnen.

Oft wird die These angeführt, die Fortzüge von Familienangehörigen in die Türkei seien nach 1973 zurückgegangen, da die Rückreisebereitschaft aufgrund des Versagens der Möglichkeit der Wiedereinreise allgemein gesunken sei. Dies hätte zu einer Verstetigung der vorher schon vollzogenen abhängigen Einwanderung nach Deutschland geführt.[183] Diese These lässt sich im Falle der Türkei statistisch widerlegen. Die Fortzüge von Familienmitgliedern in ihre türkische Heimat erhöhten sich nach dem Anwerbestopp massiv.[184] Erst ab dem Jahre 1977 verringerten sich diese Zahlen wieder. Betrachtet man die Nettomigration von Familienangehörigen aus der Türkei in den 1970er Jahren, dann lässt sich feststellen, dass der Anwerbestopp mit der Zeitverzögerung von einem Jahr vor allem dazu führte, dass sich über drei Jahre hinweg die türkischen Familienmitglieder, welche ins Bundesgebiet einreisten, zahlenmäßig die Waage hielten mit denen, welche das Land verließen. Der starke Familiennachzug aus der Türkei, welcher 1971 bis 1974 zu hohen Nettozuwanderungszahlen geführt hatte, wurde

---

[183]Vgl. z.B. Berlin-Institut für Bevölkerung und Entwicklung, Ungenutzte Potenziale, S. 13; Bade, Ausländer, Aussiedler, Asyl, S. 45-46.

[184]Fortzüge von Nicht-Erwerbspersonen aus der Türkei 1973: 46 Tausend, 1974: 60 Tausend, 1975: 84 Tausend. Vgl. Booth, The migration process in Britain und West Germany, S. 172.

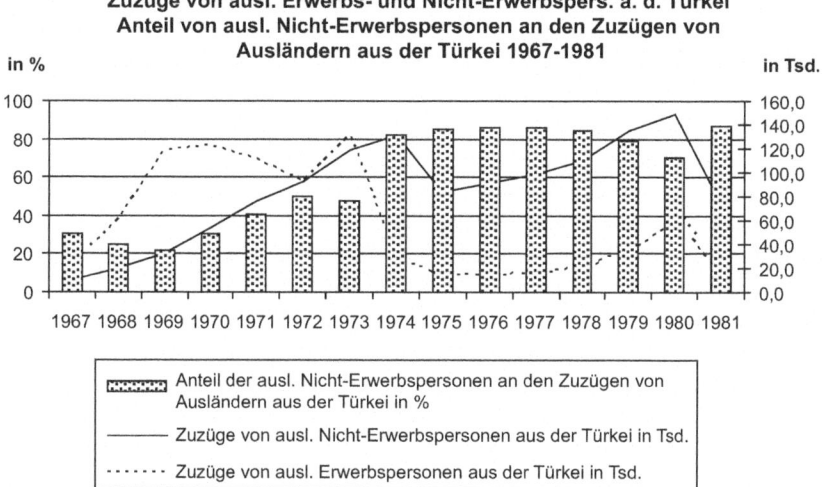

Abbildung 2.19 *Bundesrepublik Deutschland: Zuzüge von ausländischen Erwerbs- und Nicht-Erwerbspersonen aus der Türkei - Anteil von ausländischen Nicht-Erwerbspersonen an den Zuzügen von Ausländern aus der Türkei 1967 - 1981. (Datenquelle: Booth, The migration process in Britain und West Germany, S. 164-170)*

in seiner Bedeutung drastisch reduziert. Es stellt sich die Frage, warum in der Türkei als dem einzigen Land der Hauptanwerbeländer die abhängige Migration in den Jahren 1978 bis 1980 wieder erstarkte und zu einer hohen Nettozuwanderung von Familienmitgliedern in die Bundesrepublik Deutschland führte. Der Versuch einer Antwort soll später erbracht werden.

Vielleicht lässt sich die im Widerspruch zu den bisherigen Ausführungen oft vertretene These einer nach dem Anwerbestopp kontinuierlich großen Bedeutung des Familiennachzugs aus der Türkei folgendermaßen erklären. Betrachtet man die Veränderung des Anteils der Nicht-Erwerbspersonen an den gesamten Zuzügen von Ausländern aus der Türkei, dann scheint in der Tat der Anwerbestopp von 1973 eine massive Erhöhung des Familiennachzugs bewirkt zu haben. Betrug der Anteil von Familienangehörigen an den Zuzügen aus der Türkei im Jahre 1973 noch 47 Prozent, so schnellte er im Jahre 1974 auf eine Quote von 82 Prozent, um auf ähnlich hohem Niveau bis zum Jahre 1980 zu verharren. Der Blick auf die in Abbildung 2.19 dargestellten absoluten Zahlen der Wanderungsbewegungen zeigt jedoch, dass der prozentuale Anstieg sich nicht aus einem Erstarken des Familiennachzugs erklärt, sondern aus dem nicht überraschenden rapiden Einbruch der Arbeitsmigration nach dem Jahre 1973. Die Zuzüge von ausländischen Erwerbspersonen aus der Türkei verringerten sich von 131 Tausend im Jahre 1973 auf 29 Tausend im Jahre 1974, wohingegen die Zuzüge von Nicht-Erwerbspersonen aus der Türkei von 1973 auf 1974 mit der Steigerung von 118 Tausend auf 132 Tausend verhältnismäßig gering anstiegen, um dann im Jahre 1975 auf 84 Tausend zu sinken.

Der starke Anstieg des Anteils der Zuzüge von Familienangehörigen an den Zuzügen aus der Türkei ist somit der Tatsache geschuldet, dass nach dem Anwerbestopp die Arbeitsmigration aus der Türkei massiv einbrach, wohingegen die Familiennachzüge im Vergleich dazu auf einem relativ hohen Niveau blieben. Der Familiennachzug substituierte nicht die Arbeitsmigration, sondern gewann relativ an Bedeutung, indem er absolut in etwa sein Niveau bewahrte, das er schon vor dem Anwerbestopp erreicht hatte.

Zusammenfassend lässt sich feststellen, dass sich ähnlich wie bei den anderen Anwerbeländern die quantitative Bedeutung der abhängigen Migration mit der Türkei nach dem Anwerbestopp 1973 reduzierte. Der Familiennachzug aus der Türkei führte in den Jahren bis 1978 nicht zu einem entscheidenden Anwachsen der türkischen Bevölkerung in der Bundesrepublik Deutschland, da ungefähr gleich viele türkische Familienmitglieder das Land verließen als einreisten. Eine Ausnahmesituation ergab sich in den Jahren 1978 bis 1980, in welchen über die abhängige Migration eine Verstärkung der türkischen Bevölkerung um ca. 240 Tausend Personen zu verzeichnen war.[185] Dies macht einen großen Teil der in der Zeitphase 1973 bis 1980 insgesamt per Saldo über die abhängige Migration eingereisten Anzahl von 404 Tausend türkischen Staatsbürgern aus.[186]

Die Gründe für den starken Anstieg des Familiennachzugs aus der Türkei in den Jahren 1978 bis 1980 sind wissenschaftlich bisher nur wenig erforscht. Es ist jedoch plausibel anzunehmen, dass die Hauptgründe in der instabilen Lage der Türkei in diesen Jahren zu suchen sind.[187] Das Jahr 1978 war für die türkische Bevölkerung von wachsendem Terror, politischen Unruhen und drängender wirtschaftlicher Not bestimmt. „Der Staat befand sich wirtschaftlich und sozial in einem desolaten Zustand. Die Faschisten verstärkten ihre Terror-Aktionen. Der Internationale Währungsfonds stimmte dem Wirtschaftsprogramm Ecevits nicht

---

[185]Nettomigration von Nicht-Erwerbspersonen aus der Türkei 1978: 45 Tausend, 1979: 86 Tausend, 1980: 107 Tausend. Vgl. Booth, The migration process in Britain und West Germany, S. 170, 172.

[186]Vgl. Booth, The migration process in Britain und West Germany, S. 174. Zwischen 1973 und 1980 erhöhte sich die Zahl der türkischen Staatsbürger in der Bundesrepublik von 911 Tausend im Jahre 1973 auf 1,46 Millionen im Jahre 1980 um 552 Tausend Personen. Vgl. Booth, The migration process in Britain und West Germany, S. 222.

[187]Vgl. Bade, Ausländer, Aussiedler, Asyl, S. 96.

zu, so daß dringend benötigte und erhoffte Auslandskredite nicht gewährt wurden. Ecevit wurde hingehalten. Statt in kurzer Zeit wirtschaftliche Erleichterungen zu schaffen, entstanden auch durch versteckten Widerstand bestimmter Unternehmer Versorgungsengpässe. Für Margarine, Zucker, Salz, Zigaretten und Kochgas mußte man in langen Schlangen anstehen."[188] In dieser sozial und wirtschaftlich prekären Lage blockierten sich die politischen Parteien gegenseitig und waren unfähig, geeignete Maßnahmen zur Verbesserung der Situation der Bevölkerung einzuleiten. Die Lage war derart verworren, dass sich viele Menschen erleichtert zeigten, als am 12. September 1980 das türkische Militär in einem Putsch die Macht an sich zog.[189] Folgt man der Argumentation, dass ein wichtiger Grund für die starke Zunahme der abhängigen Migration von 1978 bis 1980 in den Unruhen in der Türkei zu suchen sei, dann ließe sich damit auch der starke Rückgang dieser Migration im Jahre 1981 erklären.[190] Die türkischen Generäle rechtfertigten ihre Machtübernahme damit, „dass sie den Staat und seine Bürger vor gesellschaftlichen Spaltungen und einem Zusammenbruch der Wirtschaft schützen wollten sowie vor der Anarchie und Gewalt, für die sie die Parteien und Politiker verantwortlich machten. Sie sprachen sich dafür aus, die Autorität des Staates überparteilich wieder herzustellen."[191] Es ist im Rahmen dieser Arbeit nicht nötig, die Legitimität der Errichtung dieser türkischen Militärdiktatur zu erörtern. Für viele Familien könnte die Hoffnung auf die Wiederherstellung der öffentlichen Sicherheit und eine Verbesserung der wirtschaftlichen Lage in der Türkei dafür Ausschlag gebend gewesen sein, in ihrer Heimat zu verweilen.

Weniger überzeugend erscheint dagegen die These, der Rückgang des Familiennachzugs aus der Türkei im Jahre 1981 sei auf die restriktive bundesdeutsche Ausländerpolitik zu Beginn der 1980er Jahre und die Nachzugsbeschränkungen für Familienangehörige aus Nicht-EG-Staaten zurückzuführen. Ohne anfangs bundesweit einheitlich abgestimmt worden zu sein, regelten diese Maßnahmen vor allem den Ausschluss von 16-jährigen und 17-jährigen ausländischen Jugendlichen vom Recht auf Familiennachzug und den Ausschluss des Nachzugs aus-

---

[188]Pazarkaya, Die Türkei - eine politische Landeskunde, S. 64.

[189]Vgl. Ahmad, Geschichte der Türkei, S. 165-166; Pazarkaya, Die Türkei - eine politische Landeskunde, S. 67-68.

[190]Die Zuzüge von Nicht-Erwerbspersonen aus der Türkei in die Bundesrepublik Deutschland verringerten sich innerhalb eines Jahres um die Hälfte. Sie reduzierten sich von 149 Tausend Zuzügen im Jahre 1980 auf 73 Tausend Zuzüge im Jahre 1981. Vgl. Booth, The migration process in Britain und West Germany, S. 170.

[191]Ahmad, Geschichte der Türkei, S. 166.

ländischer Kinder zu einem in der Bundesrepublik allein lebenden Elternteil. Im Bereich des Ehegattennachzugs wurde die Gewährung der Einreise an die Voraussetzungen eines mindestens achtjährigen ununterbrochenen Aufenthalts, der Vollendung des 18. Lebensjahres und einer bestimmten Mindestdauer des Bestehens der Ehe geknüpft.[192] Diese, jeweils nur ausgewählte Bundesländer betreffenden Maßnahmen wurden erst in den letzten Wochen des Jahres 1981 eingeleitet, so dass nicht davon auszugehen ist, dass sie auf die Migrationsbewegungen des Jahres 1981 noch hätten wesentlichen Einfluss nehmen können.[193]

Den Beginn machte der Ausländererlass des Innenministeriums Baden-Württemberg vom 20. Oktober 1981, welcher die Erlaubnis für einen Nachzug von Ehegatten zu Ausländern der ersten Generation von einer Ehebestandszeit von drei Jahren abhängig machte. Diese Regelung hatte in der Umsetzung zur Folge, dass Ehegatten nach ihrer Heirat noch drei Jahre getrennt leben mussten, bis sie in Baden-Württemberg ein gemeinsames Leben führen konnten.[194] Am 20. November 1981 setzte auch der Berliner Innensenator zahlreiche Einschränkungen des Familiennachzugs in Kraft.[195] Die Bundesregierung reagierte auf diese Initiativen und wollte mit dem Beschluss vom 2. Dezember 1981 zu einer Vereinheitlichung der Beschränkungen der Familienzusammenführungen auf der Ebene der Bundesländer beitragen. „Mit dem genannten Beschluß empfahl die Bundesregierung den Ländern u. a., den Nachzug ausländischer Kinder nur noch bis zur Vollendung des 16. Lebensjahres zuzulassen und den Ehegattennachzug zu Ausländern der zweiten Generation davon abhängig zu machen, daß der hier lebende Ehepartner bereits einen achtjährigen rechtmäßigen Aufenthalt nachweisen kann und die Ehe bereits ein Jahr bestanden hat. Diese Regelungen sind auf Länderebene keineswegs einheitlich umgesetzt worden."[196] Mit Ausnahme der Forderung nach einer dreijährigen Mindestbestandszeit der Ehe wurden die durch die

---

[192]Vgl. Huber, Familiennachzug und Grundgesetz, S. 1-5.

[193]Eine zusammenfassende Darstellung des diesbezüglichen Beschlusses der Bundesregierung vom 2. Dezember 1981 und von Erlassen auf der Ebene der Bundesländer liefert: Bundesverfassungsgericht, Beschluß vom 12. Mai 1987. Wartezeiten für Nachzug von Ausländern, S. 4-7.

[194]In Bayern wurde ebenfalls die Forderung nach einer dreijährigen Ehebestandszeit aufgestellt. Versuche des Innenministeriums von Baden-Württemberg, zu einer bundeseinheitlichen Regelung bei der dreijährigen Ehebestandszeit zu kommen, scheiterten. Mit Beschluss des Zweiten Senats des Bundesverfassungsgerichts vom 12. Mai 1987 wurde die Regelung der dreijährigen Ehebestandszeit als nicht mit dem Grundgesetz vereinbar verworfen. Vgl. Bundesverfassungsgericht, Beschluß vom 12. Mai 1987. Wartezeiten für Nachzug von Ausländern, S. 1.

[195]Vgl. Meier-Braun, Deutschland, Einwanderungsland, S. 52.

[196]Huber, Europäische Menschenrechtskonvention und Familiennachzug, S. 28.

Erlasse vorgenommenen Einschränkungen des Familiennachzugs in der Folgezeit vom Bundesverfassungsgericht im Grundsatz gebilligt.[197]

Unabhängig von der Umsetzung und der Wirkweise der einzelnen Erlasse der Bundesländer ist jedoch nicht davon auszugehen, dass diese für das Jahr 1981 noch eine familiennachzugsbeschränkende Wirkung entfalten konnten.

Ein weiterer möglicher Grund für den Rückgang der Zuzüge von Familienmitgliedern aus der Türkei im Jahre 1981 könnte die Annahme sein, dass bis zu diesem Zeitpunkt schon fast alle Familienmitglieder eingereist waren und sich somit das Reservoir an potentiell Nachzugsberechtigten massiv reduziert hatte.[198] Inwieweit dieser Effekt beim Rückgang des Familiennachzugs eine gewichtige Rolle spielte, bedürfte eingehender Untersuchung. Da es sich dabei jedoch eher um einen linearen Prozess handelt,[199] kann er kaum den abrupten Rückgang des Familiennachzugs aus der Türkei im Jahre 1981, geschweige denn den starken Anstieg der vorangegangenen Jahre erklären. Die bundesdeutsche Politik ging zudem im Jahre 1981 bei der Vorbereitung der rechtlichen Restriktionen für den Familiennachzug nicht davon aus, dass dieses Reservoir an nachzugsberechtigten Familienmitgliedern auch nur ansatzweise schon erschöpft sei.

Zusammenfassend lässt sich somit zur abhängigen Migration bezüglich der Türkei in den Jahren 1973 bis 1981 feststellen, dass dem Familiennachzug beim Anstieg der türkischen Bevölkerung in der Bundesrepublik Deutschland eine bedeutende Rolle zukommt. Der Anwerbestopp von 1973 hatte jedoch auch hier wie in den anderen Anwerbeländern eine quantitative Reduzierung des Familiennachzugs zur Folge. Die größte Zunahme der türkischen Bevölkerung durch den Familiennachzug in die Bundesrepublik Deutschland erfolgte in den Jahren vor dem Anwerbestopp und im Zeitraum von 1978 bis 1980.

2.4.3.7 Die soziale Situation nach dem vollzogenen Familiennachzug

Für viele Arbeitsmigranten war das Nachholen von Familienmitgliedern eine Reaktion auf die belastende und destabilisierende Situation der Trennung der Familie. Die Familienzusammenführung in der Bundesrepublik führte die zuvor getrennt lebenden Familienmitglieder wieder in einer häuslichen Gemeinschaft zusammen und ermöglichte dadurch ein gemeinsames Ehe- und Familienleben.

---

[197]Vgl. Renner, Ausländerrecht in Deutschland, § 8 Rn. 75.

[198]Johannes Velling formuliert diese These bezogen auf die gesamte ausländische Bevölkerung und den Zeitraum ab 1979. Vgl. Velling, Immigration to Germany in the Seventies and Eighties, S. 7.

[199]Vgl. Velling, Immigration to Germany in the Seventies and Eighties, S. 24.

Oft brachte die Zusammenführung auch den erhofften Erfolg. „Durch die Nachholung des Ehepartners kann daher eine positive Auswirkung einmal für den ausländischen Arbeitnehmer selbst gesehen werden, sein soziales Kontaktfeld wird erweitert und seine Familienbindungen, denen für die seelische Stabilität besondere Bedeutung zukommt, werden wiederhergestellt. Es kann weiterhin vermutet werden, daß durch den Nachzug des Ehepartners Frustrationen und Fehlanpassungen der ausländischen Arbeitnehmer eingedämmt bzw. ihr Integrationsprozeß in die deutsche Gesellschaft positiv beeinflußt werden können."[200] Jedoch entstanden für die Familien durch den Familiennachzug auch Belastungen, welche sich negativ auf das innerfamiliale Leben auswirkten.[201] Die ausländischen Familien sahen sich in Deutschland oft im Hinblick auf die ungewohnte Lebensumwelt, Wohnsituation, Erziehung und Bildung der Kinder vor neue große Probleme gestellt.[202] Viele Frauen stürzten nach ihrer Einreise in eine psychische Krise. Sie fühlten sich der Gesellschaft des Aufnahmelandes fremd, waren sprachlich und kulturell isoliert. Zudem hatten sich die ehelichen Beziehungen durch die oft jahrelange Trennung der Ehepartner verändert. Auf den Frauen lastete zumeist die Aufgabe, das Leben in der Fremde zu organisieren und die Eingliederung der Familie in das neue Umfeld zu bewerkstelligen.[203] „Aber auch für die Männer stellte der Nachzug von Frauen und Kindern eine Zäsur dar. Während er auf der einen Seite als lang ersehnte Normalisierung der eigenen Lebenssituation empfunden wurde, brachte er zugleich auch neue Anforderungen und oft auch Konflikte mit sich."[204] Besonders schwierig gestaltete sich die Lage für die zugezogenen Kinder und Jugendlichen. Neben den Problemen, welche die fremde Sprache und Kultur den Neuankömmlingen bereiteten, standen sie vor der Aufgabe, ihre eigene nationale Identität zu entwickeln. Einerseits sollten sie sich in das deutsche Schulsystem und in die deutsche Gesellschaft integrieren, andererseits sollten sie aber auch den Kontakt zur Kultur der Heimat der Eltern nicht verlieren. „Die Folge davon waren «zweisprachige Analphabeten», die weder die Sprache ihrer Eltern noch die ihrer Klassenkameraden beherrschten, die dementsprechend sozial isoliert und für eine Berufstätigkeit kaum

---

[200]Repräsentativuntersuchung '80, S. 315.

[201]Vgl. Repräsentativuntersuchung '85, S. 214; Bade, Ausländer, Aussiedler, Asyl, S. 43.

[202]Vgl. Kühn, Stand und Weiterentwicklung der Integration der ausländischen Arbeitnehmer und ihrer Familien, S. 18.

[203]Vgl. Hunn, »Nächstes Jahr kehren wir zurück …«, S. 414-415.

[204]Hunn, »Nächstes Jahr kehren wir zurück …«, S. 415.

qualifiziert waren."[205] Für viele durch den Familiennachzug eingereisten Ehepartner und Kinder stellte sich die Situation somit nicht einfach dar. Die bundesdeutsche Ausländer- und Integrationspolitik sah sich durch einen dem entsprechenden
Zwiespalt paralysiert. Einerseits wurde die Notwendigkeit der Intensivierung der
integrativen Maßnahmen für die Zugezogenen erkannt,[206] andererseits wollte man
tunlichst nichts in die Wege leiten, was die Rückkehrwilligkeit der Zugezogenen
beeinträchtigen könnte.[207] Aufgrund der vielfältigen Unentschiedenheiten wurden
die 1970er Jahre zu einem verlorenen Jahrzehnt für die Integration in die Bundesrepublik Deutschland. Dies führte bei den ausländischen Familien oft zu großen
psychischen und sozialen Belastungen. Viele Familien entschieden sich aus diesen Gründen für eine Rückkehr in ihre Heimat, viele harrten trotz der Probleme
und Widrigkeiten in der Bundesrepublik aus. Ihre Migration verstetigte sich.

2.4.4   Die Verstetigung von Migration in der Bundesrepublik Deutschland

Die enge Korrelation zwischen Familiennachzug und Verstetigung der Migration stellt eine Grundannahme der historischen Migrationsforschung in der
Bundesrepublik Deutschland dar. Verstetigung bedeutet dabei im Kontext des
bundesdeutschen Migrationsgeschehens den Wandel einer ursprünglich befristeten Zuwanderung in eine dauerhafte.[208] Ohne einen genauen Zeitraum zu definie-
ren, wird davon ausgegangen, dass eine dauerhafte Zuwanderung viele Jahre oder
Jahrzehnte betrifft.[209] Das Phänomen der Verstetigung von Migration lässt sich,
unabhängig von der oft unzureichenden Qualität des zur Verfügung stehenden statistischen Datenmaterials, über Wanderungs- und Bevölkerungsstatistiken schwer
empirisch fassen.

---

[205]Herbert, Geschichte der Ausländerpolitik in Deutschland, S. 238; vgl. Bade, Ausländer,
Aussiedler, Asyl, S. 43-44.

[206]Vgl. Kühn, Stand und Weiterentwicklung der Integration der ausländischen Arbeitnehmer und ihrer Familien, S. 3-4.

[207]Vgl. Berlinghoff, Das Ende der ›Gastarbeit‹, S. 264.

[208]Vgl. Bade, Ausländer, Aussiedler, Asyl, S. 16.

[209]Abweichend davon empfehlen die Vereinten Nationen dann von Zuwanderung zu sprechen, sobald eine Person ein Jahr im Zielland lebt. „[...] the change of country of usual
residence necessary to become an international migrant must involve a period of stay in the
country of destination of at least a year (12 months)." in: United Nations Department of Economic and Social Affairs, Recommendations on Statistics of International Migration, S. 10.

2.4.4.1 Nachweis der Verstetigung von Migration über die Anpassung der Bevölkerungsstruktur

Für den empirischen Nachweis einer dauerhaften Einwanderung ist es unabdingbar, die Frage der Verstetigung von Migration methodisch von der Frage des Familiennachzugs zu trennen. Eine hohe internationale Mobilität der einwandernden Familien vorausgesetzt, muss ein einmal erfolgter Familiennachzug nicht zu einer dauerhaften Einwanderung führen. Demnach können Familien als Ganze immigrieren um später auch wieder als Ganze in ihr Heimatland oder ein anderes Land zu migrieren. Die oben dargelegten hohen Zahlen in ihre Heimatländer zurückkehrender ausländischer Familienangehöriger nach dem Anwerbestopp von 1973 können als Beleg dienen, dass dies nicht nur eine rein theoretische Annahme darstellt.

Werden dagegen Familiennachzug und Verstetigung von Migration als zwei notwendig miteinander korrelierte Phänomene verstanden, besteht die Gefahr, die Möglichkeit remigrierender Familien strukturell auszuschließen. Remigrierende Familien kommen nicht mehr in den Blick, weil sie methodisch durch die Annahme der wechselseitigen Verschränkung von Familiennachzug und Verstetigung ausgeschlossen wurden. Dieses Phänomen scheint in der migrationshistorischen Betrachtung der abhängigen Migrationsbewegungen in der Bundesrepublik Deutschland lange Zeit der Fall gewesen zu sein.

Folgend soll die Logik der allgemein anerkannten Indikation der Verstetigung von Migration über den Indikator der Anpassung der Bevölkerung[210] kurz vorgestellt werden. Es wurde schon dargelegt, dass die internationale Migration in die Bundesrepublik zu Beginn überwiegend aus befristeter Arbeitsmigration bestand. Unter Einführung der plausiblen Annahme, dass eine Verstetigung von Migration mit dem Familiennachzug einhergehe, sollte sich das Maß der Verstetigung des Aufenthalts von Ausländern in den späteren Jahren demnach indirekt über die demografische Zusammensetzung der ausländischen Bevölkerung folgendermaßen nachweisen lassen. Anfangs kamen über die Arbeitsmigration überwiegend Männer jüngeren Alters in die Zuwanderungsgesellschaft. Die Arbeitsaufnahme erfolgte dabei in der Regel mit der Perspektive einer befristeten Tätigkeit im Ausland, um die zurückgebliebenen Familien finanziell zu unterstützen. Dieser Sachverhalt spiegelte sich sodann in der demografischen Struktur der Migrationsbevölkerung wider. Gegenüber der inländischen Bevölkerung war sie stark in den Altersklassen 20 bis 40 Jahre überrepräsentiert, in den anderen Altersklassen jedoch stark unterrepräsentiert; sie wies einen hohen Anteil an Männern

---

[210]Vgl. Bade, Ausländer, Aussiedler, Asyl, S. 45-47; Heckmann, Die Bundesrepublik: Ein Einwanderungsland?, S. 187-188; Hunn, »Nächstes Jahr kehren wir zurück ...«, S. 408.

auf und die Erwerbsquote lag weit höher als die der einheimischen Bevölkerung. Eine von Familiennachzug begleitete Verstetigung der Arbeitsmigration im Sinne des Übergangs von einer befristeten Zuwanderung zu einer dauerhaften Einwanderung musste sich demnach in der Annäherung der Sozialstruktur und der demografischen Daten der Immigrationspopulation an die der einheimischen Bevölkerung niederschlagen.[211] Somit konnte mit dem statistischen Nachweis des Absinkens der Erwerbsquote, der Angleichung der Geschlechterrelation sowie des Ansteigens des Anteils von Kindern, Jugendlichen an der Zuwanderungspopulation von einem Prozess der Einwanderung ausgegangen werden: „die Arbeitermigranten beginnen sich „einzurichten" und holen ihre Angehörigen nach."[212] Eine Angleichung der Strukturdaten der ausländischen Bevölkerung mit denen der deutschen Population wird weithin als verlässlicher Indikator einer Verstetigung von Migration angenommen.

Es ist jedoch kritisch darauf hinzuweisen, dass diese Methodik den Zusammenhang zwischen Familiennachzug und Angleichung der Bevölkerungsstruktur als Annahme einführt und nicht dazu geeignet ist, den Familiennachzug über eine Angleichung der Bevölkerungsstruktur nachzuweisen. Eine Angleichung der Struktur zwischen der ausländischen und der deutschen Bevölkerung könnte auch andere Ursachen haben als den Familiennachzug. Hätten zum Beispiel nach dem Anwerbestopp überproportional viele junge ledige ausländische Arbeitnehmer[213] wieder das Bundesgebiet verlassen, hätte dies auch eine Angleichung der Bevölkerungsstrukturen bewirkt. Gleiches ließe sich von der Möglichkeit der Heirat und Familiengründung sich schon im Bundesgebiet aufhaltenden Ausländer sagen. [214]

2.4.4.2 Nachweis der Verstetigung von Migration über die Erhöhung des Anteils von Ausländern mit langer Aufenthaltsdauer

Der auf den ersten Blick nahe liegende direkte Nachweis einer Verstetigung der Migration über den kontinuierlichen Anstieg des Anteils der Migranten, wel-

---

[211]Vgl. Heckmann, Die Bundesrepublik: Ein Einwanderungsland?, S. 187-191.

[212]Heckmann, Die Bundesrepublik: Ein Einwanderungsland?, S. 188.

[213]Diese Annahme wäre aufgrund der Ungebundenheit dieser Personengruppe auch plausibel.

[214]Der Indikator der Angleichung der Bevölkerungsstruktur zum Nachweis einer Verstetigung von Migration gilt überhaupt nur bei der, in den ersten Jahrzehnten der Bundesrepublik Deutschland zutreffenden, Annahme, dass bei der ersten Einwanderungsphase die Arbeitsmigration dominiert. Migrieren jedoch, wie in den klassischen Einwanderungsländern üblich, ganze Familien über die Staatsgrenzen, dann verliert der Indikator der Bevölkerungsangleichung seine Aussagekraft bezüglich einer Verstetigung der Migration gänzlich. Vgl. Han, Soziologie der Migration 2010, S. 87.

che sich schon seit zehn und mehr Jahren in Bundesgebiet aufhalten, ist für sich genommen nicht valide. Denn eine signifikante Erhöhung der Fertilitätsrate bei der Migrationsbevölkerung, welche auf Verstetigungstendenzen bei der Migration hinweisen könnte, würde im Gegenteil den Bevölkerungsanteil der Migranten, welche sich schon über zehn Jahre im Inland aufhalten, sinken lassen.

2.4.4.3 Nachweis der Verstetigung von Migration über die Reduzierung der Rückkehrrate und der Erhöhung der Aufenthaltsdauer der Migranten

Erfolgversprechend beim Nachweis der Verstetigung von Migration scheint die Methode zu sein, die Bleibetendenz der Ausländer zu messen. Setzt man die jährliche Rückwanderung von Ausländern zur im Bundesgebiet lebenden ausländischen Bevölkerung in Beziehung, kann eine Aussage über die jährliche Fluktuation der ausländischen Bevölkerung getroffen werden. Auf diesem Weg lässt sich statistisch eine Erhöhung der Bleibetendenz nachweisen. „Nach der in den sechziger Jahren hohen Rotation hat sich seither bei allen Nationalitäten der Aufenthalt verfestigt; die Rückkehrraten sanken von über 30 % auf rund 5 %. Rund die Hälfte der 1973 hier lebenden MigrantInnen ist in Deutschland geblieben."[215] Die Annahme, dass sich trotz weiterhin hoher Rückkehrerzahlen[216] viele ausländische Migranten dauerhaft im Bundesgebiet niederließen, lässt sich auch mit Blick auf die Aufenthaltsdauer der ausländischen Bevölkerung erhärten. Lebten im Jahre 1973 noch 624 Tausend Ausländer schon seit 10 Jahren und länger in Deutschland, waren es im Jahre 1981 schon 1,98 Millionen.[217] Dies lässt darauf schließen, dass viele Migranten zu Immigranten wurden und sich in der Bundesrepublik Deutschland dauerhaft aufhielten.

2.4.4.4 Nachweis der Verstetigung von Migration über die Reduzierung der Remigration

In der Migrationsforschung wird häufig die These vertreten, dass der Anwerbestopp von 1973 durch die Verhinderung einer erneuten Einreise dazu führte, dass viele ausländische Arbeitnehmer mit ihren Familien keine Ausreise mehr wagten und sich auf dem Gebiet der Bundesrepublik Deutschland auf Dauer niederließen.[218]

---

[215]Pagenstecher, Ausländerpolitik und Immigrantenidentität, S. 86.

[216]Vgl. Pagenstecher, Ausländerpolitik und Immigrantenidentität, S. 88.

[217]Vgl. Statistisches Bundesamt, Statistisches Jahrbuch 1974, 1982.

[218]Vgl. Bade, Ausländer, Aussiedler, Asyl, S. 45-46; Bade/Oltmer, Normalfall Migration, S. 83; Kielmansegg, Das geteilte Land, S. 399.

Diese Annahme lässt sich jedoch empirisch nicht bestätigen. Bei Betrachtung sowohl der absoluten als auch der relativen Zahlen der Fortzüge von Ausländern wird deutlich, dass in den Jahren direkt nach Erlass des Anwerbestopps eine Erhöhung der Zahl der ins Heimatland zurückkehrenden Ausländer von 526 Tausend im Jahre 1973 auf 580 Tausend im Jahre 1974 bzw. 600 Tausend im Jahre 1975 zu verzeichnen war.[219] Die Analyse des Anteils der fortziehenden Ausländer am Gesamtbestand der Ausländer in der BRD zeigt ein ähnliches Bild. Verließen innerhalb des Jahres 1973 noch 13,3 Prozent der im Bundesgebiet ansässigen Ausländer das Land, so waren es in den Jahren 1974 und 1975 14,1 Prozent bzw. 14,6 Prozent.[220] Das bedeutet, dass sich in den Jahren nach dem Anwerbestopp empirisch kein Rückgang des Rückkehrverhaltens von Ausländern aus der Bundesrepublik belegen lässt.[221] Vielmehr kehrten nach dem Anwerbestopp mehr Ausländer in ihre Herkunftsländer zurück, als dies vor dem Jahre 1973 der Fall war. Der Indikator Remigrationen der Ausländer nach 1973 ist somit nicht geeignet, eine Verstärkung der Verstetigung der Migration durch den Anwerbestopp nachzuweisen.

2.4.4.5 Von der quantitativen zur qualitativen Deskription von Migrationsbewegungen

Zusammenfassend lässt sich feststellen, dass sich eine durch den Anwerbestopp im Jahre 1973 induzierte und mit dem Familiennachzug in direktem Zusammenhang stehende Verstetigung der Migration in die Bundesrepublik Deutschland nicht empirisch belegen lässt. Der in der migrationshistorischen Forschung oft konstatierte direkte Zusammenhang zwischen Anwerbestopp und Verstetigung der Migration wurde schon vereinzelt in Frage gestellt. „While 1973 remains a crucial turning point in government policy, it is questionable whether it was also the crucial turning point for the migrants' decision to stay or return, as it is often assumed to have been."[222] Die Annahme, dass der Anwerbestopp von 1973 zu einer erhöhten Verstetigung der Migration in der Bundesrepublik Deutschland führte, mit der Folge, dass sich das Nachholen von ausländischen Familienmitgliedern aus den Herkunftsländern stark erhöht habe, konnte empirisch nicht belegt werden. Das Gegenteil scheint vielmehr der Fall zu sein. Nach dem Anwerbestopp reduzierte sich die Einreise von Familienmitgliedern aus dem

---

[219]Vgl. Booth, The migration process in Britain und West Germany, S. 159.

[220]Vgl. Booth, The migration process in Britain und West Germany, S. 159, 222, eigene Berechnung.

[221]Vgl. Pagenstecher, Ausländerpolitik und Immigrantenidentität, S. 109.

[222]Oswald/Schönwälder/Sonnenberger, Einwanderungsland Deutschland, S. 20.

Ausland stark. Gleichzeitig erhöhte sich der Ausreise von ausländischen Familienmitgliedern in ihre Heimatländer: Die Frage der Möglichkeit einer späteren Wiedereinreise scheint für viele Migranten nicht ausschlaggebend für die Entscheidung zum Verbleib oder zur Rückkehr in die Heimat gewesen sein.

Es zeigt sich, dass an sich plausible Überlegungen zu den Migrationsentscheidungen einzelner Individuen und Familienverbände nicht notwendig über den Weg der Akkumulation zu Entwicklungen führen müssen, welche sich in große Migrationsbewegungen niederschlagen und dementsprechend auch migrationsdemografisch nachweisen lassen.

Um dieses Phänomen besser verstehen zu können, bedarf es eines prinzipiellen Perspektivenwechsels. Der Blick muss von der quantitativen Beschreibung der Migrationsbewegungen auf die Individuen selbst gehen, welche sich für oder gegen eine Migration entscheiden. Im Folgenden soll dieser Weg von der quantitativen Erfassung des Familiennachzugs bzw. der abhängigen Migration zu einer qualitativen Erfassung des Familiennachzugs gegangen werden. Es geht bei letzterer darum, die Gründe für Migrationsentscheidungen zu eruieren, das heißt, zu verstehen, warum Individuen oder auch ganze Familien die folgenschwere Entscheidung zur Migration treffen. Diese Fragestellung führt zum him Themenkomplex der Migrationstheorien. „Die Theorien der Migration haben den Anspruch, eine systematische, strukturell-fundierte Antwort auf die Frage zu geben, warum Menschen migrieren. Dabei sollen die möglichen Ursachen, Verläufe und Folgen der Migrationsbewegungen typologisiert werden."[223] Im Folgenden sollen die Migrationstheorien aus der Perspektive ihres Ertrages für die Migrationsform der abhängigen Migration eingehend betrachtet werden.

---

[223]Liakova, Migrationstheorien, S. 35.

Migrationstheoretische Erfassung des Familiennachzugs

Die oft verwendete Kategorisierung von internationalen Wanderungsbewegungen in Flucht und Vertreibung, Arbeitsmigration und Familiennachzug mag die Auffassung nahe legen, bei grenzüberschreitenden Wanderungen handle es sich um eine im Grunde monokausal affizierte und eindeutig zuordbare Form der Migration. Tatsächlich ist jedoch davon auszugehen, dass die Entscheidungsprozesse der Individuen, welche letztendlich in eine Wanderung münden, über einen längeren Zeitraum hin reifen und dabei eine Vielzahl heterogener Faktoren eine Rolle spielen. Auch wenn zum Erlangen einer gültigen Aufenthaltsberechtigung im Zielland sich auf einen bestimmten ausländerrechtlich anerkannter Migrationsgrund beschränkt wird, so ist die Migrationsentscheidung oft das Ergebnis eines nutzenmaximierenden individuellen oder kollektiven Entscheidungsprozesses. Bei dieser Entscheidung spielen neben den individuellen Erwägungen die ökonomischen, sozialen, kulturellen und politischen Lebensbedingungen im Herkunftsland eine große Rolle, welche mit den im Zielland prognostizierten Lebensbedingungen verglichen werden. Auch wenn Migrationsentscheidungen im Regelfall multifaktorell sind, lassen sich jedoch oft Migrationsgründe benennen, welche letztendlich den Ausschlag für den Vollzug einer grenzüberschreitenden Wanderung geben.

Migrationstheorien machen es sich zur Aufgabe, auf die Frage, warum Personen migrieren, eine Antwort zu geben. Es wird folgend nicht darum gehen, einen allgemeinen und umfassenden Überblick über Migrationstheorien zu geben.[1]

---

[1]Einen Überblick über migrationstheoretische Ansätze liefern: Han, Theorien zur internationalen Migration; Haug, Klassische und neuere Theorien der Migration; Kalter, Theorien der Migration; Massay et al., Theories of International Migration; Pries, Internationale Migration.

© Springer Fachmedien Wiesbaden GmbH 2018
W. Lingl, *Der Familiennachzug in die Bundesrepublik Deutschland*,
https://doi.org/10.1007/978-3-658-19640-0_3

Es soll jedoch der Versuch unternommen werden, die Migrationstheorien daraufhin zu untersuchen, inwieweit sie als geeignet erscheinen, innerhalb ihrer Theoriemodelle die Migrationsart des Familiennachzugs bzw. der abhängigen Migration adäquat zu erfassen.

Zu Beginn soll eine kurze methodologische Reflexion über die Forschungsperspektive der Migrationstheorien im Allgemeinen stehen. Diese besteht in den sozial- und wirtschaftswissenschaftlichen Fachdisziplinen darin, bestimmte kollektive Migrationsphänomene durch andere kollektive oder strukturelle Tatbestände zu erklären. Individuelle Bedingungen und Ursachen von Wanderungsvollzügen sind für die Theoriebildung nur insofern relevant, als sie sich auf der Ebene kollektiver Sachverhalte manifestieren lassen. Migrationstheorien beziehen sich auf das Wanderungsverhalten in seiner kollektiven Dimension und fragen nach seinen strukturellen Ursachen.[2]

Obwohl es sich bei Wanderungen um kein neues Phänomen der Menschheitsgeschichte handelt,[3] gibt es erst Ende des 19. Jahrhunderts wissenschaftliche Bemühungen, diese zu beschreiben und mittels Theoriebildung zu erklären.

3.1 Makrotheorien der Wanderung

3.1.1 Bevölkerungsgeografische Ansätze

Den Beginn der Theoriebildung in der Wanderungsforschung stellen die Migrationsgesetze Ernest G. Ravensteins aus dem Jahre 1885 dar.[4] Ravenstein stellte aufgrund seiner statistischen Untersuchungen zu Wanderungsbewegungen auf der Grundlage des Britischen Zensus von 1881 und Daten aus mehr als zwanzig Ländern sieben Gesetze der Migration auf. Die Bezeichnung „Gesetze" stellte sich jedoch als zu hoch gegriffen heraus, da nicht alle Analysen Ravensteins generelle Gültigkeit besaßen. Bedeutsam für die weitere Theoriebildung war jedoch, dass Ravenstein sich mit dem Aufstellen von Wanderungsgesetzen gegen die damals

---

[2]Vgl. Kalter, Wohnortwechsel in Deutschland, S. 39-40; Esser, Soziologie. Allgemeine Grundlagen, 20-21.

[3]Einen Überblick über die Geschichte der Migration geben u. a. Bade, Europa in Bewegung; Hoffmeyer-Zlotnik, Wanderungen: Formen und Vorkommen.

[4]Ravenstein, The laws of migration; deutsche Übersetzung: Ravenstein, Die Gesetze der Wanderung I. Vgl. Haug/Sauer, Bestimmungsfaktoren internationaler Migration, S. 18; Kalter, Wohnortwechsel in Deutschland, S. 23-24.

oft anzutreffende Auffassung wandte, bei Wanderungen handle es sich um die Folge von höchst individuellen erratischen Entscheidungen, welchen keine Regel- bzw. Gesetzmäßigkeiten zugrunde gelegt werden könnten.[5] Demgegenüber stellte er die These auf, wonach das materielle, ökonomische Interesse einer der wichtigsten Wanderungsgründe sei und die Hauptmigrationsrichtung von den ländlichen Gebieten zu den Industrie- und Handelszentren verlaufe.

Die Entdeckung Ravensteins, dass sich die Wahrscheinlichkeit einer Wanderung zwischen zwei Orten mit zunehmender Entfernung zwischen den beiden Ort verringere, stellte den Beginn der Distanz- und Gravitationsmodelle dar. Diesen liegt die zentrale Aussage des physikalischen Gravitationsgesetzes zu Grunde, wonach die Anziehungskraft zweier Körper durch ihre Masse und Distanz bestimmt wird. Eine einfache Form eines Gravitationsmodells stellt die $P_1 * P_2/D$-Hypothese von Georg K. Zipf aus dem Jahre 1946 dar.[6] Wenn P_1 das Bevölkerungsvolumen in der Region 1, P_2 das Bevölkerungsvolumen in der Region 2 und D die Distanz zwischen den beiden Regionen darstellt, dann ist das Wanderungsvolumen zwischen den beiden Regionen proportional zu $P_1 * P_2/D$. Bei gegebenen Populationsgrößen verringert sich somit das Wanderungsvolumen mit der Zunahme der Distanz zwischen den betrachteten Regionen.[7] Bei gegebener Distanz zwischen den Regionen erhöht sich mit einem Anstieg der Bevölkerungsvolumina in den Regionen das Wanderungsvolumen. Obwohl sich mit dieser Formel einige empirische Wanderungsbewegungen erstaunlich gut beschreiben ließen, stieß sie doch in vielen Fällen sehr schnell an ihre Grenzen. Insbesondere konnte dieses Modell nicht erklären, warum bei gleichen Distanzen und Bevölkerungsgrößen in verschiedenen Ortskonstellationen empirisch unterschiedliche Migrationsvolumina festzustellen waren. Infolge dessen wurde der Versuch unternommen, durch Modifikationen der Formel zu besseren Ergebnissen zu kommen.

Stuart C. Dodd erweiterte bei seinem Modell die von Zipf eingeführten Determinanten um den Faktor des Aktivitätsniveaus der Bevölkerung der Region 1 bzw. der Region 2.[8] Mit der Einführung einer Grundmobilität der betreffenden Populationen wurde es möglich, Differenzen in der Migrationsbereitschaft bei verschiedenen Populationen zu berücksichtigen. Empirisch erfasste Wanderungsbewegungen konnten somit genauer beschrieben und zukünftige besser

---

[5]Vgl. Kalter, Wohnortwechsel in Deutschland, S. 23-24.
[6]Zipf, The $P_1 * P_2/D$ Hypothesis.
[7]Vgl. Kalter, Wohnortwechsel in Deutschland, S. 24-25.
[8]Dodd, The Interactance Hypothesis.

vorausgesagt werden. Dodd selbst schon war sich bewusst, dass es hinsichtlich der Heterogenität ihrer Individuen schwer möglich sei, für die Gesamtpopulation einer Region ein Aktivitätsniveau zu ermitteln. Ein einheitliches Wanderung-Aktivitätsniveau könne eigentlich nur im Sinne von Subgruppen mit geringer Binnengruppenvarianz ihrer Lerngeschichten und Handlungsoptionen erhoben werden. Dies legte eine Differenzierung der Gesamtpopulation in Subgruppen nach ethnischer Zugehörigkeit, Familienstand, Alter, Geschlecht, Status oder anderen Kategorien nahe.[9]

Als von weitreichender Bedeutung zeigt sich dabei, dass Dodd neben den objektiven Daten der Populationsgröße und der Distanz implizit handlungstheoretische Annahmen über das Verhalten bestimmter Gruppen in sein Modell aufnimmt.[10] Somit wird die Zugehörigkeit von Individuen zu verschiedenen, sich in Werten, kognitiven Orientierungen, sozialen Bindungen, materiellen Ressourcen und Perspektiven unterscheidenden Sozialsystemen für die Migrationsdisposition als bedeutsam anerkannt. Die gruppenspezifisch geprägten individuellen Erwartungen und Bewertungen der Akteure geraten somit in den Vordergrund der Betrachtung. Sie bestimmen die Entscheidungen der Einzelnen für oder gegen eine Migration wesentlich. Zugrunde gelegt wird dabei die Wert-Erwartungstheorie, wonach ein Akteur genau die Handlungsalternative wählt, welche seine Nutzenerwartung maximiert.[11]

Jedoch bleiben solche gruppenspezifischen Differenzierungen dem prinzipiellen Ansatz der Gravitationsmodelle, von einer Symmetrie der Wanderungsbewegungen zwischen zwei Regionen auszugehen, systemisch fremd. Der Sachverhalt, dass sich Wanderungen von einer Region 1 zu einer Region 2 in ihrem Volumen von den Wanderungen von Region 2 zu der Region 1 unterscheiden, lässt sich innerhalb des Paradigmas von Gravitationsmodellen nicht erklären. Dabei ist eine solche Asymmetrie von Wanderungen empirisch eher der Regelfall als die Ausnahme. Ein weiteres Defizit der Gravitationsmodelle wird darin gesehen, dass sie bestenfalls eine statistisch deskriptive Darstellung der Wanderungsphänomene

---

[9]Vgl. Dodd, The Interactance Hypothesis, S. 247-248; Esser, Methodische Konsequenzen gesellschaftlicher Differenzierung, S. 20; Kalter, Wohnortwechsel in Deutschland, S. 25-26.

[10]Vgl. Kalter, Wohnortwechsel in Deutschland, S. 26.

[11]Vgl. Esser, Soziologie. Allgemeine Grundlagen, S. 95.

erreichen, ihr erklärendes Verstehen anhand eines theoretischen Modells der Migration jedoch perspektivisch ausblenden.[12]

Die wichtigste Erweiterung eines reinen Distanzmodells der Migration in handlungstheoretischer Richtung stammt von Samual A. Stouffer.[13] Sein in der Mitte des 20. Jahrhunderts entwickeltes Modell baut auf der Hypothese auf, dass nicht eine Region im Allgemeinen ein direkte Anziehungskraft ausstrahlt, sondern die in der Region von Personen außerhalb wahrgenommenen Möglichkeiten (opportunities), bestimmte Bedürfnisse zu befriedigen. Zu deren wichtigsten opportunities zählt Stouffer offene Stellen auf dem Arbeitsmarkt und freistehende Wohnungen. Nach Stouffers Modell ist die Anzahl der Personen, die eine bestimmte Distanz wandern, proportional zu der Anzahl der opportunities, welche in dieser Entfernung erwartet werden. Eingeschränkt wird die Wanderungsneigung sowohl durch die Zahl der intervening opportunities als auch die Zahl der competing migrants. Bei den intervening opportunities handelt es sich um den opportunities entsprechenden Möglichkeiten, welche sich den Individuen in Regionen mit einer geringeren Distanz von ihrem Heimatort bieten. Unter competing migrants sind andere potenzielle Zuwanderer zu verstehen, welche um die begrenzten opportunities in der Zielregion konkurrieren. Obwohl es dem Stoufferschen Modell ansatzweise gelingt, auf die individuellen Bedingungen von Migrationsentscheidungen zu rekurrieren, bleibt es letztlich doch stark mechanisch konzipiert. Die opportunities bleiben auf der Aggregatebene angesiedelt, womit individuell unterschiedliche Reaktionen auf dieselben opportunity-Settings methodisch ausgeblendet werden.[14]

3.1.2 Makroökonomische Ansätze

Die weitere Entwicklung im Bemühen, Wanderungsbewegungen theoretisch erklären zu können, fokussierte zunächst nicht auf die individuellen Akteure der Migration. Vielmehr wurde in makroökonomischen Ansätzen der Versuch

---

[12]Vgl. Haug, Soziales Kapital und Kettenmigration, S. 30; Kalter, Wohnortwechsel in Deutschland, S. 20-21, 26.

[13]Stouffer, Intervening Opportunities; Stouffer, Intervening Opportunities and Competing Migrants.

[14]Vgl. Esser, Methodische Konsequenzen gesellschaftlicher Differenzierung, S. 20-21; Haug/Sauer, Bestimmungsfaktoren internationaler Migration, S. 18; Kalter, Wohnortwechsel in Deutschland, S. 27-31.

unternommen, Migration auf bestimmte ökonomische Gesetzmäßigkeiten und Strukturen in der Aggregatebene zurückzuführen. In einer Weiterentwicklung der Gravitationsmodelle wurde nun nach Maßgabe der klassischen Ökonomie nicht mehr die Distanz zwischen den Regionen als für das Migrationsverhalten entscheidend erachtet, sondern die Differenz des Lohnniveaus der jeweiligen Arbeitsmärkte der Regionen. Diese unterschiedlichen Lohnniveaus bilden sich nach diesem Ansatz in regional diversifizierten Arbeitsmärkten im jeweiligen Arrangement zwischen Arbeitskräfteangebot und -nachfrage aus. Die zentrale theoretische Annahme besteht darin, dass sich die Nachfrage nach Arbeitskräften in wirtschaftlich prosperierenden Regionen ständig erhöht und dies bei gleichbleibendem Arbeitskräfteangebot zu einer Erhöhung des regionalen Lohnniveaus führt. Dies hat eine Lohndifferenz im Vergleich zu weniger wirtschaftlich entwickelten Regionen zur Folge, welche schließlich eine Wanderung der Arbeitskräfte zu den besser entlohnten Arbeitsplätzen induziert.[15] Diesem idealisierten Modell liegen die Annahmen der Homogenität der Arbeitskräfte, unbegrenzte Mobilität, Vollbeschäftigung und keine kurzfristigen Arbeitskräfteangebots- bzw. Nachfrageschwankungen zugrunde.[16]

Nach diesen Maßgaben folgert diese Theorie als Konsequenz der Arbeitskräftewanderungen eine Angleichung der Lohnniveaus zwischen den Regionen. Denn der Wegzug von Arbeitskräften aus den Entsenderegionen reduziert das dortige Arbeitskräfteangebot und verursacht damit höhere Löhne. Bei den Anwerberegionen tritt hingegen der entgegengesetzte Fall ein. Das Arbeitskräfteangebot wird durch die Zuwanderung erhöht, wodurch die auf dem Arbeitsmarkt zu erzielenden Löhne sinken. Die Tatsache jedoch, dass sich diese im Modell prognostizierte Angleichung der Lohnniveaus zwischen den Regionen in der Regel nicht empirisch nachweisen ließ, führte zur grundlegenden Kritik am klassischen makroökonomischen Modell der Wanderungen.[17] Weiter wurde darin Kritik geübt, dass im Gegensatz zu den Gravitationsmodellen, welche völlig symmetrische Wanderungsbewegungen zwischen den Regionen folgerten, der Ansatz der klassischen Makroökonomie prinzipiell nur eine Richtung der Migration kennt, nämlich die in Richtung der höheren Löhne. Die empirisch oft festzustellenden

---

[15]Vgl. Hicks, The Theory of Wages; Han, Theorien zur internationalen Migration, S. 174; Haug, Soziales Kapital und Kettenmigration, S. 23-24; Kalter, Wohnortwechsel in Deutschland, S. 31.

[16]Vgl. Haug, Soziales Kapital und Kettenmigration, S. 23.

[17]Vgl. Kalter, Wohnortwechsel in Deutschland, S. 31-32.

Gegenbewegungen der Migration können somit strukturell weder erfasst noch erklärt werden.[18] Verfeinerungen des klassischen Modells erfolgten durch stetige Reduktion der dem eigentlichen Erklärungszusammenhang vorausgestellten Prämissen. Michael P. Todaro hat unter Preisgabe der Prämisse der Vollbeschäftigung den Faktor der Arbeitslosigkeit in sein Modell mit einbezogen.[19] Die theoretische Einbindung wird dadurch hergestellt, dass bei der Einschätzung der Situation in einem Zielland neben dem tatsächlichen Lohnniveau auch die Gefahr der Arbeitslosigkeit in das Kalkül Eingang findet. Demzufolge sind Wanderungsbewegungen zu Regionen mit einer relativ geringen Arbeitslosenquote wahrscheinlicher als zu Regionen mit einer hohen Arbeitslosigkeit. Auch bei dieser Theorie ergibt sich jedoch die Schwierigkeit, empirisch nachgewiesene starke Rückkehr-Migrationen in die Heimatländer mit einer oft weiterhin hohen Arbeitslosenquote nicht erklären zu können.

Der Ansatz der monokausalen Erklärung von Wanderungsbewegungen hatte sich in den Theoriemodellen der ersten Generation als nicht zielführend erwiesen. Die empirisch erhobenen Migrationsdaten widersprachen zu stark den theoretisch deduzierten Wanderungsbewegungen. Mit der sukzessiven Aufgabe der in bisherigen Modellen vorausgesetzten Prämissen setzte sich in der theoretischen Modellierung von Migrationsprozessen der multifaktorelle Ansatz durch.

Um die verschiedenen Einflussgrößen der Migration nach ihrer jeweiligen Wirkweise bündeln und zusammenfassen zu können, stellte sich das Push-Pull-Schema als besonders geeignet heraus. Diesem Schema liegt die Annahme zugrunde, dass Wanderungen sich ursächlich aus einer abstoßenden Wirkung des Heimatortes (push-Faktoren) und anziehenden Bedingungen des potenziellen Zielortes (pull-Faktoren) erklären lassen. Niedrige Löhne und hohe Arbeitslosigkeit in der Heimatregion stellen somit push-Faktoren, hohe Löhne und niedrige Arbeitslosigkeit in der Zielregion pull-Faktoren dar.[20] Zur weiten Verbreitung des push-pull-Paradigmas hat beigetragen, dass sich die push- und pull-Faktoren auch leicht um nichtökonomische Einflussfaktoren erweitern lassen. Fragen der Umwelt, der Bildungschancen, der persönlichen Sicherheit und Gesundheit

---

[18]Vgl. Richey, Explanations of Migration, S. 365-366.

[19]Todaro, A Model of Labor Migration; vgl. Kalter, Wohnortwechsel in Deutschland, S. 33.

[20]Vgl. Haug, Soziales Kapital und Kettenmigration, S. 24; Kalter, Wohnortwechsel in Deutschland, S. 34-35.

konnten somit als push- bzw. pull-Faktoren in die Migrationsentscheidung Eingang finden.

Das push-pull-Modell stellt jedoch kein theoretisches Modell zur Erklärung von Wanderungsbewegungen dar. In intuitiv anschaulicher Weise bündelt die Rede von push- und pull-Faktoren lediglich auf der makrostrukturellen Ebene migrationsfördernde Faktoren im Herkunfts- bzw. potenziellen Zielland. Um reale Wanderungsbewegungen valide erklären zu können, müssen die verschiedenen Faktoren in Hypothesen eines ausgearbeiteten Theorieansatzes umgesetzt und an der Empirie gemessen werden.[21] Um dies leisten zu können, erwies es sich als notwendig, Theoriemodelle zu entwickeln, die über allgemeine, zeitlos gültige ökonomische Gesetzmäßigkeiten hinaus auf konkrete historische Konstellationen Bezug nahmen, welche große Wanderungsbewegungen zu Folge hatten. Besondere Bedeutung kommt hierbei der Theorie des dualen Arbeitsmarktes zu.

Die von Michael J. Piore entwickelte makroökonomische Theorie des dualen Arbeitsmarktes setzte sich zum Ziel, die in den 1960er und 1970er Jahren starke Arbeitsmigration von weniger entwickelten Staaten zu den industrialisierten Staaten in Umfang und Struktur zu erklären.[22] Dem Ansatz liegt die These zugrunde, dass die Arbeitsmärkte der Industrieländer einer Segmentierung unterliegen. Das primäre Segment ihrer Arbeitsmärkte zeichnet sich durch sichere, qualifizierte Arbeitsplätze mit hohen Löhnen aus, wohingegen der sekundäre Arbeitsmarkt unsichere, unqualifizierte Arbeitsplätze zu niedrigen Löhnen anbietet. Das Angebot letzterer Arbeitsplätze wird durch die einheimischen Arbeitnehmer aufgrund der geringen Entlohnung und des damit verbundenen geringen Prestiges immer weniger wahrgenommen. Verstärkend wirkt sich zudem aus, dass in den Industrienationen Frauen und Kinder durch vermehrte Bildungsanstrengungen nicht mehr wie früher in großer Zahl für den sekundären Arbeitsmarkt zur Verfügung stehen. Der daraus resultierende Nachfrageüberschuss bei den niedrig qualifizierten Arbeitsplätzen müsste nach den Marktgesetzen zu einem Anstieg der Löhne führen. Um diese für die Arbeitgeber und die Wirtschaft insgesamt negative Folge zu verhindern, schaffen die Arbeitgeber durch den Aufbau von Anwerbebüros in anderen Ländern Strukturen, um die Arbeitsplätze durch Niedriglohnarbeiter aus wenig entwickelten Ländern zu besetzen. Im Unterschied zu den einheimischen Arbeitnehmern sind diese nämlich bereit, die oft schweren, unsicheren, stupiden und niedrig entlohnten Arbeiten zu übernehmen, da die niedrigen Löhne in den Industrieländern

---

[21]Vgl. Kalter, Wohnortwechsel in Deutschland, S. 34-35.
[22]Piore, Birds of Passage.

das durchschnittliche Einkommen in ihren Heimatländern noch weit übertreffen.[23] Liegt der Theorie des dualen Arbeitsmarktes auch implizit eine Lohndisparität in den Arbeitsmärkten zugrunde, so erklärt sie die Arbeitsmigration primär durch die aktive Rekrutierung von ausländischen Arbeitskräften für den zweiten Arbeitsmarkt durch westliche Unternehmen. Nicht der Einkommensunterschied zwischen Sende- und Empfängerländern erweist sich somit als letztlich migrationsauslösend, sondern der Bedarf an billigen Arbeitskräften in den Unternehmen der westlichen Industrieländer. Erst einmal ausgelöst, entwickelt der Migrationsprozess jedoch eine unkontrollierbare Eigendynamik, welche sich der Steuerung nach den Interessen und Bedürfnissen der Unternehmer entzieht.

Mit der Fokussierung auf die strukturellen Bedingungen des Arbeitsmarktes in westlichen Industrieländern bietet die Theorie des dualen Arbeitsmarktes eine plausible Erklärung, weshalb in den 1960er und 1970er Jahren so viele unqualifizierte ausländische Arbeitnehmer von den Industrieländern angeworben wurden. Es erwies sich jedoch als schwierig, deren Hypothesen und Folgerungen empirisch zu bestätigen. Eine eindeutige und valide Trennung zwischen dem primären und sekundären Arbeitsmarktsegment ließ sich nicht empirisch ermitteln. Irreguläre Einwanderungen und Flüchtlingsbewegungen stellten zudem die These der entscheidenden Bedeutung der internationalen Arbeitskräfterekrutierung durch die Unternehmen in Frage. Weiter konnte die Theorie keine Erklärung dafür liefern, weshalb nach dem Ende der Anwerbetätigkeit in den frühen 1970er Jahren in den Industrieländern weiterhin relativ hohe Zuwanderungsraten zu verzeichnen waren.[24] Wie oben gezeigt wurde, kann dieses Gegenargument jedoch bezogen auf die Bundesrepublik Deutschland keinen Anspruch auf allgemeine Geltung erheben.

3.1.3 Weitere makrotheoretische Ansätze

Die bisher angeführten Makrotheorien zur Erklärung von internationalen Wanderungsbewegungen haben gemeinsam, dass in ihnen der potenzielle oder faktische Migrant in erster Linie als homo oeconomicus verstanden wird. Es kommt den

---

[23]Vgl. Haug/Sauer, Bestimmungsfaktoren internationaler Migration, 19-20; Han, Theorien zur internationalen Migration, S. 178-194, Massay et al., Theories of International Migration, S. 440-444.

[24]Vgl. Haug, Soziales Kapital und Kettenmigration, S. 32; Massay et al., Theories of International Migration, S. 458-459.

aus der Soziologie stammenden Theorieansätzen das Verdienst zu, diesen Blick geweitet zu haben.

Von besonderer Bedeutung ist dabei die Migrationstheorie von Hans-Joachim Hoffmann-Nowotny, welche auf der von Peter Heintz entwickelten „Theorie struktureller und anomischer Spannungen" basiert.[25] Wanderungen werden in diesem konzeptuellen Rahmen als Handlungsoption verstanden, um sogenannte strukturelle bzw. anomische Spannungen auszugleichen. Diese entstehen, wenn gesellschaftliche Akteure eine Diskrepanz bei der grundlegenden Relation zwischen Prestige und Macht erfahren. In Anlehnung an Max Webers Begriffsdefinitionen versteht Hoffmann-Nowotny unter Prestige den legitimen Anspruch eines Akteurs auf die Teilhabe an zentralen sozialen Werten, unter Macht den Grad der tatsächlichen Teilhabe an diesen Werten. Die sozialen Werte werden dabei als materielle oder immaterielle Güter verstanden, welche in einer aggregierten Bewertung als erstrebenswert angesehen werden.[26] Strukturelle Spannungen entstehen demnach innerhalb einer sozialen Struktur, wenn es zu einem Ungleichgewicht zwischen Prestige und Macht kommt. Als Konsequenz daraus bilden sich anomische Spannungen, welche sich durch ein „Ungleichgewicht beim Akteur zwischen dem Anspruch auf zentrale soziale Werte und den normativ geregelten tatsächlichen Möglichkeiten des Zugangs zu diesen Werten"[27] auszeichnen. Individuelle Handlungsoptionen zur Auflösung dieser Spannung bestehen unter anderem in Strategien der sozialen Mobilität, der Aufgabe bestimmter sozialer Positionen, innerer Emigration und schließlich der Migration in Länder, in welchen das Erreichen eines adäquateren Prestige-Macht-Verhältnisses erwartet wird. Die Migration wird somit als eine Handlung verstanden, mit welcher der Migrant auf die anomischen Spannungen in seinem Herkunftsland reagiert.[28] Die Theorie der strukturellen und anomischen Spannungen erwies sich als geeignet, die empirischen Daten bezüglich der internationalen Migration im Bereich der Oberschicht und oberen Mittelschicht einer Gesellschaft theoretisch erklären zu können.[29] Weiterhin wird mit Blick auf die migrationsbedingenden Faktoren der Fokus auf soziale Werte geweitet, welche nicht in unmittelbarem Zusammenhang mit ökonomischen Gütern stehen. Damit wird für die systematische Erschließung

---

[25]Hoffmann-Nowotny, Migration; Heintz, Einführung in die soziologische Theorie.

[26]Vgl. Hoffmann-Nowotny, Migration, S. 26-27.

[27]Hoffmann-Nowotny, Migration, S. 27.

[28]Vgl. Faist, Migration und der Transfer sozialen Kapitals, S. 68; Han, Soziologie der Migration 2010, S. 52.

[29]Vgl. Hoffmann-Nowotny, Migration, S. 27.

der Migrationsursachen ein Horizont eröffnet, welcher sich auch prinzipiell für den Migrationsgrund der Familienzusammenführung als offen erweist. Zusammenfassend lässt sich jedoch feststellen, dass die bisher angeführten Makrotheorien der Migration sich durch ihren spezifischen methodischen Ansatz blind für solche Migrationsbewegungen erweisen, deren Ziel in der Ermöglichung des familialen Zusammenlebens besteht.

Einen weiteren eigenständigen Ansatz zur Erklärung internationaler Migration liefert die Systemtheorie. Weder wird hierbei die Migration als das Resultat der rationalen Entscheidung Einzelner mit dem Ziel der Verbesserung der wirtschaftlichen Situation im Aufnahmeland verstanden, noch als eine Antwort auf die Nachfrage nach Arbeitskräften auf dem dualen Arbeitsmarkt der Industrieländer. Die systemtheoretischen Ansätze basieren auf der von Immanuel Wallerstein begründeten Weltsystemtheorie, welche die internationale Migration aus der Struktur des alle Länder und Regionen der Welt umspannenden kapitalistischen Wirtschaftssystems erschließt.[30] Dabei geht nach Wallerstein die Entstehung des weltweiten kapitalistischen Weltsystems auf das 16. Jahrhundert zurück. Ausgangspunkt dieser Entwicklung sind wirtschaftlich hoch entwickelte Zentren mit einer starken Kapitalakkumulation. Da sich in diesen Zentren die Investitions- und Renditechancen zunehmend als limitiert erweisen, gewinnen die wirtschaftlich unterentwickelten Gebiete der Peripherie für das Kapital an Interesse. Auf der Suche nach landwirtschaftlich nutzbaren Flächen, Rohstoffen, billigen Arbeitskräften und neuen Absatzmärkten expandieren kapitalistische Unternehmer mit ihren Investitionen in unterentwickelte Regionen der Welt. Geschichtlich ging dieser Prozess oft mit der Kolonialisierung der betreffenden Regionen einher. Die an den Kapitalinteressen orientierten Investitionen führen in der Peripherie unweigerlich zu irreversiblen strukturellen Umbrüchen. Über Jahrhunderte bestehende bäuerlich-agrarische Wirtschaftsstrukturen gehen mit der Einführung der Plantagenwirtschaft, der Mechanisierung der Landwirtschaft und der Massenproduktion unter. Die auf gegenseitige Hilfe angelegten solidarischen Sozialstrukturen erodieren durch die Einführung von Lohnarbeit und Geldwirtschaft. Nach der Weltsystemtheorie führt die Expansion des Kapitals in die unterentwickelte Peripherie somit zwangsläufig zu einer Freisetzung unzähliger Menschen von ihren angestammten Lebensformen und Sozialbindungen. Dieses Aufbrechen traditioneller Strukturen verbunden mit der Kontrolle zentraler wirtschaftlicher

---

[30]Wallerstein, The Modern World-System.

Determinanten durch das internationale Kapital führt unweigerlich zu großen Wanderungsbewegungen in Richtung der großen kapitalistischen Zentren.[31]

Ein weiterer Theorieansatz stellt zur Erklärung von Migrationsbewegungen im Bereich der Makroebene den Begriff der Modernisierung in den Mittelpunkt. Ausgehend von der großen Zahl der Menschen, welche in der zweiten Hälfte des 20. Jahrhunderts in die westlichen Industrieländer einwanderten oder einwandern wollten, wird eine zunehmende Anziehungskraft dieser entwickelten Regionen konstatiert. „Diese Entwicklung ist auf zwei makrofaktorielle Veränderungen zurückzuführen: Erstens entstand in diesem Zeitraum die westliche Wohlstandswelt […], zweitens macht die Globalisierung der Massenmedien die westliche Lebensweise in aller Welt deutlich sichtbar und trägt so entscheidend zur Diffusion des dazugehörigen Wertekanons bei".[32]

Angesichts der Tatsache, dass große Migrationsbewegungen aus Entwicklungsländern auch auf ökologische Ursachen zurückzuführen sind,[33] verwundert es, dass ökologischen Migrationstheorien[34] bisher bei der makrotheoretischen Erschließung von Migration keine bedeutende Rolle zukam.

3.1.4 Beurteilung der Makrotheorien

Den Makrotheorien der Migration kommt das Verdienst zu, mit der Distanz, dem Lohnunterschied, der Arbeitslosenquote, dem Verhältnis von Prestige und Macht und der Nachfrage nach niedrig entlohnten Arbeitskräften zentrale Determinanten in der Erklärung nationaler wie internationaler Wanderungsbewegungen bestimmt zu haben.[35] Empirisch konstatierte Wanderungsbewegungen zwischen Regionen lassen sich nach dem makrotheoretischen Argumentationsansatz durch unterschiedliche Ausprägungen der entsprechenden migrationsrelevanten Determinanten in den Regionen erklären. Dabei formulieren Makrotheorien allgemeine Migrationsgesetze, welche bei Gelingen durch das Einsetzen der konkreten Parameter vergangene Migrationsbewegungen beschreiben und zukünftige prognostizieren können. Es ist jedoch kritisch zu vermerken, dass die Modelle meist erst

---

[31]Vgl. Han, Theorien zur internationalen Migration, S. 210-211; Massay et al., Theories of International Migration, S. 444-448.

[32]Müller-Schneider, Zuwanderung in westliche Gesellschaften, S. 100.

[33]Vgl. Vogt, Prinzip Nachhaltigkeit, S. 141; Pries, Internationale Migration, S. 5.

[34]Vgl. Kalter, Theorien der Migration, S. 448-449.

[35]Vgl. Kalter, Theorien der Migration, S. 450-451.

nach ex-post-Anpassungen zu verlässlichen Aussagen kommen und diese bei feineren regionalen Differenzierungen bzw. bei selektiven Wanderungsverhalten bestimmter Gruppen schnell an Validität verlieren.[36] Ein weiteres prinzipielles Problem der makrotheoretischen Ansätze liegt in ihrer Unvollständigkeit. Aufgrund der Komplexität, Instabilität und Variabilität des Migrationsverhaltens lässt sich Migration nur unzureichend auf allgemeine Gesetzmäßigkeiten zwischen ausgewählten Makrofaktoren zurückführen.[37]

Hinsichtlich des Untersuchungsgegenstandes dieser Arbeit ist festzustellen, dass die makrotheoretischen Ansätze keine Grundlage bilden, die in dieser Arbeit im Zentrum stehende Migrationsform des Familiennachzugs adäquat zu erfassen und erklären. Die Entscheidung, zum Zwecke der Ermöglichung des familialen Zusammenlebens über Staatsgrenzen hinweg zu migrieren, ist ein subjektiver und individueller Akt. Ein makrotheoretischer Erklärungsansatz, welcher methodisch auf Einflussfaktoren auf der Struktur- und Aggregatebene fokussiert, blendet systematisch die für den Familiennachzug entscheidende Ebene des Subjektiven und Individuellen aus.

Im Folgenden soll gezeigt werden, dass die bei der Entwicklung von Migrationstheorien zu beobachtende Wende zu individualistischen Ansätzen[38] ein Instrumentarium an die Hand geben kann, um auch die Migration zum Zwecke der Familienzusammenführung angemessen zu erfassen und zu erklären.

3.2   Mikrotheorien der Wanderung

Bei den Makrotheorien zur Migration lässt sich bei genauer Betrachtung feststellen, dass sie ab einem gewissen Grad der Komplexität nicht ohne implizite Verhaltensannahmen auskommen. Beispielsweise werden bei den involvierten Individuen deren Homogenität, Rationalität oder deren nutzenmaximierendes Verhalten unter vollständiger Information vorausgesetzt.[39] Im Mittelpunkt steht dabei die handlungstheoretische Annahme, dass Personen sich dann zur Migration entscheiden, wenn sie im Herkunftsgebiet bestimmte Entbehrungen erfahren

---

[36]Vgl. Kalter, Wohnortwechsel in Deutschland, S. 37-38.

[37]Vgl. Kalter, Zur Rationalität von Wanderungsentscheidungen, S. 128.

[38]Vgl. Esser, Methodische Konsequenzen gesellschaftlicher Differenzierung, S. 21; Kalter, Wohnortwechsel in Deutschland, S. 41.

[39]Vgl. Kalter, Wohnortwechsel in Deutschland, S. 38; Kalter, Zur Rationalität von Wanderungsentscheidungen, S. 128.

und Kenntnisse bzw. die subjektive Erwartung haben, diese Entbehrungen im Zielgebiet beenden zu können. „Wanderungen erfolgen demnach auf der Grundlage bestimmter (meist: partieller und spezifischer) Motive, subjektiven kognitiven Erwartungen und „Alltagstheorien" über die effizientesten Weisen der Motivbedienung, sowie der Berücksichtigung der mit der jeweiligen Handlungsalternative verbundenen Realisierung negativ bewerteter Folgen, der „Kosten" der Handlung."[40] Die regionale Richtung und Stärke der Wanderungsbewegungen ergibt sich aus der Aggregation der individuellen Wanderungsentscheidungen, welche im Allgemeinen auch von den allgemeinen strukturellen Rahmenbedingungen im Herkunfts- und Zielort beeinflusst werden.

3.2.1 Die Theorie der Wanderung von Lee

Everett S. Lee teilt mit den Makrotheorien den Anspruch, allgemeine Gesetze der Migration zu formulieren.[41] Im Unterschied zu den Makrotheorien gewinnt er diese jedoch nicht in erster Linie aus dem Vergleich objektiver allgemeiner Rahmenbedingungen der Herkunfts- und Zielorte. Lees mikrotheoretische Erklärung der Migration fokussiert auf das jeweilige Individuum, welches sich nach diesem Ansatz in einem permanenten Abwägungszustand über die Entscheidung zur Sesshaftigkeit oder Migration befindet. Diese Methodik ist von der Zuversicht getragen, sich mit Blick auf das Individuum nicht im Einmaligen und Zufälligen zu verlieren, sondern durch geeignete Klassifizierungen der Individuen Gesetzmäßigkeiten individuellen Handelns eruieren zu können.

Im Zentrum der Theorie der Wanderung von Lee stehen vier Kategorien von Faktoren, welche für die Entscheidung zur Migration von Bedeutung sind: 1. Faktoren in Verbindung mit dem Herkunftsgebiet, 2. Faktoren in Verbindung mit dem Zielgebiet, 3. Intervenierende Hemmnisse, 4. Persönliche Faktoren.[42]

Zu den Faktoren in Verbindung mit dem Herkunfts- bzw. Zielgebiet zählen alle Gegebenheiten, welche Menschen im jeweiligen Gebiet anziehen oder auch abstoßen. Dabei beeinflussen einige Faktoren alle Menschen in ähnlicher Weise, z. B. Sicherheit vor Gewaltverbrechen oder extreme klimatische Verhältnisse. Jedoch können einige Faktoren auf verschiedene Menschen auch unterschiedlich

---

[40]Esser, Methodische Konsequenzen gesellschaftlicher Differenzierung, S. 21.

[41]Lee, A Theory of Migration; deutsche Übersetzung: Lee, Eine Theorie der Wanderung.

[42]Vgl. Lee, Eine Theorie der Wanderung, S. 118.

wirken. Ein gutes Schulsystem kann von Eltern mit kleinen Kindern als positiv gewertet werden, von Hausbesitzern ohne eigene Kinder wegen der damit verbundenen hohen Grundsteuer negativ, von einem Single ohne Kinder und ohne besteuertem Grundeigentum als irrelevant. Aus diesem Beispiel wird zudem deutlich, dass die Bewertung der Faktoren im Herkunfts- und Zielland auch von der jeweiligen Stufe im Lebenszyklus abhängen kann. Die Anziehungskraft des Faktors eines gut funktionierenden Gesundheitssystems wird normalerweise mit steigendem Lebensalter zunehmen. Bei der Bewertung der Faktoren im Herkunfts- und Zielgebiet ist jedoch meist eine Asymmetrie festzustellen. Während im Regelfall eine Person über die Faktoren im Herkunftsgebiet durch die oft jahrelange dortige Erfahrung ein eigenes fundiertes Urteil abgeben kann, ist sie bei der Beurteilung im Zielland oft auf Vorurteile, Medienberichte und Erzählungen von Bekannten angewiesen. Die Einschätzung der Lage im Zielland ist somit von einer erheblichen Unsicherheit durchsetzt.[43]

Neben den Faktoren des Herkunfts- und Zielgebietes wird die Migrationsentscheidung durch die Kategorie der intervenierenden Hindernisse zwischen dem Herkunfts- und Zielgebiet geprägt. Zu diesen Hindernissen zählen vor allem schwer zu überwindende Entfernungen und restriktive Aus- bzw. Einwanderungsgesetze in den betreffenden Ländern.

Als vierte migrationsrelevante Kategorie führt Lee die persönlichen Faktoren ein. Er rechnet dazu vor allem in der Person selbst angelegte Eigenschaften wie Intelligenz, Wahrnehmungsfähigkeit von Verhältnissen in der Ferne und Veränderungsfreudigkeit, welche der Entscheidung für oder gegen eine Migration eine letztlich entscheidende Richtung geben können. Schließlich zieht er innerhalb dieser Kategorie von ihm sogenannte „irrationale Gründe" in Betracht, wozu er Entscheidungen aus momentanen Emotionen, geistiger Verwirrung oder aufgrund zufälliger Ereignisse zählt.[44]

Der bleibende Wert der Theorie der Wanderung von Lee liegt darin, dass die Entscheidung zur Migration oder zur Nicht-Migration grundsätzlich auf einen individualisierten Vergleich von Faktoren am Herkunfts- und Zielort zurückgeführt wird. Dabei wird der Horizont der migrationsrelevanten Faktoren sowohl im Herkunfts- als auch im Zielgebiet sehr weit gefasst. Deren Bewertung kann von Individuum zu Individuum und beim selben Individuum in verschiedenen Lebensphasen unterschiedlich ausfallen. Dieser Ansatz kann die Lebenswirklichkeit von

---

[43]Vgl. Lee, Eine Theorie der Wanderung, S. 119.
[44]Vgl. Lee, Eine Theorie der Wanderung, S. 120.

Menschen, welche Migrationsentscheidungen treffen, adäquater erfassen, als dies durch die eindeutig festgelegten push und pull Faktoren vieler Makrotheorien möglich ist. Mit der Kategorie der intervenierenden Hindernisse wird dem Umstand Rechnung getragen, dass viele Migrationsentscheidungen maßgeblich durch die rechtlichen Rahmenbedingungen bezüglich der Aus- und Einreise geprägt sind. Schließlich wird mit Einführung der Kategorie der persönlichen Faktoren bei der Entscheidung zur Wanderung der Fokus in Richtung auf individuelle Dispositionen und Lebensumstände geöffnet. Gerade die Kategorien der intervenierenden Hemmnisse und der persönlichen Faktoren können einen Beitrag leisten, die Entscheidung zur Migration zum Zwecke der Familienzusammenführung einer differenzierten Betrachtung zuzuführen. Die Entscheidung für oder gegen eine Migration zum Zwecke des Familiennachzugs ist stark von den rechtlichen Rahmenbedingungen und persönlichen Erwägungen geprägt. Kritisch ist jedoch anzumerken, dass es Lee durch die Weite seines Ansatzes nicht gelang, seine Theorie in konkrete Hypothesen über den Umfang von Wanderungen und präzise Mechanismen zur Erklärung derselben umzusetzen.[45]

3.2.2 Das mikroökonomische Humankapitalmodell und das Konzept der „place utility"

Mit dem Humankapitalmodell von Larry A. Sjaastad aus dem Jahre 1962 kam der mikrotheoretische Ansatz auch im Bereich der ökonomischen Wanderungstheorien zum Tragen.[46] Sjaastad interpretiert dabei Wanderungen als individuelle Investitionen in Humankapital, welche nur dann zur Durchführung kommen, wenn der erwartete Gewinn die zu erwartenden Migrationskosten übertrifft. Dabei werden sowohl Kosten als auch Erträge monetärer und nichtmonetärer Art unterschieden. Zu den monetären Kosten zählen vor allem die Umzugskosten und der durch den Umzug entstehende Lohnausfall, der monetäre Hauptertrag liegt im Regelfall im zu erwartenden Anstieg des Realeinkommens. Unter die nichtmonetären Kosten fallen negative psychische Folgen, wie der Verlust der Heimat oder des Umgangs mit zurück gebliebenen Familienmitgliedern und Bekannten. Nichtökonomische Erträge können sich zum Beispiel als Realisierung von Ortspräferenzen einstellen. In Unterscheidung von reinen makrotheoretischen Ansätzen

---

[45]Vgl. Kalter, Wohnortwechsel in Deutschland, S. 43.
[46]Sjaastad, The costs and returns of human migration.

sind bei Sjaastad nicht regionale Lohnniveaus von Belang, sondern individuelle Löhne und Lohnerwartungen. Somit werden differenziertere Vorhersagen über das potenzielle Wanderungsverhalten bestimmter Gruppen von Menschen möglich.[47]

Ein großer Vorteil des Sjaastadschen Ansatzes liegt darin, dass auch psychische Kosten und Erträge in das individuelle Kalkül bezüglich von Wanderungsentscheidungen Eingang finden. Somit ist in diesem mikroökonomischen Modell ein prinzipielles Erfassen des Einflusses des Zusammenlebens mit der Familie auf die Migrationsentscheidung möglich. Dabei wird im Regelfall die Trennung von der Familie zu den nichtmonetären Kosten einer Migration zu zählen sein, wohingegen bei der Familienzusammenführung von einem erwarteten nichtmonetären, psychischen Ertrag auszugehen ist, welcher anderweitige monetäre und nichtmonetäre Kosten des Familiennachzugs übertrifft.

Leider finden diese Überlegungen über nichtmonetäre Migrationserträge und -kosten bei Sjaastad keinen Eingang in seine Grundformel der Wanderungsentscheidung, welche sich letztlich doch auf monetäre Faktoren bezieht.[48]

Einen alternativen Ansatz zur Erklärung von Wanderungsbewegungen liefert Julian Wolpert aus sozialpsychologischer Perspektive. Sein Konzept der Place Utility basiert auf der Grundannahme, dass Wanderungen Anpassungsreaktionen von Menschen auf veränderte Rahmenbedingungen in der unmittelbaren Umwelt sind.[49] Grundsätzlich misst dabei jedes Individuum seinem aktuellen Wohnort eine sogenannte Place Utility bei. Dieser Wert resultiert aus der gewichteten Summe der Netto-Nutzen, welche für das Individuum aus subjektiver Perspektive hinsichtlich vielfältiger Aspekte mit dem momentanen Wohnort verbunden sind. Dieser Wert wird mit dem Grenzwert des individuellen Anspruchniveaus (Inspiration Level) verglichen, welches ebenfalls eine Summe von gewichteten Netto-Nutzen verschiedenster Bereiche darstellt. Sinkt nun am Wohnort der Wert der Place Utility unter den des eigenen Anspruchniveaus, resultiert für die Person die Notwendigkeit einer Anpassungsleistung. Gleiches gilt im Falle der Steigerung des Anspruchniveaus über den aktuellen Wert der Place Utility. Es ist eine Stärke dieses Interpretationsrahmens, dass er konzeptuell nicht auf die Migrationsentscheidung fixiert ist, sondern alternative Handlungsweisen inkludiert. So

---

[47]Vgl. Haug, Soziales Kapital und Kettenmigration, S. 26; Kalter, Wohnortwechsel in Deutschland, S. 43-44.

[48]Vgl. Kalter, Wohnortwechsel in Deutschland, S. 44.

[49]Wolpert, Behavioral Aspects of the Decision to Migrate; vgl. Kalter, Wohnortwechsel in Deutschland, S. 45.

kann Unzufriedenheit durch das Unterschreiten des Werts der Place Utility unter den des eigenen Anspruchniveaus zu verschiedenen Anpassungsleistungen führen. Es kann das eigene Anspruchsniveau gesenkt, ein Engagement zur Erhöhung der Place Utility initiiert, oder die Entscheidung zur Migration gefällt werden. Wolpert gelingt es somit, Handlungsalternativen zur Migrationsentscheidung konzeptuell mit einzubeziehen.[50] Weiter basiert seine Theorie auf der verhaltenstheoretischen Annahme, dass die Akteure nicht nach dem Prinzip des Maximizing, sondern des Safisficing handeln. Handlungsleitend ist demnach nicht das Ziel der Optimierung des persönlichen Netto-Nutzens, sondern die Behebung einer Unzufriedenheit mit dem gegenwärtig erreichbaren Netto-Nutzen.[51]

3.2.3 Werterwartungstheorien

Die Werterwartungstheorie[52] als kohärente Theorie der Entscheidungsfindung hat ihren Ursprung in der Militärwissenschaft der späten 1940er Jahre. Sie wurde entwickelt, um politischen und militärischen Akteuren als präskriptive, Regeln und Empfehlungen formulierende Entscheidungslehre Hilfestellungen für die komplexen Bereiche der Nuklearstrategien und Waffenbeschaffungsprogramme anbieten zu können.[53] In dieser Tradition stehend, kommt der Werterwartungstheorie auch in der Gegenwart bei der Frage der moralisch bzw. ethisch verantwortlichen Entscheidungsfindung eine große Bedeutung zu.[54] In den Sozialwissenschaften gewann die Werterwartungstheorie als deskriptive Entscheidungslehre mit der Zielstellung, reales Entscheidungsverhalten von Menschen retrospektiv zu erklären, großen Einfluss.

Die von Hartmut Esser entworfene Theorie des methodischen Individualismus erklärt auf werterwartungstheoretischer Grundlage Handlungen sowohl

---

[50]Vgl. Kalter, Wohnortwechsel in Deutschland, S. 45-46.

[51]Vgl. Kalter, Wohnortwechsel in Deutschland, S. 46.

[52]Neben Werterwartungstheorie sind auch anderen Benennungen etabliert, wie: Rational-Choice-Theory (RC-Theory), Nutzentheorie, Expected Utility Model (EU-Modell), Subjective Utiltiy Theory (SEU-Theorie). Vgl. Scheule, Keine Angst vor Rational Choice, S. 32.

[53]Vgl. Arrow, Social Choice and Individual Values; Scheule, Was ist eine Entscheidung?, S. 13-14.

[54]Eine umfassende Darstellung der normativen Relevanz der Werterwartungstheorie bietet: Scheule, Gut entscheiden - eine Werterwartungstheorie theologischer Ethik.

unter Berücksichtigung der Makroebene der kollektiven Phänomene als auch der Mikroebene der individuellen Akteure. Somit kann diese Theorie als strukturell-individualistischer Erklärungsansatz oder Makro-Mikro-Makro-Erklärung beschrieben werden. Sie geht davon aus, dass ein Individuum unter gegebenen sozialen Makrobedingungen seine eigene Situation definiert („Logik der Situation"), unter den Bedingungen dieser subjektiven Situationsdefinition eine Entscheidung trifft („Logik der Selektion"), welche wiederum aufgrund überindividueller Aggregationseffekte auf die gesellschaftliche Makroebene („Logik der Aggregation") zurückwirkt.[55]

Grundlage der Werterwartungstheorie bildet das schon von Aristoteles formulierte teleologische Handlungsverständnis, wonach jede Entscheidung bzw. Handlung nach einem Gut strebt. Der Werterwartungstheorie liegt das Prinzip der Nutzenmaximierung zugrunde. Dieses besagt, dass Individuen unter Handlungsalternativen diejenige Handlung vollziehen, welche die höchste Werterwartung erreicht, oder mit anderen Worten, von welcher der größte Nutzen erwartet wird.[56]

Dabei werden alle mit einer Handlung verfolgten Ziele j (z. B. Wohlstand, Autonomie) einer subjektiven Bewertung unterzogen, wodurch sich bestimmte Nutzeneinschätzungen U_j ergeben. Diese Bewertung wird mit einer ebenfalls individuellen Einschätzung darüber verbunden, mit welcher Wahrscheinlichkeit p_j durch die Handlung das Ziel j erreicht wird. Zu erwartende negative Auswirkungen (z. B. Verlust an Wohlstand, Verlust an Autonomie) gehen als negative Nutzenterme mit entsprechenden individuellen Wahrscheinlichkeitszuweisungen ins Kalkül mit ein.

▶ Die Werterwartung (Subjective Expected Utility (SEU)) einer Handlung ergibt sich somit aus der Formel[57]: $SEU = \Sigma\, p_j * U_j$

Die Selektionsregel lautet, dass diejenige Handlung gewählt wird, deren SEU-Wert maximal ist.

---

[55]Vgl. Esser, The Rationality of Everyday Behavior, S. 8-9; Haug, Soziales Kapital und Kettenmigration, S. 107; Scheule, Was ist eine Entscheidung? S. 14.

[56]Vgl. Haug, Soziales Kapital und Kettenmigration, S. 50; Kalter, Wohnortwechsel in Deutschland, S. 47; Scheule, Gut entscheiden - eine Werterwartungstheorie theologischer Ethik, S. 25; Scheule, Keine Angst vor Rational Choice, S. 32-33. Eine ausführliche Darstellung der Werterwartungstheorie findet sich bei Esser, Soziologie. Spezielle Grundlagen. Bd. 1, S. 247-293.

[57]Vgl. Kalter, Theorien der Migration, S. 456-457.

Die Werterwartungstheorie erscheint als elaborierte Form der Nutzentheorie geeignet, der Komplexität von Wanderungsentscheidungen gerecht zu werden.[58] Die optionalen Wanderungsbewegungen des Individuums, inklusive der Option des Sesshaftbleibens, stellen dabei die jeweils zu bewertenden Handlungsalternativen dar. Im Rahmen des Rational-Choice-Ansatzes wählt ein Individuum aus einem Alternativenset von Orten denjenigen Ort aus, welcher ihm nach seiner Erwartung den größten Netto-Nutzen bieten wird. Die Werterwartungstheorie geht dabei davon aus, dass der jeweilige Akteur bestimmte Eigenschaften und Präferenzordnungen besitzt und zudem die Fähigkeit rationalen Handelns, welche die effizienteste Problemlösung in Handlung umsetzt. Zusätzlich fließen in den Entscheidungsprozess die persönlichen Erwartungen über die Wahrscheinlichkeit des Eintretens der Ziele und Werte am den jeweiligen Orten mit ein.

▶ Das Grundschema der Modellierung der Migrationsentscheidung durch die Werterwartungstheorie lautet: $MM = \Sigma \, p_j * U_j$

MM:	Stärke der Migrationsmotivation
j:	spezifische Werte und Ziele, welche der potenzielle Migrant verfolgt
U_j:	Wert der individuellen Nutzenbewertung durch den potenziellen Migranten
p_j:	Einschätzung der Wahrscheinlichkeit durch den potenziellen Migranten, dass die Migration zu dem prognostizierten Ergebnis führt[59]

Die Wanderungsentscheidung hebt sich von vielen anderen Entscheidungen durch ihre Tragweite ab. Eine positive Migrationsentscheidung, zumal wenn sie einen Umzug ins Ausland zur Folge hat, ist in der Regel mit großen Veränderungen in allen Lebensbereichen verbunden. Dies führt zu einem multikriteriellen Werterwartungskalkül.[60] Der Netto-Nutzen der Entscheidungsfindung

---

[58]Vgl. De Jong/Gardner, Migration Decision Making. Introduction and Overview, S. 1-2; Faist, Migration und der Transfer sozialen Kapitals, S. 65-67; Haug, Soziales Kapital und Kettenmigration, S. 29; Kalter, Wohnortwechsel in Deutschland, S. 47-49; Kalter, Zur Rationalität von Wanderungsentscheidungen, S. 130-131.

[59]Vgl. Faist, Migration und der Transfer sozialen Kapitals, S. 66; vergleichbare Ansätze mit abweichenden Bezeichnungen der Variablen finden sich bei: De Jong/Fawcett, Motivations for Migration, S. 47-48; Haug, Soziales Kapital und Kettenmigration, S. 50-51; Kalter, Wohnortwechsel in Deutschland, S. 47.

[60]Vgl. Scheule, Gut entscheiden - eine Werterwartungstheorie theologischer Ethik, S. 107-110; Eisenführ/Weber, Rationales Entscheiden, S. 115-149, 257-284.

zur Migration oder Nicht-Migration wird somit über eine Breite von mit dem jeweiligen Ort zusammenhängenden erwarteten Realisierungen von Werten und Zielen gewonnen. De Jong und Fawcett nennen in ihrer Werterwartungstheorie sieben Kategorien von migrationsrelevanten Werten und Zielen: Wohlstand, Status, Bequemlichkeit, Anregung, Autonomie, Beziehungen und Moralität.[61] Indem das Spektrum migrationsrelevanter Faktoren auch die Kategorie der persönlichen Beziehungen umfasst, gelingt es der Werterwartungstheorie, die für den Familiennachzug entscheidende Migrationsmotivation zu erfassen.

> „Affiliation refers to the value of being with other persons, in connection with or as a result of migration. Broadly, it can refer to „joining friends or family" as a reason for migration. In many cases this reason may disguise other values, i.e., affiliation with others may be a facilitating factor in migration to satisfy different personal goals. In some cases, though, affiliation is the main motive for migration: to get married, to accompany a spouse, to join close friends or relatives who had migrated earlier."[62]

In Unterscheidung zu den Makrotheorien der Migration gelingt es den Werterwartungstheorien, das Motiv des familialen Zusammenlebens als Migrationsgrund adäquat zu erfassen. Dies geschieht dadurch, dass das individuelle Kalkül der Entscheidungsfindung zur Migration ein breites Spektrum an migrationsrelevanten Faktoren in Betracht zieht.

Obwohl die Werterwartungstheorie primär auf die Mikroebene zielt, kann sie makrostrukturelle Faktoren in ihrer Relevanz für den Prozess der individuellen Entscheidungsfindung integrieren. Die individuelle Bewertung des an einem bestimmten Ort zu erwartenden Netto-Nutzens ist auch wesentlich durch geografische, ökonomische und soziale Makrofaktoren bestimmt. Somit lässt sich bei der Werterwartungstheorie der Einfluss von Faktoren, welche in makrotheoretischen Migrationstheorien als ausschlaggebend erscheinen, rekonstruieren.[63]

Vor diesem Hintergrund ist jede Migrationsentscheidung als eine Entscheidung zu interpretieren, welche nicht monokausal induziert ist. Vielmehr fließen in sie vielfältige Werte und Ziele zusammen mit der Einschätzung ihrer Realisierungswahrscheinlichkeit im Zielland mit ein. Für die Migrationsform des

---

[61]Wealth, Status, Comfort, Stimulation, Autonomy, Affiliation, Morality. Vgl. De Jong/ Fawcett, Motivations for Migration, S. 49-51.

[62]De Jong/Fawcett, Motivations for Migration, S. 51.

[63]Vgl. Kalter, Zur Rationalität von Wanderungsentscheidungen, S. 130-131; Gardner, Macrolevel Influences on the Migration Decision Process.

Familiennachzugs als menschenrechtlich begründeter und rechtsstaatlich institutionalisierter Nachzugsmöglichkeit bedeutet dies, dass im Regelfall nicht davon auszugehen ist, der Wunsch der Familienmitglieder auf Wiederherstellung des gemeinsamen Familienlebens sei der einzige relevante Migrationsgrund. Zu widersprechen sind nach dieser Theorie jedoch auch Thesen, welche allgemein davon ausgehen, dass das Recht auf Familiennachzug hauptsächlich zum Zwecke der Wohlstandsmehrung ausgeübt werde.[64] Die Werterwartungstheorie liefert keine abschließenden Aussagen darüber, welches der Motive letztlich ausschlaggebend für eine Migrationsentscheidung ist, die im Zielland in eine Aufenthaltserlaubnis zum Familiennachzug mündet. Es ist Aufgabe des folgenden Kapitels dieser Arbeit zu zeigen, dass es gute Gründe gibt, dem Wert des familialen Zusammenlebens bei der Migrationsentscheidung eine große Bedeutung zuzumessen.

Als Ergebnis der bisherigen Ausführungen kann festgehalten werden, dass sich im Unterschied zu den rein makrotheoretischen Zugängen die Werterwartungstheorie als geeignet erweist, den spezifischen Migrationsgrund des Wunsches nach Familienzusammenführung theoretisch zu erfassen. Zusätzlich weitet sie methodisch den Blick auf ein breites Spektrum an migrationsbedingenden Faktoren, welche wesentlich durch die Familienverhältnisse, in welche das jeweilige Individuum eingebettet ist, bestimmt werden. Die Migrationsentscheidung wird eben nicht von einem atomistisch isolierten Individuum getroffen, sondern von einer Person, welche in der Regel in ein familiales Sozialgefüge eingebunden ist.

Sarah F. Harbison hat den Nachweis geführt, in welch vielfältiger Weise die familiale Einbettung die Migrationsentscheidung der Einzelnen fundamental beeinflussen kann.[65] Indem die Familie das Bindeglied zwischen dem Einzelnen und der Umwelt bzw. dem Einzelnen und der Gesellschaft darstellt, kommen ihr drei potenziell migrationsrelevante Funktionen zu. Die Familie fungiert als

---

[64]Obwohl T. Müller-Schneider den Wunsch auf gemeinsames Familienleben als wichtigen Migrationsgrund anerkennt, folgert er nach differenzierter Analyse des Familiennachzugs aus wenig entwickelten Ländern in westliche Länder generalisierend: „Die Dynamik der Familienzusammenführung kam dann dadurch in Gang, daß mehr und mehr Zuwanderungswillige die gegebenen Gelegenheiten zu nutzen begannen, um an den westlichen Konsum- und Lebensmöglichkeiten, dem hauptsächlichen Ziel bei der neuen Zuwanderung, teilhaben zu können." Müller-Schneider, Zuwanderung in westliche Gesellschaften, S. 247.

[65]Harbison, Familiy Structure and Family Strategy in Migration Decision Making.

Subsistenz-Einheit, als Sozialisationsinstanz und als soziales Netzwerk.[66] Die Art und Weise, wie diese Funktionen durch die Familienstruktur geprägt sind, erweist sich als einflussreich auf die Migrationsentscheidungen der Familienmitglieder.

In Agrargesellschaften stellt die Familie häufig eine Subsistenz-Einheit dar, welcher die grundlegende Versorgung der Familienmitglieder obliegt. Oft handelt es sich dabei um Großfamilien. Um diese Funktion nachhaltig übernehmen zu können, wird den Nachkommen ein bestimmtes erwartetes Migrationsverhalten zugewiesen. In vielen Agrargesellschaften wird das Land vorrangig den Söhnen vererbt. Dies führt zu einer dauerhaften Sesshaftigkeit der Landerben und fordert die Migrationsbereitschaft der Nachkommen, welche nicht erbberechtigt sind und deren Versorgung durch das Familienerbe nicht gewährleistet werden kann. Oft führt dies zur Heiratsmigration der Töchter und zur Arbeitsmigration der nicht erbberechtigten Söhne. Besteht jedoch die Möglichkeit, den Ertrag der landwirt-schaftlichen Anbaufläche zu steigern, ist ein Wegzug von Familienangehörigen weniger zwingend. Gleiches gilt, wenn die nicht versorgten Familienmitglieder am Ort eine Lohnarbeit aufnehmen können. Die Familie als Subsistenz-Einheit hat somit großen Einfluss auf die Migrationsentscheidung der einzelnen Fami-lienmitglieder. Je begrenzter die Familien-Ressourcen und ortsnahen Erwerbs-optionen sind, desto höher wird die Migrationsneigung der nichtversorgten Familienmitglieder sein.[67]

Als Sozialisationsinstanz vermittelt die Familie in besonderer Weise hand-lungsleitende Einstellungen, Wertvorstellungen und Glaubensüberzeugungen von Generation zu Generation. Obwohl es Unterschiede in der Sozialisation zwischen den Gesellschaften und innerhalb einer Gesellschaft gibt, lässt sich jedoch allge-mein feststellen, dass die Entscheidung zur Migration von sozialen Einstellungen, Normen und Werten beeinflusst wird. Gesellschaften, bei denen die Migration eine bedeutende Rolle spielt, entwickeln Standards für das angemessene und erwartete Verhalten von Auswanderern. Potenzielle Migranten werden durch die familiale Sozialisation darauf vorbereitet, dass ihre Rechte und Verpflichtungen gegenüber der (Groß-) Familie nicht mit der Migration hinfällig werden. Trotz der räumlichen Trennung bleiben die familialen Verbindungen bestehen. Die Kos-ten der Migration werden von der gesamten Familie getragen und es wird erwar-tet, dass der im Ausland erzielte Lohn dem gemeinsamen Familieneinkommen

---

[66]Vgl. Harbison, Familiy Structure and Family Strategy in Migration Decision Making, S. 238.

[67]Vgl. Harbison, Familiy Structure and Family Strategy in Migration Decision Making, S. 238-241.

zugeführt wird. Indessen darf der Migrant auf die Unterstützung durch andere, sich schon am Zielort befindende Familienmitglieder rechnen. Somit erweisen sich mannigfaltige Verpflichtungen und Ansprüche gegenüber der Familie als ein wesentlicher Faktor für die Migrationsentscheidung der Familienmitglieder.

Weiter ist die Familie als soziale Gruppe und soziales Netzwerk von großem Einfluss auf die Entscheidung ihrer Mitglieder bezüglich der Sesshaftigkeit oder Migration. Die häufig zu beobachtende Bildung von Familienkolonien in Einwanderungsländern lässt sich darauf zurückführen. Bereits emigrierte Mitglieder der Großfamilie sind in der Lage, verlässliche Informationen über die Chancen und Risiken am Zielort der potenziellen Migration zu liefern. Die mit jeder Migration verbundenen Unsicherheiten über die tatsächlichen Verhältnisse am Zielort lassen sich damit erheblich reduzieren. Zusätzlich wird eine Migration dadurch begünstigt, dass die Neuankömmlinge auf die Unterstützung durch die sich schon seit längerem am Zielort befindenden Familienmitglieder rechnen können. Dies führt dazu, dass schon im Ausland etablierte Familienmitglieder die Migrationsentscheidung anderer Angehöriger begünstigen, den Zielort bestimmen und somit oft das Phänomen der Kettenmigration zu beobachten ist.[68]

Zusammenfassend lässt sich feststellen, dass durch die Werterwartungstheorie der Familie bei der Modellierung von Wanderungsbewegungen in zweierlei Art bedeutender Einfluss auf die Migrationsentscheidung zugemessen wird. Zum einen prägen die familialen Verhältnisse die mit einer Migrationsentscheidung verbundene individuelle Werterwartung über das ganze Spektrum der migrationsrelevanten Faktoren, zum anderen ist das häusliche Zusammenleben mit der Familie selbst ein eigenes Migrationsziel.

Gegen die entscheidungstheoretische Erklärung von Migration durch die Werterwartungstheorie werden jedoch auch Einwände erhoben. Dabei lassen sich zwei Kernfelder der Kritik ausmachen.[69] So wird zum einen generell in Frage gestellt, dass Individuen bei der Frage der Migration eine erschöpfende rationale wertmaximierende Entscheidung treffen oder treffen können. Der zweite, für die Themenstellung dieser Untersuchung relevantere Kritikansatz zielt daraufhin ab, dass die Migrationsentscheidung letztlich nicht von einem Individuum, sondern von einer sozialen Gruppe, insbesondere von der Familie, getroffen wird.

---

[68]Vgl. Harbison, Familiy Structure and Family Strategy in Migration Decision Making, S. 244-245.
[69]Vgl. Haug, Soziales Kapital und Kettenmigration, S. 34-35; Kalter, Zur Rationalität von Wanderungsentscheidungen, S. 131.

Im Folgenden soll zuerst kurz auf die Infragestellung der Rationalität der Migrationsentscheidung eingegangen werden. Die grundsätzlichste Kritik an der Werterwartungstheorie wird von Handlungstheorien formuliert, welche nicht auf der Prämisse des homo teleologicus basieren und somit menschliches Entscheidungsverhalten nicht primär von seiner Zielorientierung her verstehen. Als Beispiel einer solchen Theorie kann die Theorie des kreativen Handelns von Hans Joas gelten.[70] Joas stellt dabei vor allem das Ziel-Mittel-Schema der Werterwartungstheorie infrage, welches davon ausgeht, dass der Akt der Entscheidungsfindung von der Durchführung einer Handlung streng zu unterscheiden sei. Im Gegensatz dazu formuliert er die These, dass Handlungen nicht lediglich darauf zielen, Werterwartungen zu erfüllen, sondern ihrerseits selbst neue Werterwartungen induzieren. Ein genealogischer Vorrang der Werterwartung vor der dazu korrespondierenden Handlung wird somit zugunsten einer gegenseitigen Verwiesenheit abgelehnt. Eine Reziprozität von Werterwartung und Handlung nicht generell ausschließend, verweisen Vertreter der Werterwartungstheorie auf die offensichtlichen Erfolge bei der empirischen Erklärung und Prognose von Migrationsbewegungen. Zusätzlich wird darauf hingewiesen, dass gerade im Bereich der Migrationsentscheidung die teleologischen Voraussetzungen der Werterwartungstheorie als gegeben angenommen werden können. Studien konnten den Nachweis führen, dass die Migrationsentscheidung meist das Ergebnis eines lange andauernden Abwägungsprozesses ist, in welchem die Vor- und Nachteile einer Migration beharrlich miteinander verglichen werden.[71] Wird demnach bei der Migrationsentscheidung den Akteuren eine prinzipiell teleologische Disposition zuerkannt, so ist noch die Frage zu klären, weshalb so viele Menschen bei Befragungen angeben, noch nie eine Migration in Erwägung gezogen zu haben. Dies scheint im Widerspruch zu einem Verständnis der Migrationsentscheidung als einem rationalen nutzenmaximierenden Werterwartungskalkül zu stehen, dessen Grundlage der permanente Vergleich unzähliger Migrationsalternativen bildet.

Ein weithin akzeptierter Ansatz zur Erklärung dieses Phänomens greift auf das Zufriedenheits- bzw. Stress-Anpassungskonzept von Julian Wolpert zurück. Diesem liegt die Idee zugrunde, dass Akteure bei ihrer Handlungsentscheidung kein „maximizing", sondern eher ein „satisficing" betreiben.[72] Demnach zielt die

---

[70]Vgl. Joas, Die Kreativität des Handelns; Scheule, Gut entscheiden - eine Werterwartungstheorie theologischer Ethik, S. 43-45.

[71]Vgl. De Jong/Fawcett, Motivations for Migration, S. 46.

[72]Vgl. Haug, Soziales Kapital und Kettenmigration, S. 34-35; Kalter, Wohnortwechsel in Deutschland, S. 73; Kalter, Zur Rationalität von Wanderungsentscheidungen, S. 132-135; Scheule, Gut entscheiden - eine Werterwartungstheorie theologischer Ethik, S. 41-42.

individuelle Entscheidung nicht darauf, die beste aller möglichen Handlungsalternativen zu wählen, sondern eine, die das Erreichen eines bestimmten individuellen Anspruchsniveaus verspricht. Es wird vorausgesetzt, dass erst dann andere Handlungsalternativen in Betracht gezogen werden, wenn der Wert der aktuellen Situation unter einen durch dieses Anspruchsniveau gekennzeichneten Schwellenwert sinkt. Auf den Bereich der Migrationsentscheidung bezogen bedeutet dies, dass erst dann, wenn die Situation am bisherigen Wohnort den eigenen Ansprüchen nicht mehr genügt, Erwägungen zur Änderung des Wohnortes getroffen werden. Somit lässt sich erklären, weshalb sich sehr viele Menschen nachweislich nicht mit Fragen der Migration beschäftigen.

Der Ansatz des „satisficing" stellt jedoch keinen Widerspruch zur Werterwartungstheorie dar. Er lässt sich sogar besonders gut durch diese erklären. Dies kann dadurch geschehen, indem man annimmt, dass vor der eigentlichen Entscheidung über eine Migration eine Art Meta-Entscheidung darüber getroffen wird, ob überhaupt nach Alternativen Ausschau gehalten werden soll. Diese Frage wird nur dann positiv beantwortet werden, wenn der dabei zu erwartende Erfolg einen Ausgleich der zur Suche und Entscheidung notwendigen Investitionen in Zeit und Geld entspricht.[73]

Zusammenfassend lässt sich feststellen, dass auch in Anbetracht kritischer Infragestellungen die Werterwartungstheorie als rationale nutzenmaximierende Entscheidungstheorie geeignet erscheint, die Migrationsentscheidung Einzelner zu modellieren. Im Folgenden soll der Kritik an der Werterwartungstheorie nachgegangen werden, wonach diese die Migrationsentscheidung entgegen den tatsächlichen Gegebenheiten als individuellen Akt modelliere.

3.3 Migrationstheorien und Familie

Erkenntnisse aus der Neuen Ökonomie ließen Zweifel daran aufkommen, dass es sich, wie es die Werterwartungstheorie annimmt, bei der Migrationsentscheidung primär um die Entscheidung eines Individuums handelt. Mikroökonomische Migrationstheorien setzen als notwendige Bedingung einer Migration einen erwarteten positiven monetären Netto-Nutzen voraus. Diese Voraussetzung wird unabhängig davon, ob es sich um eine Binnenmigration oder internationale Migration handelt, eingeführt. Bei der Auswertung empirischer Migrationsdaten

---

[73]Vgl. Kalter, Zur Rationalität von Wanderungsentscheidungen, S. 133-135.

stellte sich jedoch heraus, dass viele Migranten eine Wanderung vollzogen, obwohl sie sich davon persönlich keinen Netto-Nutzen erhoffen durften. Besonders deutlich zeigte sich dies bei migrierten Ehefrauen, deren Einkommenssituation sich durch die Migration eindeutig verschlechterte. Dieses Phänomen wurde erst dadurch theoretisch erklärbar, indem bei der Migrationsentscheidung die Bezugsgröße des monetären Netto-Nutzens von einzelnen Individuen auf den gesamten Familienhaushalt ausgeweitet wurde.

Jacob Minzer leitete in den 1970er Jahren diesbezüglich einen Paradigmenwechsel in der Migrationsforschung ein, indem er die Familie statt das Individuum als Träger der Migrationsentscheidung postulierte.[74] Er geht bei seiner Studie von der Annahme aus, dass jeweils die gesamte Familie wandern wird, da die Migration nur eines Familienmitglieds die Auflösung der Familie zur Folge hätte. Unter dieser Annahme kommt Mincer zu der Folgerung, dass eine Migration sich für die Familie als ökonomisch sinnvoll erweisen kann, auch wenn einzelne Familienmitglieder davon individuelle finanzielle Nachteile zu gewärtigen haben. Empirisch bestätigt sind beim Wanderungsverhalten von Ehepaaren häufig Nachteile für die Karriere der Ehefrau.[75] Eine Migration stellt nach diesem Theoriemodell dann eine ökonomisch sinnvolle Strategie einer Familie dar, wenn der Netto-Nutzen des Familienhaushalts positiv prognostiziert wird. Auch wenn sich Mincers Prämisse, dass die gesamte Familie migriere, bei der internationalen Migration in Unterscheidung von der Binnenmigration aufgrund der empirischen Daten nicht aufrechterhalten ließ, entwickelte sich aus seinem Ansatz, dass Familien bzw. Haushalte die Träger der Migrationsentscheidung seien, die sogenannte Neue Ökonomische Migrationstheorie oder Neue Ökonomie der Migration.[76] Diese Theorien gehen davon aus, dass im Regelfall nicht die gesamte Familie, sondern lediglich einzelne Familienmitglieder migrieren. Die Neue Ökonomische Migrationstheorie gründet diese Migrationsentscheidung nicht auf dem individuellen Kosten-Nutzen-Kalkül des Arbeitsmigranten, sondern auf dem aggregierten Kosten-Nutzen-Kalkül der Familie des Arbeitsmigranten. Die Migration eines Familienmitglieds erfolgt somit, um das Gesamthaushaltseinkommen der Familie zu erhöhen und durch Diversifizierung das Risiko von Einkommensausfällen zu reduzieren. Die Familie verhält sich dabei strategisch und ökonomisch

---

[74]Vgl. Mincer, Family Migration Decisions.

[75]Vgl. Kalter, Wohnortwechsel in Deutschland, S. 55-56.

[76]Vgl. Haug/Sauer, Bestimmungsfaktoren internationaler Migration, S. 15; Steinmann, Makroökonomische Ansätze zur Erklärung von internationalen Migrationsprozessen, S. 38.

sinnvoll, indem sie ihr Einkommen über mehrere Orte bzw. Länder verteilt, um durch Geldüberweisungen das Einkommen zu erhöhen und das Einkommensausfallrisiko zu senken.[77] Wird Migration als Familienentscheidung verstanden, kann unter dem Gesichtspunkt der Risikodiversifizierung selbst dann eine Migration eines Familienmitglieds sinnvoll erscheinen, sollte es auch dadurch selbst eigene Lohneinbußen in Kauf nehmen müssen. Empirische Studien, welche das Migrationsverhalten vor allem in Agrarökonomien untersuchen, belegen diesen Sachverhalt. Die Orientierung der individuellen Migrationsentscheidung am Gesamtwohl der Familie steht für sich genommen in keinem Widerspruch zum Ansatz der Werterwartungstheorie. Vielmehr kann gerade diese Theorie den Wert des Wohlergehens anderer Familienmitglieder in das individuelle Entscheidungskalkül integrieren. Gewichtiger ist das Argument, die Migrationsentscheidung werde nicht vom migrierenden Individuum selbst, sondern von der Familie getroffen. Wanderungen von Familienmitgliedern, welche von der Familie gegen den Willen und das Interesse des Migranten beschlossen und initiiert werden, können tatsächlich von der Werterwartungstheorie systemisch nicht erfasst werden.

Einen Fortschritt bringt hier die neuere Entwicklung in der Migrationsforschung, welche Migration zunehmend aus der Relevanz intermediärer Einheiten, wie Familien, Haushalten und Migranten-Netzwerken zu erklären versucht.[78] Dabei wird zur Erklärung der Migrationsentscheidung neben der Makro- und Mikroebene eine dritte Dimension, die Mesoebene der relationalen Beziehung in den Mittelpunkt gerückt.[79] Die Sozialeinheit Familie spielt dabei mit ihren starken sozialen Beziehungen eine herausragende Rolle. So erschließen sich über diese sozialen Beziehungen den Familienmitgliedern durch intensive Transaktionen fundamentale Ressourcen, wie Geld, Information, Autorität, Verpflichtungen, Erwartungen, Reziprozität und Solidarität.[80] Migrationsentscheidungen einzelner Familienmitglieder sind systematisch auf den Familienkontext verwiesen und werden oftmals maßgeblich von diesem bestimmt. Dies lässt sich selbst in den Fällen konstatieren, in denen Familienmitglieder migrieren, um einen Bruch mit den familialen Beziehungen herbeiführen zu können.

---

[77]Vgl. Stark/Bloom, The New Economics of Labor Migration, S. 174-175; Stark, The Migration of Labor, S. 3.

[78]Vgl. Geisen, Multilokale Existenzweisen von Familien im Kontext von Migration, S. 30-44; Faist, Migration und der Transfer sozialen Kapitals.

[79]Vgl. Geisen, Multilokale Existenzweisen von Familien im Kontext von Migration, S. 35.

[80]Vgl. Faist, Migration und der Transfer sozialen Kapitals, S. 72-73.

Empirische Daten belegen vielfach, dass über die Kernfamilie mit ihren starken Bindungen hinaus generell soziale Netzwerke auf die Migrationsentscheidung großen Einfluss besitzen. Erst durch den strukturellen Einbezug von sozialen Netzwerken und unter Zuhilfenahme des Konzepts des sozialen Kapitals wird es möglich, das bedeutsame und häufig zu beobachtende Phänomen der Kettenmigration erklären.[81] Zusammenfassend lässt sich festhalten, dass der Einbezug der Mesoebene der sozialen Beziehungen darauf verweist, dass die Entscheidung über Migration in der Regel nicht solipsistisch, sondern in sozialen Bindungen innerhalb der intermediären Institutionen wie Familien, Nachbarschaften oder Firmen getroffen werden.[82] „Migration ist also ein soziales Produkt, das nicht allein aus der Entscheidung eines individuellen Akteurs, oder allein aus politischen oder ökonomischen Faktoren erklärt werden kann, vielmehr ist sie ein Ergebnis der Interaktion all dieser Faktoren."[83]

Im Zuge der Betonung der Bedeutung familialer Bindungen bei der Erklärung von internationaler Migrationsbewegungen gewann Anfang der 1990er Jahre auch der Ansatz des Transnationalismus an Bedeutung. Dieser geht von der Prämisse auf, dass Migrationen neue soziale Netzwerke entstehen lassen oder an bestehende anknüpfen. Weiter wird die Annahme getroffen, dass „Migrationen keine einseitig gerichteten Verläufe nehmen, wie sie etwa im Rahmen traditioneller Migrationsvorstellungen mit den push-pull-Modellen konzipiert wurden. Vielmehr finden Pendelbewegungen und Mobilität innerhalb von transnationalen Netzwerken statt."[84] Familiale Beziehungen können sich vielfältig auf die Migrationsentscheidungen auswirken. Sie können zum Vollzug des Familiennachzugs führen, zur dauerhaften Trennung der Gemeinschaft der Kernfamilie oder auch zur Remigration zur Wiederherstellung des ursprünglichen Familienhaushalts im Herkunftsland.

Die theoretische Modellierung von Migrationsprozessen liefert sowohl durch die Werterwartungstheorie als auch durch Theorien, welche auf die Mesoebene zielen, die Einsicht, dass familiale Bindungen ein wesentliches Element bei der Entscheidung zur Migration, Remigration oder Sesshaftigkeit darstellen. Diese Erkenntnis erweist sich für das richtige Verständnis der Migrationsform des

---

[81]Vgl. Haug, Soziales Kapital und Kettenmigration, S. 15-18, 38-42; Haug/Sauer, Bestimmungsfaktoren internationaler Migration, S. 22-25.

[82]Vgl. Faist, Migration und der Transfer sozialen Kapitals, S. 73.

[83]Geisen, Multilokale Existenzweisen von Familien im Kontext von Migration, S. 38.

[84]Geisen, Multilokale Existenzweisen von Familien im Kontext von Migration, S. 39.

Familiennachzugs von entscheidender Bedeutung. Es ist dabei davon auszugehen, dass jede Migrationsentscheidung mit direktem Bezug zur Familie des Migranten getroffen wird. Die Migration einzelner Familienmitglieder betrifft die ganze Familie und wird im Familienverbund entschieden. Davon ist im Regelfall auch dann auszugehen, wenn einzelne Familienmitglieder zum Zwecke des Lohnerwerbs migrieren. Die starken sozialen Beziehungen zwischen den Familienmitgliedern werden in der Regel auch über längere Zeiten der räumlichen Trennung hinweg aufrechterhalten. Häufig wird sich jedoch auch für die Migration zur Familienzusammenführung entschieden. Im Jahre 2008 waren 29 Prozent der in Deutschland lebenden Zuwanderer als Kind, Elternteil oder Ehegatte zu ihren Verwandten in Deutschland nachgereist.[85]

Es soll Aufgabe des folgenden Kapitels sein, die Bedeutung der Zuwanderung zum Zwecke der Familieneinheit sowohl für die Familien als auch die Aufnahmegesellschaft unter familiensoziologischer Perspektive zu untersuchen.

---

[85]Vgl. Büttner/Stichs, Die Integration von zugewanderten Ehegattinnen und Ehegatten in Deutschland, S. 30.

Das Leben in Ehe und Familie aus familiensoziologischer Perspektive

Das Recht auf Ehegatten- und Familiennachzug gründet im Menschenrecht des Schutzes von Ehe und Familie, welches im Grundgesetz der Bundesrepublik Deutschland in Artikel 6 Niederschlag gefunden hat.[1] Die Begründung des grundrechtlich garantierten Schutzes von Ehe und Familie ist in mehrfacher Weise möglich. In der katholischen Soziallehre wird die fundamentale Bedeutung von Ehe und Familie und der daraus zu folgernde Schutz traditionell schöpfungstheologisch anthropologisch begründet.[2] In dieser Arbeit soll der Versuch unternommen werden, den Schutz von Ehe und Familie aus soziologischer Perspektive zu erschließen. Dies soll in zwei Schritten erfolgen. Im ersten Schritt soll im Sinne einer historisch orientierten Soziologie der Nachweis geführt werden, dass die Institutionen Ehe und Familie, so wie sie im Artikel 6 des Grundgesetzes der Bundesrepublik Deutschland rechtlich institutionalisierte Anerkennung und Schutz finden, Ergebnis eines innovativen geschichtlichen Prozesses sind, welcher mit der Entwicklung der modernen Gesellschaft verwoben ist. Im zweiten Schritt sollen in einer soziologischen Analyse, Bezug nehmend auf die Theorie

---

[1] Vgl. Henrich, „Ehe und Familie stehen unter dem besonderen Schutz der staatlichen Ordnung", S. 21.

[2] „So entsteht durch den personal freien Akt, in dem sich die Eheleute gegenseitig schenken und annehmen, eine nach göttlicher Offenbarung feste Institution, und zwar auch gegenüber der Gesellschaft. Dieses heilige Band unterliegt im Hinblick auf das Wohl der Gatten und der Nachkommenschaft sowie auf das Wohl der Gesellschaft nicht mehr menschlicher Willkür." Zweites Vatikanisches Konzil, Pastorale Konstitution über die Kirche in der Welt von heute (Gaudium et Spes), Art. 48; vgl. auch: Päpstlicher Rat für Gerechtigkeit und Frieden, Kompendium der Soziallehre der Kirche, Nrn. 215, 221; Schockenhoff, Das kirchliche Leitbild von Ehe und Familie und der Wandel familialer Lebenslagen, S. 291; Kasper, Das Evangelium von der Familie, S. 17.

© Springer Fachmedien Wiesbaden GmbH 2018
W. Lingl, *Der Familiennachzug in die Bundesrepublik Deutschland*,
https://doi.org/10.1007/978-3-658-19640-0_4

funktionaler Differenzierung in modernen Gesellschaften, die genuinen Aufgaben und Leistungen von Ehe und Familie dargestellt werden. Es wird sich zeigen, dass die von Ehe und Familie geleisteten Funktionen sowohl für die Individuen als auch für die Stabilität und das Fortbestehen der modernen Gesellschaft unerlässlich und weitestgehend nicht durch andere Institutionen substituierbar sind. Dieser Ansatz entspricht der verfassungsrechtlichen Kommentierung des Art. 6 des Grundgesetzes, wonach Ehe und Familie vom Grundgesetz „um ihrer Funktionen willen" geschützt werden.[3] Durch die Bezugnahme auf die Erkenntnisse des umfangreichen Forschungsfeldes der Familiensoziologie kann die wissenschaftliche und gesellschaftliche Plausibilität des grundgesetzlich verbürgten und lehramtlich naturrechtlich deduzierten Schutzes von Ehe und Familie verstärkt werden. Weiter wird der Nachweis erbracht, dass die Ehen und Familien von Migranten im Allgemeinen diese Funktionen in besonderem Maße erfüllen.

4.1   Ehe und Familie aus soziologischer Perspektive

4.1.1   Begriffsklärungen

Das erste Verständnis der Begriffe Ehe und Familie erschließt sich aus ihrem Gebrauch im Alltag. Dabei wird dieses Begriffspaar sowohl im privaten als auch im öffentlichen Bereich jedoch oft analog und damit uneindeutig verwendet. Der intuitive Zugang zu den Begriffen Ehe und Familie bietet keine ausreichende Grundlage für eine wissenschaftlichen Anforderungen genügende Begriffsklarheit. Ehe und Familie sind Gegenstand multidisziplinärer Forschung und es gibt eine Vielzahl dieses Themengebiet betreffende Veröffentlichungen. Im Folgenden soll eine für die sozialethische Untersuchung des Familiennachzugs hinreichende Klärung und Abgrenzung der Begriffe erfolgen. Dabei wird grundlegend davon ausgegangen, dass die Ehe eine auf Dauer gestellte Beziehung zweier geschlechtsverschiedener Personen darstellt, welche sich in einer Leibes- und Wohngemeinschaft realisiert und die öffentlich anerkannt ist.[4] Bildet bei der Ehe die Beziehung zwischen den Ehepartnern die Grundlage, so konstituiert sich die

---

[3]Vgl. Robbers, Grundgesetz Artikel 6, Art. 6 Rdnr. 31, 32, 82, 85.
[4]Vgl. Hilpert, Ehe als Lebensform von Liebe, S. 227.

Familie in der Beziehung zwischen Eltern und Kindern. So wird folgend unter Familie eine intergenerationale personale Lebens- und Wohngemeinschaft verstanden.[5]

4.1.2   Die zunehmende Entkoppelung von Ehe und Familie und die Pluralisierung der Lebensformen

Das Recht auf Familiennachzug muss seinen Anspruch in einer Zeit erweisen, in welcher die Institutionen Ehe und Familie sowohl empirisch als auch normativ in der Gesellschaft nicht mehr selbstverständlich sind und hinterfragt werden. Vor dem Hintergrund der zunehmenden Etablierung pluraler Lebensformen in der Gesellschaft gibt es Bestrebungen, die generelle Bedeutung von Ehe und Familie zu relativieren und die Aufgabe des Schutzes derselben durch den Staat in Frage zu stellen.

Über viele Jahrzehnte hinweg erschien dagegen die Zuordnung von Ehe und Familie als unproblematisch, da das Ideal der bürgerlichen Familie, deren Zentrum die Ehe mit Kindern darstellte, gesellschaftlich nicht hinterfragt und von dem überwiegenden Teil der Bevölkerung gelebt wurde. Die Eheschließung war in eine klar sequenzierte Serie von Statusübergängen eingebunden und stellte mit der Aufnahme sexueller Aktivität, der Ausrichtung auf Elternschaft, dem Verlassen der Herkunftsfamilie und der Begründung eines eigenen Haushalts den Übertritt in das Erwachsenensein dar.[6] Unter Bezugnahme auf naturrechtliche Argumentationslinien wurde eine auf Gegenseitigkeit beruhende innere Verwiesenheit von Ehe und Familie konstatiert. Nach dieser Überzeugung führte die Ehe naturgemäß zur Familie, wohingegen die Familie eine Ehe als unabdingbare Grundlage hatte. Daraus folgte ein Eheverständnis, welches auf Nachkommenschaft und damit auf Familie hin ausgerichtet war. Dem korrespondierte ein Familienverständnis, nach welchem die Familie eine durch Ehe begründete, natürliche Lebensgemeinschaft eines monogamen Ehepaars und seiner Kinder sei.[7]

---

[5]Vgl. Gruber, Familie und christliche Ethik, S. 65; eine detaillierte Diskussion des Familienbegriffs liefern Marschütz, Familie humanökologisch, S. 203-215; Heut, Familienleitbilder, S. 275-295.

[6]Vgl. Furstenberg, Die Entstehung des Verhaltensmusters »sukzessive Ehen«, S. 76; Lenz, Familie - Abschied von einem Begriff?, S. 492.

[7]Vgl. Kaufmann, Artikel Ehe und Familie, Sp. 96; König, Materialien zur Soziologie der Familie, S. 95; Schwab, Artikel Familie, S. 253.

Von einer Koinzidenz zwischen Ehe und Familie gingen auch die Mütter und Väter des Grundgesetzes der Bundesrepublik Deutschland aus. Für sie waren Ehe und Familie nahezu identische Erscheinungen. „Der Verfassungsgeber ging von der traditionellen Vorstellung aus, dass Mann und Frau heiraten, wenn sie zusammen leben wollen, und Kinder grundsätzlich aus einer Ehe hervorgehen. Der Idealtypus des Regelungsmodells von Art. 6 GG bei seiner Entstehung im Jahre 1949 war die bürgerliche Kleinfamilie mit der traditionellen Rollenverteilung zwischen männlichem Ernährer und der weiblichen Hauswirtschafterin. In den 50er und 60er Jahren war dieses Verfassungsideal auch die dominante Ehe- und Familienform in der sozialen Realität."[8] Diese Realität hat sich in den letzten Jahrzehnten grundlegend geändert. Die Ehe verlor ihre Monopolstellung, das Zusammenleben von Mann und Frau zu regeln. Neben der Ehe gewannen seit den 1970er Jahren nichteheliche Paarbeziehungen immer mehr an Bedeutung und gesellschaftlicher Akzeptanz.[9] Weiterhin ist die vormals sehr enge Verbindung von Ehe und Familie in Frage gestellt. Empirische Daten belegen, dass nicht mehr selbstverständlich davon ausgegangen werden kann, dass eine Eheschließung den Willen zur Nachkommenschaft impliziert. Zunehmend wird der Eigenwert der Ehe als monogamer, auf Dauer angelegter Lebensform anerkannt und von dem Thema der Familiengründung entkoppelt.[10] Auf der Seite der Generationenfolge hat diese Entkoppelung zu einer Pluralisierung familialer Lebensformen geführt.[11] Die moderne bürgerliche Familie als Haushaltsgemeinschaft eines verheirateten Ehepaars mit seinen unmündigen Kindern hat in der Empirie immer noch eine große Bedeutung, jedoch ihre Monopolstellung eingebüßt. Unverheiratete Paare mit Kindern, Alleinerziehende, Patchworkfamilien mit multiplen Elternschaften sind alternative familiale Lebensformen, welche zunehmend an Akzeptanz und Bedeutung gewinnen.[12] Zusammenfassend lässt sich seit 1965 empirisch der Trend feststellen, dass die Lebensformen von Ehe und Familie zunehmend ihre Monopolstellung verlieren und sich die gegenseitige Verwiesenheit von Ehe und Familie vermindert.[13]

---

[8]Nesselrode, Das Spannungsverhältnis zwischen Ehe und Familie, S. 27.

[9]Vgl., Burkart, Familiensoziologie, S. 181; Schockenhoff, Das kirchliche Leitbild von Ehe und Familie und der Wandel familialer Lebenslagen, S. 292-293.

[10]Vgl. Lenz, Familie - Abschied von einem Begriff?, S. 492.

[11]Vgl. Marschütz, Familie humanökologisch, S. 139-145.

[12]Vgl. Kaufmann, Zukunft der Familie, S. 99-101; Peuckert, Familienformen im sozialen Wandel, S. 23-28.

[13]Vgl. Peuckert, Familienformen im sozialen Wandel, S. 30.

Es gibt jedoch gute Gründe zu bezweifeln, dass mit dieser Entkoppelung von Ehe und Familie und dem zahlen- und anteilsmäßigen Verlust auch eine Minderung der Bedeutung von Ehe und Familie als Institutionen einhergeht.

4.1.3   Ehe und Familie als Institutionen

Im alltäglichen Sprachgebrauch werden die Begriffe Ehe und Familie oft undifferenziert verwendet. Einerseits können Ehe und Familie Gemeinschaften mit dauerhaften und engen Bindungen zwischen ihren Mitgliedern bezeichnen, andererseits können Ehe und Familie auf das Zusammenleben zwischen den Geschlechtern und Generationen in einem abstrakten Sinne zielen. Eine ethisch hinreichende Reflexion dieser Thematik erfordert aus diesem Grunde ein semantische Konkretisierung der Begriffe Ehe und Familie. „Jedes systematische Nachdenken über Familie muß eine grundlegende Unterscheidung berücksichtigen, [...], nämlich die Unterscheidung von Familie als Gruppe und von Familie als institutionellem Komplex."[14] Eine einzelne Familie bildet eine soziale Gruppe, einen konkreten, erfahrbaren Lebenszusammenhang durch Ehe oder genetische Verwandtschaft eng verbundener Personen. Die Familien in einer Gesellschaft lassen sich hinsichtlich ihrer Größe, Zusammensetzung, Lebensgewohnheiten etc. typisieren und mit Hilfe der Demografie analysieren. Hiervon ist ein normatives Ehe- und Familienverständnis zu unterscheiden, welches Ehe und Familie als soziale Institutionen versteht. Als Leitbild, Rechtsnorm oder Sitte wird der Anspruch erhoben, für einen bestimmten Kreis von Personen verbindlich zu bestimmen, was eine „richtige" Ehe bzw. Familie ist, wer ihr zugehört und welche Verpflichtungen damit verbunden sind.[15]

Bei sozialen Institutionen handelt es sich um komplexe normative Strukturgebilde, welche den Individuen gesellschaftlich vermittelte Handlungsorientierung geben. Indem sie sich als Steuerungsgrößen des Handelns sowohl auf die Bedürfnisse des Einzelnen als auch auf die strategischen Erfordernisse der Gesellschaft beziehen, kommt ihnen eine anthropologische und soziologische Bedeutung zu. Bezug nehmend auf Arnold Gehlen wird der Grund des hohen anthropologischen Stellenwerts der Institutionen in der instinktoffenen, labilen und prinzipiell riskierten

---

[14]Kaufmann, Zukunft der Familie, S. 13.

[15]Vgl. Baumgartner, Artikel Familie - Sozialethisch, Sp. 509; Kaufmann, Zukunft der Familie, S. 13.

Natur des Menschen gesehen.[16] Institutionen entlasten den Menschen bei der Entscheidungsfindung, sein Leben vor dem Hintergrund unmittelbarer, virtuell chaotischer Bedürfnisse zumindest in den zentralen lebensnotwendigen Handlungsbereichen auf Dauer verantwortlich zu gestalten.[17] Der Funktion der Handlungsorientierung durch Institutionen korrespondiert neben dem subjektiven, individuellen auch ein gesellschaftliches Interesse. Denn die Gesellschaft ist darauf angewiesen, die Vollzüge der Individuen in den Handlungskomplexen von strategischer sozialer Relevanz zu bündeln und aufeinander auszurichten. Dies betrifft insbesondere auch auf die Institutionen Ehe und Familie zu, welche traditionell die Frage der generativen Reproduktion der Gesellschaft betreffen.[18] Dabei vermitteln Institutionen ihren Anspruch über Normen. Diese sind „Regulative menschlichen Deutens, Ordnens und Gestaltens, die sich mit einem Verbindlichkeitsanspruch darstellen, der die Chance hat, Anerkennung, Zustimmung und Gehorsam zu finden"[19]. Während Normen jedoch auf menschliche Bedürfnisse, Interessen und Sinnbezüge in ihren Einzelvollzügen zielen, regeln Institutionen die Lebenszusammenhänge, in denen sich die jeweiligen Bedürfnisse, Interessen und Sinnbezüge konkret verwirklichen. Institutionen bezeichnen damit verschiedene, voneinander abgesetzte Lebenszusammenhänge, in denen jeweils die Verwirklichung bestimmter menschlicher Vollzüge an übergreifende gesellschaftliche Leitvorstellungen zurückgebunden wird.[20] Wilhelm Korff expliziert diese Zuordnung von Norm und Institution am Beispiel der Institution Ehe und Familie[21]: „In der Tat konkretisieren sich beispielsweise die beiden grundlegenden Charters, auf denen die Institution Ehe und Familie beruht, nämlich die Leitidee „Lebensgemeinschaft" und die Leitidee „Nachkommenschaft", in einer ganzen Reihe weiterer Normsetzungen, über die sie diesen ihnen innewohnenden Anspruch real einlösen. Hierbei kommen nicht nur vitalspezifische, sondern

---

[16]Vgl. Lipp, Artikel Institution. Sozialphilosophisch, Sp. 100-101; Korff, Artikel Institutionstheorie, S. 170-171.

[17]Vgl. Lipp, Artikel Institution. Sozialphilosophisch, Sp. 101; Marschütz, Familie humanökologisch, S. 101.

[18]Vgl. Lipp, Artikel Institution. Sozialphilosophisch, Sp. 99-100.

[19]Korff, Artikel Normtheorie, S. 117.

[20]Vgl. Korff, Artikel Institutionstheorie, S. 169.

[21]Dem seinerzeitigen Konsens sowohl in der Theologie als auch in den Sozial- und Rechtswissenschaften folgend, begreift Wilhelm Korff dabei Ehe und Familie als eine zusammengehörige Institution.

ebenso auch religiöse, ästhetische und technisch-ökonomische Normsetzungen ins Spiel. Die Institution Ehe und Familie meint zugleich immer auch Wohngemeinschaft, Konsumgemeinschaft, Kulturgemeinschaft, gegebenenfalls auch Produktionsgemeinschaft, die die ihr darin gestellten Aufgaben in unterschiedlicher Abstufung durch Forderungen des Rechts, der Sittlichkeit, der Sitte, des Brauchs weithin vorgeregelt sieht. Dieser Tatbestand, daß sich hier die entscheidende Leitvorstellung, die der sozialen Ordnungsform Ehe und Familie institutionelle Eigenwirklichkeit verleiht, über eine Vielfalt von unterschiedlichen Norminhalten und Verbindlichkeitsabstufungen vermittelt, gilt in abgewandelter Weise auch für jede andere Institution."[22] Aus der Feststellung der gesellschaftlichen Prägung von Institutionen folgt jedoch zugleich die Möglichkeit ihrer gesellschaftlich induzierten Modifikation unter geänderten Gesellschaftsbedingungen. Werden die Institutionen Ehe und Familie aus dem sie prägenden und stützenden gesellschaftlichen Zusammenhang heraus verstanden, dann stellt sich die Frage nach der Möglichkeit eines Wandels dieser Institutionen in einer sich verändernden Gesellschaft.[23]

4.2   Ehe und Familie in der modernen Gesellschaft

Häufig wird die Meinung geäußert, dass sich die Institutionen Ehe und Familie sowohl in der Bundesrepublik Deutschland als auch in den anderen westlichen Industriegesellschaften in einer tiefen Krise befänden. Diesem Befund liegt oft die Annahme zugrunde, dass es ein allgemein gültiges und verbindliches Grundmuster ehelichen bzw. familialen Zusammenlebens gebe, welches nach jahrhundertelanger kulturübergreifender Geltung nun an Bedeutung verliere. Aus sozialwissenschaftlicher Perspektive handelt es sich jedoch bei dem Ideal der Ehe und Familie als moderner Kleinfamilie um einen familialen Normaltypus, welcher sich in der Moderne herauskristallisierte und in den 1950er und 1960er Jahren in der Bundesrepublik Deutschland seine Blütezeit erlebte.[24]

---

[22]Korff, Artikel Institutionstheorie, S. 169-170.
[23]Vgl. Baumgartner, Familie als personale Lebensgemeinschaft, S. 38-39.
[24]Vgl. Peuckert, Familienformen im sozialen Wandel, S. 16.

4.2.1   Die Entwicklung zur bürgerlichen Ehe und Familie

In der familienhistorischen Forschung herrscht weitgehend Einigkeit darüber, dass die entscheidende Weichenstellung für die Entstehung des modernen Typus von Ehe und Familie in der frühen Neuzeit erfolgte. Jedoch lassen sich spezifisch europäische Eigenarten der Ehe- und Familiengeschichte finden, welche bis in die Antike zurückreichen.[25] Die antiken griechischen und römischen Stadtkulturen zeichnete in Unterscheidung von anderen Stadtkulturen und Stammesgesellschaften die Monogamie und das frühe Zurückdrängen des Einflusses der Blutsverwandtschaft aus. Dabei kam der Einfluss des antiken Judentums zum Tragen, welches erste Anfänge von Individualismus in eine noch stark gemeinschaftlich orientierte Welt einbrachte. Der biblisch bezeugte Bundesschluss zwischen Jahwe und dem das Volk Israel repräsentierenden König David wird als archaische Vorform einer Vertragsbeziehung zwischen Individuen bewertet und hat somit entscheidend Einfluss zur Herausbildung der wesentlichen Rechtsfigur der Ehe, dem Bundesschluss, ausgeübt.[26] Entgegen der germanischen, überwiegend patrilinearen[27] Stammesorganisation, setzte sich in der europäischen Familienverfassung eine bilaterale Abstammungsordnung durch, welche die Nachkommenschaft sowohl der mütterlichen als auch der väterlichen Familie zurechnete.[28] Wobei jedoch die Blutsverwandtschaft in der römischen familia eine untergeordnete Rolle spielte. Der pater familias war nicht in erster Linie Familienvater, sondern Herr eines Großhaushaltes, zu dem Frau, Kinder und Sklaven gehörten. Der Antike war der Begriff der Familie im Sinne der modernen, aus den Ehegatten und den Kindern bestehenden Kernfamilie noch fremd. Die Geschlechts- und Generationengemeinschaft wurde vielmehr von der Lebensgemeinschaft des Hauses geprägt.[29] Das Haus[30] umfasste neben dem Hausvater die Frau, Kinder und das Gesinde, häufig auch andere Abhängige, wie Hörige oder Hintersassen. Es stellte eine Einheit dar, welche wesentlich durch die Elemente Arbeits- und Wirtschaftsgemeinschaft geprägt wurde. Der Faktor der Blutsverwandtschaft spielte lediglich beim Adel eine bestimmende Rolle.

---

[25]Vgl. Kaufmann, Zukunft der Familie, S. 14-15.

[26]Vgl. Burkart, Familiensoziologie, S. 112.

[27]Bei dem partrilinearen Verwandtschaftssystem werden Kinder aus einer Partnerschaft der Familie des Mannes zugerechnet.

[28]Vgl. Kaufmann, Zukunft der Familie, S. 15.

[29]Vgl. Schwab, Artikel Familie, S. 259.

[30]Vgl. Heut, Familienleitbilder, S. 150-181.

Der weitere Prozess der Entwicklung des europäischen Ehe- und Familienverständnisses war langwierig und stand unter dem nachhaltigen Einfluss des Christentums.[31] Obwohl sich die Norm der freien Partnerwahl mit dem Selektionskriterium der Liebe auch in Europa erst im 19. Jahrhundert durchsetzte, hat diese weit zurück reichende Wurzeln. Das Christentum stärkte dabei die Position der Frauen, indem es seine Ehelehre im Konsensprinzip, das heißt, der Zustimmung beider Ehegatten zum Eheschluss gründete. Dies geschah in Abgrenzung zur germanischen Manus-Ehe, bei welcher die Frau aus der Hand des Vaters in diejenige des Gatten gereicht wurde. Maßgeblich unter christlichem Einfluss entwickelte sich die strikte Monogamie als Spezifikum der europäischen Ehe, welche nebeneheliche Beziehungen und die Scheidung ausschloss. Diese Monogamie gründete unter anderem in der paulinischen Analogie, wonach die Exklusivität und Unauflöslichkeit der Beziehung zwischen Ehegatte und -gattin aus der unauflösbaren Einheit zwischen Christus und seiner Kirche abzuleiten sei.[32] „Durch die Übernahme des bereits im spätrömischen Recht angelegten Konsensgedankens in ihre Lehre von der Ehe hat die alte christliche Kirche Europas zum Abbau patriarchalischer Strukturen in der Ehe und zur Hervorhebung des Paares als Konsensualgemeinschaft beigetragen".[33]

4.2.1.1 Die Hausgemeinschaft

Die familialen Lebensformen wurden dagegen im vom Feudalismus geprägten Europa des Mittelalters bis zum Beginn der Neuzeit wesentlich von der Standeszugehörigkeit geprägt. Neben den komplexen Familienstrukturen der herrschenden Adelsgeschlechter gab es vor allem die bäuerlichen Hausgemeinschaften, in denen die überwiegende Mehrheit der Menschen lebte. Daneben existierten noch andere Familienformen, zum Beispiel die meist städtisch-bürgerlich geprägten Handwerker- und Händlerfamilien.

Bis zum 18. Jahrhundert war die Hausgemeinschaft die prägende familiale Lebensform, welche in Europa das menschliche Zusammenleben bestimmte. Diese Hausgemeinschaft war keine Familie im Sinne der modernen Kleinfamilie, sondern eine gegliederte Gemeinschaft, zusammengesetzt aus den Elementen Ehe, Elternschaft, Konsumgemeinschaft und Produktionsbetrieb, verbunden

---

[31]Vgl. Burkart, Familiensoziologie, S. 113-114; Kaufmann, Zukunft der Familie, S. 16.
[32]Vgl. Eph 5,21-33.
[33]Burkart, Familiensoziologie, S. 114.

durch die Herrschaft des Hausherrn.[34] Unter den Bedingungen eines ökonomischen Systems, welches hauptsächlich für die Selbstversorgung produzierte und nicht vom kapitalistischen Ziel der Profitoptimierung geprägt war, bildete das Haus die grundlegende Einheit des Zusammenlebens, in welcher Leben, Wohnen und Arbeiten noch zusammengehörten. Zur Hausgemeinschaft gehörten neben dem Hausbesitzer die Gattin, die leiblichen Kinder, Stiefkinder, auch die unehelich Geborenen, Anverwandte, Gesinde, Inleute und Altenteiler.[35] Sie zusammen stellten eine häusliche Wirtschafts-, Rechts- und Lebensgemeinschaft dar, in welcher der Blutsverwandtschaft, abgesehen von der Frage des Erbrechts, eine sekundäre Rolle zukam. „Im Blick auf die häusliche Rechtsgemeinschaft unterschied man die Kinder gleichwohl kaum vom Gesinde, jedenfalls nicht vor dem Ende des 18. Jahrhunderts; zumal ja auch nichterbberechtigte Kinder sich zumeist als Knechte und Mägde verdingten. Der uns heute geläufige Begriff von Familie, die nur die engere Gemeinschaft von Eltern und Kindern umfaßt, taucht erst gegen Ende des 18. Jahrhunderts auf."[36]

4.2.1.2 Die bürgerliche Familie

Während Bauern und Handwerker noch weithingehend in der Familienform des ganzen Hauses lebten, setzte Ende des 18. Jahrhunderts in Europa bei dem Bürgertum eine Entwicklung ein, welche schließlich zur Herausbildung der bürgerlichen Familie führte.[37] Begleitend dazu kristallisierte sich ein neues Ehe- und Familienleitbild heraus, welches bis heute für viele als der Inbegriff der idealen Ehe und Familie gilt.

Bei diesem Prozess spielten die spezifischen Existenzbedingungen des Bürgertums eine entscheidende Rolle. Dabei handelte es sich beim Bürgertum im späten 18. Jahrhundert keineswegs um eine homogene Gruppe. Das Bürgertum setzte sich aus Großkaufleuten und Unternehmern, höheren Beamten und Vertretern der freien Berufe zusammen. Oft wurde es auch als Residualkategorie zu den Klassen Adel, Klerus und Bauern verstanden, welche sich hauptsächlich aus städtischen

---

[34]Vgl. Kaufmann, Zukunft der Familie, S. 15; Schwab, Artikel Familie, S. 260-261.

[35]Die Knechte und Mägde des Gesindes waren meist unverheiratet und verdingten sich für eine bestimmte Zeit; Inleute waren meist nicht mit dem Hausherrn oder seiner Frau verwandt, unterstanden aber seiner Gewalt; Altenteiler waren ältere Personen, welche dem Hausverbund angehörten, jedoch nicht mehr der häuslichen Produktionsgemeinschaft. Vgl. Dülmen, Das Haus und seine Menschen im 16.-18. Jahrhundert, S. 12-13.

[36]Dülmen, Das Haus und seine Menschen im 16.-18. Jahrhundert, S. 13.

[37]Vgl. Rosenbaum, Formen der Familie, S. 251.

Bevölkerungsgruppen speiste. Die Unterscheidung zwischen höherem und niederem Bürgerstand beruhte auf unterschiedlichen Bildungsniveaus und Vermögensverhältnissen der jeweiligen Mitglieder. Der sich als gesellschaftsgestaltende Größe verstehende Stand des höheren Bürgertums wurde durch Bildung und Besitz geprägt. Dieser grenzte sich dadurch nach unten gegenüber den Kleinbürgern, nach oben gegenüber dem Adel ab. Gemeinsam war jedoch dem niederen und höheren Bürgertum, dass sich bei beiden eine Entwicklung vollzogen hatte, welche schließlich zu einer klaren Trennung von Wohnung und Arbeit führte.[38] Dieser Umstand stellte eine wesentliche Einflussgröße bei der Entwicklung der bürgerlichen Familie dar. Denn durch die räumliche Trennung von Haus und Betrieb, von Wohnstätte und Arbeitsplatz wurde die Wohnung zum Privatraum, zur Binnensphäre, welche sich durch eine Intensivierung und Intimisierung der Kontakte zwischen den nächsten Familienangehörigen und eine Abgrenzung von nicht-verwandten Personen auszeichnete. Mit der räumlichen Ausgliederung der Erwerbsarbeit aus der Wohnung ging eine Abschottung der Familie vom Bereich des Erwerbs und der Öffentlichkeit einher. Es entstand ein neues Familiengefühl, ein Auf-Sich-Selbst-Zurückgezogensein und eine Zufriedenheit mit sich selbst. Doch die Entwicklung der bürgerlichen Familie erschöpft sich nicht in diesem sozio-ökonomischen Aspekt.

Im Folgenden sollen die Charakteristika des neuen Ehe- und Familienverständnisses, welches die bürgerliche Familie kennzeichnete, dargestellt werden. Im Zentrum des Wandels des Eheverständnisses stand eine veränderte Einstellung zur ehelichen Liebe. Bis zur Mitte des 18. Jahrhunderts bestand eine sehr sachliche, pragmatische Einstellung zur Ehe. Im Mittelpunkt der Eheschließung stand nicht die emotionale Zuneigung der Brautleute, sondern Statusüberlegungen und wirtschaftliches Kalkül. Ein einträgliches, ehrbares Amt, Versorgung und ein reiches Erbteil dominierten die Gattenwahl. Die Eltern bahnten die Ehe ihrer Kinder an und achteten bei der Partnerwahl vor allem darauf, dass die Versorgung der Ehegatten und ihrer potenziellen Kinder gesichert sei. Viele Brautpaare gingen in die so geschäftsmäßig angebahnten ehelichen Verbindungen mit großer Nüchternheit bis hin zur Gleichgültigkeit.[39] Mit der Entwicklung zur bürgerlichen Ehe verliert die Dominanz sachlicher Überlegungen bei der Eheschließung zunehmend an Akzeptanz und wird durch die Liebe als zentrales ehestiftendes Motiv ersetzt.

---

[38]Vgl. Burkart, Familiensoziologie, S. 122; Rosenbaum, Formen der Familie, S. 251, 301-305.
[39]Vgl. Rosenbaum, Formen der Familie, S. 263-264; Schwab, Artikel Familie, S. 284.

„Wohl den stärksten Bruch mit der alten Familienordnung stellte in der bürgerlichen Familie das Postulat der Liebe als des einzig legitimen Grundes der Partnerwahl dar. Zwar hatte die Ehe stets zu Treue und gegenseitiger Hilfe verpflichtet,
auch gab es zahlreiche Bekundungen echter Liebesbeziehungen, aber von der
Notwendigkeit einer Verbindung von Liebe und Ehe war weder die bäuerliche,
handwerkliche, adelige noch die kirchliche Welt überzeugt, ging es ja in der traditionellen Ehe nicht um Glückserfüllung und Lustgewinn, sondern vor allem um
die Sicherung des Hausstandes, die immer von der Arbeitsfähigkeit von Mann
und Frau abhängig war. Die Liebesheirat dagegen wurde zur Norm der bürgerlichen Gesellschaft, unabhängig davon, ob Ehepartner den neuen Anforderungen
konkret entsprachen. Auf jeden Fall mußten eheliche Beziehungen durch Liebe
legitimiert werden, auch wenn andere Gründe vielleicht vorherrschten."[40]
   Das Verständnis über die Grundlage und Wesensart der Liebe unterlag jedoch
im 18. und 19. Jahrhundert einem Wandel, welcher von den ökonomischen, kulturellen und geistesgeschichtlichen Entwicklungen in der jeweiligen Epoche beeinflusst wurde. So wurde im von der Aufklärung beeinflussten 18. Jahrhundert das
Ideal der Liebe stark von der Vernunft geprägt. Nach diesem Liebesverständnis
wurde der Partner vorrangig um seiner Vollkommenheit, seiner Tugendhaftigkeit
willen, geliebt. Liebe war die Antwort auf die Einsicht in die gehobene Sittlichkeit des Partners und führte zur freundschaftlichen, respektvollen Hinwendung
zum Partner. Spontane, leidenschaftliche Emotionen wurden diesbezüglich mit
Vorbehalt betrachtet, da sie sich prinzipiell als der Vernunft unzugänglich erwiesen und in ihrer Irrationalität dem Wesen des Menschen widersprachen. Eine
gelungene Ehe sollte sich vor allem als geistige Gemeinschaft der Eheleute
erweisen, welche von gegenseitiger Rücksichtnahme, Anstand, Interesse für den
Anderen, Teilnahme und Selbstbeherrschung geprägt war.[41] Die Liebe sollte
zum Bindeglied werden, durch welches die freien Individuen eine Gemeinschaft
begründen konnten, welche den Ansprüchen der aufgeklärten Vernunft für ein
geschlechtliches Zusammenleben autonomer Subjekte genügen konnte.
   Diese Konzeption der Liebesehe wird in der deutschen Romantik schließlich
radikalisiert und auf die Spitze getrieben. Vernunft und Einsicht als Grundlage
der Liebe treten zugunsten der Betonung der emotionalen und erotischen Komponente zunehmend in den Hintergrund. Ziel der Beziehung zwischen Mann

---

[40]Rosenbaum, Formen der Familie, S. 236-237; vgl. Schwab, Artikel Familie, S. 285.
[41]Vgl. Rosenbaum, Formen der Familie, S. 263-264; Burkart, Familiensoziologie,
S. 126-127.

und Frau wird ausschließlich die leidenschaftliche, erotische Geschlechtsliebe, welche in der psychischen Verschmelzung der beiden Partner münden soll. Durch die nahezu exklusive Betonung der Emotionen als Bindeglied zwischen den Geschlechtspartnern wird die althergebrachte Institution der Ehe mit ihrem pragmatischen, vernunftorientierten Ansatz in Frage gestellt. Denn Existenz und Bestand der Ehe werden substantiell durch die emotionalen Bindungen der Ehepartner begründet und verfallen mit dem Erlöschen der Gefühlsverbindung.[42]

Über alle Unterschiede des Liebesverständnisses in der Aufklärung und Romantik hinweg, lässt sich jedoch feststellen, dass für die bürgerliche Ehe die Liebe als innige Form der personalen Zuwendung und Verbindung zwischen den Ehepartnern zur zentralen Legitimationsinstanz wird.

Doch dieses neue Verhältnis zwischen den Ehegatten stellte nur einen Teil der radikalen Reform der bürgerlichen Lebensform dar. Parallel dazu griff in der bürgerlichen Familie auch eine neue Eltern-Kinder-Beziehung Raum.[43] Die Liebe und Zuneigung zwischen den Eltern und den Kindern wurde zur Grundlage aller familialen Vollzüge. Besondere Geltung kam dabei der Aufzucht und Erziehung der Kinder zu. Ausgehend von der durch die Aufklärung genährten Überzeugung, dass Kinder an sich unschuldig und ungebildet, aber bildungsfähig seien, wurde der rechten Behandlung und Bildung der Kinder große Bedeutung zugemessen. Die Bildung und Erziehung der Kinder wurde zur Hauptaufgabe der bürgerlichen Familie. Dazu gehörte einerseits, dass die Aufgabe der Bildung der Kinder nun den Eltern selbst angetragen wurde und ein Delegieren an Ammen, Kindermädchen und Hauspersonal als defizitär bewertet wurde. Andererseits änderten sich auch die Erziehungsmethoden. Anstatt harter Prügel und drakonischer Strafen sollte die vernünftige Einsicht in das Gute und Erstrebenswerte den Kindern den richtigen Weg weisen. Den Eltern kam dabei die Aufgabe zu, die Fähigkeiten ihrer Kinder zu entdecken und sie entsprechend zu fördern. Generell sollte dabei das Zueinander von Eltern und Kindern von gegenseitigem Vertrauen und Zuneigung geprägt sein. Dabei wurde selbst die früher nicht hinterfragbare Vater-Autorität geschwächt. Der Vater versteht sich nicht mehr als uneingeschränkter Befehlshaber und Richter der Familie, sondern als Ratgeber und Freund der Kinder. Zusammenfassend lässt sich sagen, dass analog zur bürgerlichen Ehe auch beim Ideal der bürgerlichen Familie die Liebe und emotionale Verbundenheit

---

[42]Vgl. Burkart, Familiensoziologie, S. 127-128; Rosenbaum, Formen der Familie, S. 266-267; Schwab, Artikel Familie, S. 286

[43]Vgl. Rosenbaum, Formen der Familie, S. 267-271; Burkart, Familiensoziologie, S. 123; Dülmen, Das Haus und seine Menschen im 16.-18. Jahrhundert, S. 235-236.

zwischen den Mitgliedern der verschiedenen Generationen zunehmend Gestaltungskraft gewinnt.

Als drittes wesentliches Charakteristikum der bürgerlichen Ehe und Familie gilt die Neujustierung des Geschlechterverhältnisses durch eine zunehmende Ausdifferenzierung der Geschlechterrollen.[44]

Während in der herkömmlichen Hausgemeinschaft die Ehefrau bei aller Spezialisierung auf die innerhäuslichen Tätigkeiten prinzipiell noch am ganzen Arbeitsprozess des Hauses teilgenommen hatte, wurde der bürgerlichen Ehefrau ein spezifisches Aufgabengebiet zugewiesen. Komplementär zur frühneuzeitlichen Auslagerung der bürgerlichen Arbeit aus dem Hause, wurde die Ehe und Familie das originäre Tätigkeitsfeld der Ehefrau. Entlastet von der vom Ehemann zu erbringenden Erwerbsarbeit, traten für die Frau drei gewichtige Funktionen in den Vordergrund, an deren Erfüllung sie gemessen wurde. Sie sollte zugleich vorbildliche Hausfrau, liebevolle Gattin und gute Mutter sein. Diese geschlechtsspezifische Arbeitsteilung entsprach den Notwendigkeiten einer sich zunehmend ausdifferenzierenden Erwerbsgesellschaft und wurde durch den Nachweis spezifischer natürlicher Geschlechtsunterschiede legitimiert. Die Männer seien aufgrund ihrer Natur für das Aktive, Öffentliche und Kognitive zuständig, die Frauen für das Passive, Häusliche und Affektive. Als so ausgewiesenen Gefühlsspezialistinnen oblag den Ehefrauen die umfassende Sorge für das Wohlergehen ihrer Nächsten. Seit dem späten 18. Jahrhundert wurde diese geschlechtsspezifische Rollenaufteilung durch weit verbreitete Theorien über die sozialen, biologischen und psychologischen Unterschiede zwischen den Geschlechtern genährt.[45] Die Ehefrauen schienen durch die Entwicklung zur bürgerlichen Ehe und Familie nun an den Platz anzukommen, den die sich etablierenden Humanwissenschaften ihnen zugewiesen hatten, nämlich dem eigenen Heim mit Haushalt und Familie.

Obwohl zu konstatieren ist, dass die gelebte Realität noch lange Zeit weit hinter dem neuen Leitbild der bürgerlichen Ehe und Familie zurückblieb,[46] hatte sich in der frühen Neuzeit somit ein Paradigmenwechsel vollzogen. Die personalen Beziehungen zwischen den Ehegatten und zwischen Eltern und Kindern wurden nun Mitte und Ziel der Institutionen Ehe und Familie. Dies stellte einen radikalen Wandel im Ehe- und Familienverständnis dar.

---

[44]Vgl. Burkart, Familiensoziologie, S. 123, 128-134; Dülmen, Das Haus und seine Menschen im 16.-18. Jahrhundert, S. 232-235; Rosenbaum, Formen der Familie, S. 288-294.

[45]Vgl. Burkart, Familiensoziologie, S. 130-132.

[46]Vgl. Dülmen, Das Haus und seine Menschen im 16.-18. Jahrhundert, S. 230-231; Rosenbaum, Formen der Familie, S. 285.

Im Laufe des 20. Jahrhunderts sollte sich dieses Ideal der bürgerlichen Ehe für alle Bevölkerungsschichten als das allgemein anerkannte und anzustrebende Familienmodell durchsetzen. Für das 19. Jahrhundert ist jedoch zu konstatieren, dass sich empirisch noch kein universeller Familientypus ausbilden konnte und die familialen Lebensformen zwischen den verschiedenen sozialen Ständen stark differierten.[47] Bei der im ausgehenden 19. Jahrhundert stark wachsenden Gruppe der Angestellten konnten zunehmend Verbürgerlichungstendenzen festgestellt werden, welche mit der fortschreitenden Umsetzung des Ehe- und Familienideals einhergingen. Den vielfältigen Formen der Bauern-, Handwerker-, Heimarbeiter- und Industriearbeiterfamilien war jedoch gemeinsam, dass sie die althergebrachte Sozialform der Hausgemeinschaft zwar hinter sich gelassen hatten, aufgrund der herrschenden Umstände aber keine Möglichkeit bestand, das Ideal der bürgerlichen Familie vollständig umzusetzen. Denn das Leben nach diesem Ideal hatte zur Voraussetzung, dass der Ehemann durch ein relativ hohes und stetiges Einkommen aus Erwerbsarbeit oder Vermögen den Lebensunterhalt der gesamten Familie sicherstellen konnte.[48] Diese Bedingung wurde jedoch im 19. Jahrhundert bei vielen Bevölkerungsgruppen durch die mit der industriellen Revolution einhergehenden sozialen Verwerfungen nicht erfüllt. Der tägliche Überlebenskampf der Familien forderte seinen Tribut und ließ oft weder Kraft noch Zeit für den liebevollen Umgang mit dem Ehepartner und den Kindern. Auch den Luxus einer häuslichen Intimsphäre in einer eigenen Wohnung konnten sich viele Menschen nicht leisten.[49] Abhängig von den unterschiedlichen sozialen und ökonomischen Verhältnissen in den gesellschaftlichen Klassen ist im 19. Jahrhundert noch eine Vielzahl familialer Lebensformen zu verzeichnen.

Dies änderte sich auch in der ersten Hälfte des 20. Jahrhunderts wenig. Für die breite Bevölkerung war es oft nicht möglich, das Ideal der bürgerlichen Ehe und Familie zu verwirklichen. Die vielen krisenhaften Jahre in den ersten Jahrzehnten des 20. Jahrhunderts stürzten viele Familien in eine Not, in welcher sich die Entpflichtung der Ehegattin von allen Erwerbsfunktionen zum Zwecke der umfassenden Sorge für die Familie nicht umsetzen ließ.

Es blieb der Mitte des 20. Jahrhunderts vorbehalten, den Institutionen der bürgerlichen Ehe und Familie über die ganze Gesellschaft hinweg Geltung zu

---

[47]Vgl. Burkart, Familiensoziologie, S. 134.

[48]Vgl. Kaufmann, Zukunft der Familie,: S. 21; Rosenbaum, Formen der Familie, S. 379.

[49]Vgl. Hettlage, Familienreport, S. 42; Heut, Familienleitbilder, S. 206; Rosenbaum, Formen der Familie, S. 470-474.

verschaffen und andere Formen familialen Lebens in den Hintergrund zu drängen. Die bürgerliche Ehe und Familie in der Form des ausschließlich die Kernfamilie umfassenden Familienhaushalts wird in den 1950er und 1960er Jahren sowohl normativ als auch faktisch zu der dominanten Lebensform in der bundesdeutschen Gesellschaft.[50]

Erst die tiefgreifenden Wandlungsprozesse in dieser Zeit führten zur breiten Etablierung der bürgerlichen Ehe und Familie in der Gesellschaft der Bundesrepublik Deutschland. „Aufgrund massiver Reallohnsteigerungen („Wirtschaftswunder") und des Ausbaus der sozialen Sicherungssysteme kam es zu einer deutlichen Verbesserung der Lebensverhältnisse aller Einkommensbezieher. Auch die Parteien und Kirchen trugen zur Propagierung und Verallgemeinerung dieses Familientyps bei. Die moderne bürgerliche Kleinfamilie wurde zur dominanten, massenhaft gelebten („normalen") Lebensform. *Das Leitbild der modernen bürgerlichen Familie* verlangt von jedem Menschen die lebenslange, monogame Ehe. Der Sinn der Ehe erfüllt sich letztendlich in der Familiengründung. Die Ehefrau und Mutter ist primär zuständig für die emotional-affektiven Bedürfnisse der Familie und für die Haushaltsführung. Dem Vater als Autoritätsperson obliegen die Außenbeziehungen und die instrumentellen Aspekte des Familienlebens. Alternative Formen des Zusammen- oder Alleinlebens werden (bestenfalls) als Not- oder Ersatzlösungen toleriert oder sogar diskriminiert (Geschiedene, Nichteheliche Lebensgemeinschaften, Alleinwohnende)."[51] Ohne hier vertieft darauf eingehen zu können, sei darauf hingewiesen, dass in der Deutschen Demokratischen Republik diese Entwicklung unter sozialistischem Vorzeichen verlief. Ausgehend von Friedrich Engels Werk „Der Ursprung der Familie, des Privateigentums und des Staats"[52] aus dem Jahre 1884 hatte der Sozialismus schon immer eine kritische Haltung gegenüber den Institutionen der bürgerlichen Ehe und Familie eingenommen. Einerseits wurde die Betonung der wechselseitigen personalen Zuwendung zwischen Ehepartnern beziehungsweise Eltern und Kindern bejaht, andererseits wurde die Trennung von Privatem und Öffentlichem und die entsprechende Polarisierung der Geschlechterrollen als Ausdruck kapitalistischer Unterdrückungsmechanismen interpretiert. Dies führte zu familienpolitischen Maßnahmen des sozialistischen Staates, um Kleinkinder frühzeitig in öffentlichen Bildungs- und Betreuungseinrichtungen zu sozialisieren und

---

[50]Vgl. Kaufmann, Zukunft der Familie, S. 21-23.

[51]Peuckert, Familienformen im sozialen Wandel, S. 19-20.

[52]Engels, Der Ursprung der Familie, des Privateigentums und des Staats.

zugleich die Mütter für die Arbeit freistellen zu können.[53] In der Bundesrepublik Deutschland war hingegen das Leitbild der modernen bürgerlichen Familie
nahezu in Reinkultur zur normativen und faktischen Monopolstellung gelangt.
Danach „umfasst eine Familie einen Mann und eine Frau, die zusammenwohnen
und sich legal in einer dauerhaften und sexuell exklusiven Erst-Ehe zusammen-
schließen. Das Ehepaar hat Kinder, der Ehemann ist ganztags erwerbstätig, während sich die Ehefrau weitgehend aus der Arbeitswelt zurückgezogen hat, um den
Haushalt und die Verantwortung für die Kindererziehung zu übernehmen."[54] Es
hatte somit schließlich eine fast zwei Jahrhunderte dauernde Entwicklung benö-
tigt, bis die Institutionen der bürgerlichen Ehe und Familie allgemein anerkannt
wurden und in der Gesellschaft sozioökonomische Rahmenbedingungen herrschten, die ihre Umsetzung ermöglichten. Dabei war von Anfang an sowohl der
Prozess der Normierung als auch des Vollzugs von Ehe und Familie untrennbar
verbunden mit dem Prozess der zunehmenden Modernisierung der Gesellschaft.
Es macht somit durchaus Sinn, wenn in der Literatur die Begriffe bürgerliche
Familie und moderne Familie oftmals synonym verwendet werden. „Bürgerlich"
verweist dabei auf das Entstehungsmilieu, „modern" auf ihre Ausprägung durch
die moderne Gesellschaft.[55] Das Ideal der bürgerlichen Ehe und Familie wird zu
einem Kristallisationspunkt wesentlicher kultureller, gesellschaftlicher und geis-
tesgeschichtlicher Veränderungen, welche sich in der Frühen Neuzeit ihren Weg
bahnten und schließlich zur Gesellschaft der Moderne führten. Der menschenrechtlich begründete Schutz im Grundgesetz der Bundesrepublik Deutschland
bezeugt die fundamentale Bedeutung von Ehe und Familie sowohl für die Individuen als auch die staatlich verfasste Gesellschaft.

Ehe und Familie in ihrer Zentrierung auf die personalen Beziehungen stehen
in struktureller Interdependenz zur Gesellschaft der Moderne. Da viele Merkmale
von Ehe und Familie durch die Moderne geprägt sind, soll folgend ein Blick auf
die Wesensmerkmale der Moderne aus der Perspektive der Soziologie geworfen
werden.

---

[53]Vgl. Goody, Geschichte der Familie, S. 202-203; Kaufmann, Zukunft der Familie,
S. 82-83; Nave-Herz, Wandel und Kontinuität von Ehe und Familie in Deutschland,
S. 45-46; Peuckert, Familienformen im sozialen Wandel, S. 20.

[54]Lenz, Familie - Abschied von einem Begriff? S. 485; vgl. Peuckert, Familienformen im
sozialen Wandel, S. 23.

[55]Vgl. Lenz, Familie - Abschied von einem Begriff? S. 486.

4.2.2 Ehe und Familie in der funktional differenzierten Gesellschaft der Moderne

Der Begriff der Modernität ist für die Soziologie ein zentraler Bezugsrahmen, um wesentliche Eigenschaften hochdifferenzierter Gesellschaften in Abgrenzung von anderen Gesellschaftsformen zu benennen. Die Begriffe der Säkularisierung, Industrialisierung, Urbanisierung, Demokratisierung, Individualisierung, Pluralisierung und Dynamisierung spielen in den diversen Theorien der Moderne in unterschiedlicher Gewichtung eine tragende Rolle. Um die Entwicklung von Ehe und Familie im gesellschaftlichen Modernisierungsprozess beschreiben zu können, soll im Folgenden auf die Grundfigur der Modernität zurückgegriffen werden, welche Johannes Berger in einem differenzierungstheoretischen Ansatz ausführt.[56] Demnach erweist sich die Differenzierung als entscheidend für den Prozess der Modernisierung. Die Moderne trifft Unterscheidungen, die es vorher so noch in keiner Gesellschaft gab. Dies führt zuvorderst zu einem Bruch mit der Vergangenheit, der Tradition. Die Tradition verliert ihre normative und zugleich identitätsstiftende Kraft. Dadurch gehen alte Ordnungsstrukturen zugrunde; neue entstehen, indem die moderne Gesellschaft in sich selbst Unterscheidungen trifft. Im Prozess der funktionalen Differenzierung bildet sie so Subsysteme aus. Diese voneinander getrennten Funktionssysteme und Lebensordnungen entwickeln eine Eigengesetzlichkeit, denn die ausdifferenzierten Bereiche folgen ihrer jeweils eigenen Logik und entwickeln ihre jeweils eigene systemspezifische Rationalität. Diese Eigengesetzlichkeit setzt im Zuge der kontinuierlichen Bemühung um verbesserte Funktionserfüllungen eine starke Dynamik frei.

Entgegen dem weit verbreiteten Ressentiment, die Modernisierung der Gesellschaft ginge zu Lasten von Ehe und Familie, soll zuerst festgehalten werden, dass in der Regel die Modernisierung die soziale Stabilität und personale Intensität von Ehe und Familie gefördert und weiter entwickelt hat. Denn die Moderne führte zu tiefgreifenden gesellschaftlichen Transformationsprozessen, welche sich positiv für die Beziehungen zwischen den Ehepartnern und ihren Kindern auswirkten.[57]

Entscheidende Bedeutung kommt dabei dem Prozess der strukturellen und funktionalen Differenzierung zu, welcher zu einer institutionellen Verselbstständigung

---

[56]Vgl. Berger, Modernitätsbegriffe und Modernitätskritik in der Soziologie; Marschütz, Familie humanökologisch, S. 109-111.

[57]Vgl. Kaufmann, Familie und Modernität, S. 403.

und zu abgegrenzten Funktionsbereichen führt.[58] Die ökonomischen, familialen, politischen und religiösen Vollzüge werden zunehmend sozial entflechtet und den nunmehr eigenständigen gesellschaftlichen Teilbereichen Wirtschaft, Familie, Staat und Kirche zugeordnet. Die Institutionen der Ehe und Familie erfahren dadurch eine Entlastung von der Produktions-, Gerichts-, und Schutzfunktion, welche noch der Sozialform des Hauses innewohnten. Sie können sich damit als Lebensformen der auf Intimfunktionen spezialisierten, privatisierten Kernfamilie etablieren, deren Zusammenhalt im Wesentlichen auf der personalen Verbundenheit der Familienmitglieder beruht und sich als sehr stabil, belastbar und wandlungsfähig erweist. Die Leistungsfähigkeit und Stabilität wird dabei entscheidend dadurch geprägt, dass sich Ehe und Familie in der Moderne strukturell in der Kleingruppe von zwei Erwachsenen mit ihren Kindern verwirklicht. Diese auch Kernfamilie genannte Kleingruppe ergibt sich formal durch die Kreuztabellierung der dichotomen Strukturmerkmale Konjugalität und Filiation. Die Kernfamilie gründet in dem verschränkten Miteinander zweier Geschlechter und zweier Generationen, ersteres in der ehelichen Paarbeziehung, letzteres in der Eltern-Kind-Beziehung.[59] Der innerfamiliale Zusammenhalt wächst im Alltag daraus, dass die Familienmitglieder sich im Haushalt unmittelbar und persönlich begegnen, sich auf das Engste kennen, eine gemeinsame Geschichte miteinander haben, ja in vielerlei Hinsicht eine Schicksalsgemeinschaft miteinander bilden. Die Bindungskraft der modernen Familie gründet jedoch nicht ausschließlich in einer im Sinne der Romantik verstandenen reinen Emotionalität. Sie wird zudem durch sachliche Gemeinsamkeiten, wie die Sorge um den Erwerb, den Haushalt und die Kinder, gemeinsame berufliche, kulturelle oder Freizeitinteressen und gemeinsame verbindende Erlebnisse gestärkt.[60]

Zusammenfassend lässt sich die Funktionslogik der modernen Familie mit der Kurzformel beschreiben: „Interaktion steigert Sympathie und Solidarität, ermöglicht Glück und Gemeinsamkeit, was in der übrigen Welt verlorengeht"[61].

---

[58]Vgl. Dülmen, Das Haus und seine Menschen im 16.-18. Jahrhundert, S. 19-23; Kaufmann, Familie und Modernität, S. 403-404; Kaufmann, Zukunft der Familie, S. 19, 30-33; Kaufmann, Ehe und Familie zwischen kultureller Normierung und gesellschaftlicher Bedingtheit, 264; Marschütz, Familie humanökologisch, S. 122-126.

[59]Vgl. Burkart, Familiensoziologie, S. 140-141.

[60]Vgl. Tyrell, Familie und gesellschaftliche Differenzierung, S. 37-38; Kaufmann, Zukunft der Familie, S. 32-33.

[61]Kaufmann, Familie und Modernität, S. 404.

Im Folgenden soll untersucht werden, welche Funktionen den gesellschaftlichen Teilsystemen Ehe und Familie in der modernen Gesellschaft zugeschrieben werden.

4.3   Aufgaben und Leistungen von Ehe und Familie in der modernen Gesellschaft

Auch wenn in der modernen Gesellschaft die Institutionen Ehe und Familie noch weitgehend zusammengehörend erscheinen, ist es in Anbetracht gegenwärtiger Entwicklungen sinnvoll, die den Institutionen Ehe und Familie zugewiesenen Funktionen differenziert zu betrachten.

Es besteht breiter Konsens darin, dass das Spezifikum der Familie sowohl in der biologischen und sozialen Reproduktionsfunktion als auch in der Sozialisationsfunktion besteht.[62] Zusätzlich, und darin kommen Familie und Ehe überein, wird beiden das Funktionsspektrum der Initimtät zugeordnet.[63] Bis Ende der 1960er Jahre wurde noch davon ausgegangen, dass diese Funktionszuschreibung exklusiv und konkurrenzlos erfolge und neben Ehe und Familie keine anderen funktional äquivalenten Institutionen Geltung beanspruchen könnten.[64]

Die nähere Explikation dieser Funktionszuweisungen soll jedoch der Entwicklung Rechnung tragen, dass seit den 1970er Jahren die von Talcott Parsons konzipierte struktur-funktionale Systemtheorie, welche der funktionalen Betrachtungsweise von Ehe und Familie zugrunde liegt, an Bedeutung verloren hat. In diesem Zusammenhang ist dies vor allem darauf zurückzuführen, dass innerhalb des gewählten Theorierahmens die Funktionen vorwiegend einseitig in ihrer Bedeutung für das übergeordnete System der Gesellschaft bestimmt werden. Ehe und Familie geraten somit eindimensional in ihrer gesellschaftlichen Funktionalität ins Zentrum des analytischen Interesses, während die Lebensnotwendigkeiten und -bedürfnisse der involvierten Individuen konzeptionell keine Berücksichtigung finden. Die Familiensoziologie bemüht sich seither durch die Unterscheidung von Aufgaben und Leistungen um ein umfassenderes Verständnis der Ehe- und Familienfunktionen.[65] Innerhalb dieses Verweisungszusammenhangs

---

[62]Vgl. Burkart, Familiensoziologie, S. 143-147.

[63]Vgl. Burkart, Familiensoziologie, S. 147-149; Tyrell, Familie und gesellschaftliche Differenzierung, S. 37-39.

[64]Vgl. Tyrell, Familie und gesellschaftliche Differenzierung, S. 42-43.

[65]Vgl. Marschütz, Familie humanökologisch, S. 126-127.

beziehen sich die Aufgaben auf die gesellschaftlichen Funktionszuweisungen, wohingegen Leistungen auf Lebensvollzüge innerhalb der Kleingruppe zielen, deren Verbindlichkeit und Wert in der wechselseitigen Verbundenheit der Ehegatten bzw. Familienmitglieder gründet. „*Aufgaben* beziehen sich demzufolge auf den *institutionellen* Aspekt von Familie, also auf die Rechtspflichten, die Personen in ihrer Eigenschaft als Träger familialer Rollen zugeschrieben werden, oder auf öffentliche Diskurse hinsichtlich dessen, was Familien *sollen*. *Leistungen* beziehen sich auf den Gruppenaspekt von Familie, also auf das, was wir an der Tätigkeit von Einzelfamilien und deren Wirkungen bedeutungsvoll finden. Diese Leistungen sind den Familienmitgliedern allerdings meist nicht als Leistungen bewußt, sondern stellen aus ihrer Sicht entweder Selbstverständlichkeiten oder aber Probleme dar."[66] Im Folgenden werden im Sinne einer Mehrebenen-Analyse dieser erweiterte Ansatz übernommen und folgende konjugalen und familialen Aufgaben und Leistungen detaillierter dargestellt: 1. Biologische Reproduktion 2. Pflege und Erziehung der Kinder 3. Kohäsion und emotionale Stabilisierung 4. Solidarität 5. Haushaltsführung, Gesundheit und Erholung.[67] Dabei wird sich diese Kriteriologie, obwohl meist im Kontext eines familiensoziologischen Ansatzes entwickelt, auch zur Analyse der ehelichen Lebensgemeinschaft als geeignet erweisen. Die Darstellung und Reflexion von Ehe und Familie aus funktionaler Perspektive ist auch innerhalb der Disziplin der christlichen Sozialethik bewährt und etabliert.[68] Aufgrund des in empirischen Erhebungen zur Verfügung stehenden Datenmaterials ist es nicht immer möglich, die dem Untersuchungsgegenstand des Familiennachzugs eigentlich entsprechende Gruppe von Ehegatten bzw. Kindern mit ausländischer Staatsangehörigkeit zu erfassen. In diesem Falle wird auf die umfassendere Gruppe von Ehegatten bzw. Kindern mit Migrationshintergrund Bezug genommen.

---

[66]Kaufmann, Zukunft der Familie, S. 35.

[67]Alternative, im Wesentlichen aber ähnliche „Aufgabenkataloge" finden sich u.a. bei Baumgartner/Wohlfarth, Personale Entfaltung und soziale Bindung, S. 220-222; Burkart, Familiensoziologie, S. 143-147; Nave-Herz, Ehe- und Familiensoziologie, S. 79-103; Nesselrode, Das Spannungsverhältnis zwischen Ehe und Familie, S. 100-111.

[68]Vgl. Baumgartner/Wohlfarth, Personale Entfaltung und soziale Bindung, S. 220-222; Meyer, Artikel Familie, Natur und Person, S. 238-239; Veith, Intergenerationelle Gerechtigkeit, S. 30.

4.3.1   Biologische Reproduktion

Die quantitative Nachwuchssicherung ist nach wie vor eine der wichtigsten Aufgaben, welche die Gesellschaft mit der Sozialform Familie verbindet. Der Gründungsakt der Familie besteht in der Kindsgeburt. Für den Fortbestand und die Entwicklung einer Gesellschaft ist der Prozess der Familiengründung und -entwicklung von entscheidendem Interesse. Geringe Geburtenzahlen führen mittelfristig zu stark dynamischen demografischen Veränderungen in der Gesellschaft, welche große Anpassungsleistungen in vielen gesellschaftlichen Teilsystemen erforderlich machen. Dies trifft besonders auf die Bundesrepublik Deutschland zu. Sie ist weltweit das einzige Land, in dem das niedrige Geburtenniveau von 1,4 Kindern je Frau bereits seit mehr als 30 Jahren zu beobachten ist.[69] Dabei lässt sich das aggregierte generative Verhalten einer Generation nicht monokausal erklären, sondern ist als Resultat von Einflüssen auf mehreren Ebenen zu interpretieren. Legt man die gesellschaftsanalytische Differenzierung in Mikro-, Meso- und Makroebenen zugrunde, lässt sich ein breites Spektrum relevanter Faktoren erkennen. Auf der Mikroebene erweisen sich Veränderungen in der Wertschätzung von Kindern, der Familienform sowie der Familienplanung als bedeutsam. Auf der Mesoebene gewinnen mit dem Bildungsniveau, Konfession und Religiosität, Erwerbstätigkeit der Frauen, Wohnverhältnissen und finanziellen Ressourcen weitere Faktoren Einfluss auf die Geburtszahlen. Schließlich werden auf der Makroebene in Bezug auf Wertewandel und sozio-ökonomischen Strukturwandel die Faktoren Verstädterung, Kinderfeindlichkeit, Modernisierung der Werte, verantwortliche Elternschaft, Zukunftsangst und das demografische Klima als relevant erkannt.[70] Wird in der biologischen Reproduktion eine der wesentlichen, gesellschaftlich unabdingbaren Aufgaben gesehen, so lassen sich bezüglich der Erfüllung dieser Aufgabe zwischen der deutschen und ausländischen weiblichen Bevölkerung in der Bundesrepublik Deutschland markante Unterschiede feststellen.

Die Fertilitätsrate deutscher und ausländischer Frauen wies in der Bundesrepublik Deutschland in den letzten Jahrzehnten signifikante Unterschiede auf. In den 1970er Jahren lag die Geburtenziffer ausländischer Frauen in Deutschland durchgehend bei 2,5 Kindern je Frau. Seit Ende der 1980er Jahre zeichnet sich

---

[69]Vgl. Statistisches Bundesamt, Geburten in Deutschland, S. 22.

[70]Vgl. Höhn, Einflußfaktoren des generativen Verhaltens, S. 309; Kaufmann, Zukunft der Familie, S. 94-95; Marschütz, Familie humanökologisch, S. 172-174.

jedoch eine kontinuierliche Abnahme der Geburtenzahlen der Ausländerinnen ab. Damit passt sich das generative Verhalten der Ausländerinnen zunehmend an das der deutschen Frauen an. Die Geburtenziffer der ausländischen Frauen lag im Jahr 2006 bei 1,6 Kindern je Frau. Betrachtet man die Migrantinnen der ersten Zuwanderungsgeneration, lässt sich feststellen, dass der Ehestatus für die Entscheidung für das erste Kind von großer Bedeutung ist. „Frauen der ersten Migrantengeneration kamen häufig zwecks einer Familienzusammenführung oder der Familiengründung nach Deutschland und gebaren aufgrund dessen häufig zeitnah ihr erstes Kind."[71] Die Geburtenziffer ausländischer Frauen war im Jahre 2006 höher als bei den deutschen Frauen (1,3), hat im Vergleich zu den 1970er und 1980er Jahren jedoch deutlich abgenommen. Die Migrantinnen passen sich unbesehen der nationalen Unterschiede bezüglich ihrer Fertilitätsrate generell den Frauen der Aufnahmegesellschaft an. „Die Geburtenziffern von Frauen mit Migrationshintergrund liegen zu allen Zeitpunkten unter denjenigen der Referenzbevölkerung im Herkunftsland und sie gehen bei allen Nationalitäten drastisch zurück."[72]

Der stetige Rückgang bei der Geburtenziffer ausländischer Frauen in Deutschland erklärt sich aus einer veränderten Zusammensetzung der ausländischen Bevölkerung. Während der Anteil der Frauen mit einer traditionell relativ hohen Geburtenhäufigkeit wie z. B. der Türkinnen abnimmt, nimmt der Anteil der Osteuropäerinnen mit einer zum Teil noch niedrigeren Geburtenhäufigkeit als bei den deutschen Frauen zu. Sollte die Zuwanderung von ausländischen Frauen nach Deutschland zukünftig mehr durch arbeitsmarktbezogene Überlegungen und nicht mehr durch den Familiennachzug motiviert werden, könnte dies mit einem weiteren Rückgang des Geburtenniveaus ausländischer Frauen einhergehen.[73]

Zusammenfassend lässt sich für die letzten Jahrzehnte feststellen, dass durch die Kinder ausländischer Frauen die durch den allgemeinen Geburtenrückgang

---

[71]Bundesministerin für Familie, Senioren, Frauen und Jugend: Ehe, Familie, Werte - Migrantinnen und Migranten in Deutschland, S. 9.

[72]Bundesministerin für Familie, Senioren, Frauen und Jugend: Ehe, Familie, Werte - Migrantinnen und Migranten in Deutschland, S. 7. Bei seiner vielbeachteten Modellrechnung zur Entwicklung des Bevölkerungsanteils der Migranten aus Nah- und Mittelost sowie Afrika in Deutschland ging Thilo Sarrazin von der unrealistischen Prämisse aus, dass über fünf Generationen hinweg die Nettoreproduktionsrate der Migranten aus Nah- und Mittelost sowie Afrika konstant bei eins und die durchschnittliche Nettoreproduktionsrate der übrigen Bevölkerung 0,65 beträgt; vgl. Sarrazin, Deutschland schafft sich ab, S. 358-360.

[73]Vgl. Statistisches Bundesamt, Geburten in Deutschland, S. 20-21.

hervorgerufenen demografischen Veränderungen abgeschwächt wurden. Durch die zunehmende Angleichung der Fertilitätsrate deutscher und ausländischer Frauen wird dieser Effekt jedoch zunehmend geschwächt. Valide Prognosen über die Entwicklung durch die Zuwanderung ausländischer Ehefrauen als Folge der starken Fluchtmigration aus Afghanistan, Irak, Syrien und anderen Ländern ab dem Jahre 2015 sind noch nicht möglich.

Bezogen auf die Institution Ehe lässt sich in der Bundesrepublik Deutschland eine Entwicklung feststellen, dass die Ehe für das generative Verhalten der Frauen zunehmend an Bedeutung verliert. Obwohl die klassische Familienkonstellation, in der Kinder in ehelicher Beziehung gezeugt werden, weiterhin großen Stellenwert besitzt, wird die Ehe nicht mehr als zwingende Voraussetzung für die Elternschaft angesehen. Wurden 1990 in Deutschland 15 Prozent der Kinder nichtehelich geboren, so hat sich dieser Anteil im Jahre 2008 auf 32 Prozent mehr als verdoppelt.[74] Die Bedeutung des Eheschlusses als konstitutives Element der Familiengründung tritt zunehmend zurück, so dass Ehe und Familie zunehmend getrennt voneinander existieren.[75] Jedoch bleibt es für die Realisierung der familialen Lebensvollzüge nicht ohne Folgen, wenn die Familie nicht in einer auf Dauer und Stabilität angelegten ehelichen Lebensgemeinschaft als Basiseinheit gründet.[76]

Obwohl für die demografische Stabilität einer Gesellschaft von entscheidender Bedeutung, wird die Entscheidung darüber, wie viele Kinder aus einer Ehe entspringen, nicht gesellschaftlich normiert. „Die Entscheidung über die Zahl der Kinder gilt als höchste private Angelegenheit eines Paares oder einer Frau"[77]. Aufgrund der weitreichenden, existentiellen Bedeutung dominiert bei der Entscheidung zur Elternschaft das Ethos der freiheitlichen Selbstbestimmung über die gesellschaftlich erwünschte Aufgabe bzw. Funktion der biologischen Reproduktion. Aufgabe staatlicher Familienpolitik kann es nur sein, durch mannigfaltige Maßnahmen geeignete Rahmenbedingungen zu gewährleisten, so dass Frauen und Männer sich in der Lage sehen, eine verantwortete Elternschaft einzugehen. Staat und Gesellschaft haben bei ihren familienpolitischen Interventionen die Autonomie und den eigenverantwortlichen Charakter der Familie zu

---

[74]Vgl. Bundesministerin für Familie, Senioren, Frauen und Jugend, Familienreport 2010, S. 17; Statistisches Bundesamt, Geburten in Deutschland, S. 10.

[75]Vgl. Kaufmann, Zukunft der Familie, S. 42-43; Nesselrode, Das Spannungsverhältnis zwischen Ehe und Familie, S. 164.

[76]Vgl. Kaufmann, Artikel Ehe und Familie, Sp. 102.

[77]Kaufmann, Zukunft der Familie, S. 44.

respektieren. Sie dürfen dabei weder über die Familien verfügen noch die Erfüllung der Nachwuchssicherung erzwingen wollen.[78] Es ist zu konstatieren, dass es oftmals nicht gelingt, den individuellen oder partnerschaftlichen Wunsch nach Kindern auch in die Wirklichkeit umzusetzen. 54 Prozent der kinderlosen Personen im Alter ab 45 Jahren geben an, sie hätten gerne Kinder gehabt.[79] Ohne die komplexe Motivationslage zur Elternschaft im Einzelnen ausloten zu können,[80] kann seit den 1970er Jahren unter den Bedingungen der allgemein zugänglichen und normativ akzeptierten Empfängnisverhütung davon ausgegangen werden, dass der Geburt eines Kindes die bewusste Entscheidung zur Elternschaft vorausgeht.[81] Die in der vorindustriellen Gesellschaft oft vorherrschenden pragmatischen Faktoren, Kinder als billige Arbeitskräfte und Garanten der Alters- und Krisenvorsorge zu betrachten, sind dabei zunehmend in den Hintergrund getreten.[82] Sozialwissenschaftliche Untersuchungen zeigen, dass in der Bundesrepublik Deutschland die immateriellen Werte und Erwartungen bei den Eltern im Vordergrund stehen. So verbindet sich mit der Geburt eines Kindes zunehmend der Wunsch nach Sinnhaftigkeit und emotionaler Aufwertung des eigenen Lebens. Die Elternschaft wird nicht ausschließlich als fürsorgender Dienst an den Kindern verstanden, sondern auch wesentlich von Eigeninteressen der Eltern geprägt.[83] Eine große Mehrheit von Männern mit Kindern bzw. Frauen mit Kindern kann den Aussagen zustimmen, dass Kinder das Leben intensiver und erfüllter machen; Kinder einem das Gefühl geben, gebraucht zu werden; es Spaß macht, Kinder im Haus zu haben und sie aufwachsen zu sehen.[84] Dieser Sachverhalt trifft sowohl für deutsche als auch für Familien ausländischer Herkunft zu. „Die stärkste Zustimmung zu psychologisch-emotionalen Werten von Kindern äußern die Eltern aus den türkischen Migrantenfamilien: 99 % der Väter und 96 % der Mütter stimmen voll und ganz zu, dass Kinder im Hause Freude

---

[78]Vgl. Baumgartner/Wohlfahrth, Personale Entfaltung und soziale Bindung, S. 225.

[79]Vgl. Bundesministerin für Familie, Senioren, Frauen und Jugend, Familienreport 2010, S. 35.

[80]Eine detaillierte, empirisch fundierte Analyse zur Motivationslage und -struktur der Elternschaft liefern: Eckard/Klein, Männer, Kinderwünsche und generatives Verhalten.

[81]Vgl. Kaufmann, Zukunft der Familie, S. 93

[82]Vgl. Eckard/Klein, Männer, Kinderwünsche und generatives Verhalten, S. 83; Gruber, Familie und christliche Ethik, S. 33-34.

[83]Vgl. Beck-Gernsheim, Alles aus Liebe zum Kind, S. 138; Höhn, Einflußfaktoren des generativen Verhaltens, S. 314.

[84]Vgl. Eckard/Klein, Männer, Kinderwünsche und generatives Verhalten, S. 81.

bereiten, 92 % bzw. 84 % sehen in ihnen eine Bereicherung des Lebens, 77 % bzw. 85 % geben an, dass ihnen Kinder das Gefühl geben, gebraucht zu werden. Es folgen die deutschen Mütter und Väter vor den Eltern aus vietnamesischen Migrantenfamilien und aus den Aussiedlerfamilien. Weniger deutlich fallen die Zustimmungen der griechischen und italienischen Eltern aus Migrantenfamilien aus".[85] Die Familie erscheint in der hochindustrialisierten, allerorts zweckrationales Verhalten einfordernden Gesellschaft als das Refugium, in welchem die Werte Geduld, Fürsorglichkeit, Einfühlungsvermögen, Zärtlichkeit, Offenheit und Nähe zur Geltung kommen und so der „Mensch" wieder im Mittelpunkt steht. Die Kinder können in einer durch den Bedeutungsverlust traditionaler und religiöser Bindungen fragwürdig gewordenen Welt Antwort auf die Frage nach dem Sinn geben. Die Kinder, ihr Dasein, ihre Erziehung und Versorgung, können somit neue Wert- und Sinnbezüge für die Eltern schaffen und etwaige Sinn- und Orientierungsdefizite kompensieren. Sie können für das Leben der Eltern Sinn stiftend und Stabilität generierend wirken.[86] Doch das ist nur eine Seite der Medaille. „Mit der Entscheidung für Kinder ist heute zugleich die Verantwortung für deren optimale Entwicklung verbunden. Heute steht nicht mehr die Frage der Reproduktion an sich im Mittelpunkt des Familienlebens, sondern die Frage nach der optimalen Erziehung und den Lebensmöglichkeiten, die Eltern den Kindern bieten können."[87] Angesichts frei verfügbarer und gesellschaftlich akzeptierter Geburtenkontrolle treffen Eltern ihre Entscheidung für Kinder im Bewusstsein, damit eine große Verantwortung zu übernehmen.

4.3.2   Pflege und Erziehung der Kinder

Zu den elterlichen Kernaufgaben zählen unbestritten die Pflege und Erziehung[88] der Kinder. Das Grundgesetz der Bundesrepublik Deutschland verbürgt in Artikel

---

[85]Sechster Familienbericht, S. 96.

[86]Vgl. Beck-Gernsheim, Alles aus Liebe zum Kind, S. 139-141.

[87]Gruber, Familie und christliche Ethik, S. 33.

[88]Viele Autoren sprechen hierbei von der Sozialisationsfunktion der Eltern. Vgl. Burkart, Familiensoziologie, S. 144-145; Nave-Herz, Ehe- und Familiensoziologie, S. 88 u.a. Im Folgenden soll jedoch mit Franz-Xaver Kaufmann von der Erziehungsaufgabe der Eltern gesprochen werden, da dadurch das intentionale Moment des elterlichen Agierens mehr in den Vordergrund gerückt wird. „Die Erziehungsaufgabe der Eltern besteht also gerade in der Unterstützung der Personwerdung oder Identitätsbildung des Kindes durch die Vermittlung werthafter Orientierungen sowie durch Beeinflussung der Rahmenbedingungen

6 das Elternrecht auf Pflege und Erziehung der Kinder als ein Grundrecht: „Pflege und Erziehung der Kinder sind das natürliche Recht der Eltern und die zuvörderst ihnen obliegende Pflicht."[89] Aufgrund der unaufgebbaren Verbundenheit der Eltern mit ihren Kindern bestimmt Art. 6 Abs. 2 GG dieses Elternrecht als pflichtgebundenes Recht. „Die Pflichtenbindung […] unterscheidet so das Elternrecht von allen anderen Grundrechten. Es ist das einzige Grundrecht, das zugleich ausdrücklich als Pflicht ausgestaltet ist, weil Elternschaft auf Antwort, dialogisch auf Verantwortung angelegt ist. Elternrecht und Elternpflicht verschmelzen zu einer Verantwortung, die maßgeblich dem Kindeswohl dient und vor allem Rechte des Kindes begründet."[90] Die umfassende Sorge für die Kinder und die Förderung ihren Begabungen erlangt erst unter den Bedingungen einer funktional differenzierten Gesellschaft ihre herausragende Bedeutung. Im Mittelalter war das Verhältnis der Eltern zu ihren Kindern oft von Desinteresse geprägt. Die Kinder wurden in den ersten Lebensjahren zwar grundversorgt, darüber hinaus jedoch weitgehend sich selbst überlassen. Oft oblag es den älteren Geschwistern, sich um die Kleinkinder zu kümmern. Erst mit der stetigen Zunahme ihrer Arbeitskraft gewannen Kinder Bedeutung und Relevanz für den Familienverbund.[91] Ähnlich verhielt es sich in weiten Teilen der agrarischen und industriellen Gesellschaften des 18. und 19. Jahrhunderts. Der Wert der Kinder lag vor allem in ihrem Arbeitskraftpotenzial, ihre individuelle Bildung und Entwicklung hatte dem hintanzustehen. Meist hatten die Eltern weder die Zeit noch sahen sie sich in der Pflicht, ihre Kinder über die anstehenden Arbeiten hinaus anzuleiten und in ihnen angelegte Begabungen zu fördern.[92] In einer überwiegend berufsständisch aufgebauten Gesellschaft mit vorgegebenen, an den Eltern orientierten Berufslaufbahnen bestand dazu auch keine Notwendigkeit. Mit den sozioökonomischen Veränderungen, welche mit der Herausbildung funktional differenzierter Gesellschaften einhergingen, wurde die Durchlässigkeit der Grenzen von Geburt und Stand jedoch zunehmend größer. Individuelle Qualifikation und Leistung entwickelte sich zur Leitkategorie des beruflichen Werdegangs und somit wurde die dafür erforderliche Erziehung und Bildung der Kinder wichtiges Ziel elterlichen

---

Fußnote 88 (Fortsetzung)

des Sozialisationsprozesses ihrer Kinder, welche allerdings gleichzeitig von einer Vielzahl anderer Instanzen mitbestimmt werden." Kaufmann, Zukunft der Familie, S. 49.

[89]Art. 6 Abs. 2 Satz 1 Grundgesetz für die Bundesrepublik Deutschland.

[90]Nesselrode, Das Spannungsverhältnis zwischen Ehe und Familie, S. 186-187.

[91]Vgl. Beck-Gernsheim, Alles aus Liebe zum Kind, S. 167.

[92]Vgl. Schlumbohm, Kinderstuben, S. 71-72.

Agierens. Die funktional differenzierte Gesellschaft der Moderne war und ist bis heute darauf angewiesen, dass die Aufgabe der Pflege und Erziehung der Kinder derart geleistet wird, dass möglichst flexible, leistungsmotivierte und qualifizierte junge Menschen am Ende dieses Prozesses stehen.[93] Die Aufgabe der dazu unerlässlichen intensiven Pflege und Erziehung der Kinder wird dabei in herausragender Weise der Familie und damit den Eltern zugewiesen. Die Anforderungen an die Eltern unterliegen mit dem Heranwachsen des Kindes einer stetigen Veränderung, denn Kleinkinder, Schulkinder, Jugendliche und junge Erwachsene haben verschiedene Bedürfnisse und stehen vor je eigenen altersspezifischen Entwicklungsaufgaben. Die Eltern stehen von der Geburt über die Schulzeit bis hin zur Ausbildung und Berufswahl in der Verantwortung, ihren Kindern ein günstiges Umfeld zu garantieren, in welchem die anstehenden Entwicklungsprozesse erfolgreich durchlaufen werden können.[94] Dabei handelt es sich jedoch um Prozesse mit hohem Stresspotenzial und einschneidenden Veränderungen für die Beteiligten, welche den Eltern große Adaptions- und Stressbewältigungsleistungen abfordern.[95]

Während die Exklusivität der Zuständigkeit der Eltern für das Wohl des Kindes mit zunehmendem Alter der Kinder abnimmt, wird beim Kleinkind die Zuständigkeit und Verantwortung noch fast ausschließlich den Eltern zugeordnet. „Besonders in Deutschland hat die Familie praktisch das Monopol für die Kleinkind-Sozialisation."[96] Die weitgehend exklusive Zuständigkeit der Eltern für ihre Kinder während der Kleinkindphase ist eine deutsche Besonderheit, welche weder in anderen Kulturen noch in anderen europäischen Ländern so zu finden ist. Auch in letzteren „ist die Sozialisationsfunktion nicht allein eine kernfamiliale, sondern eine allgemein familiale Aufgabe."[97] Während türkische, spanische oder polnische Großeltern ganz selbstverständlich einen Anspruch auf die Sozialisations- und Betreuungsfunktion gegenüber den Eltern einfordern und einlösen, ist die Pflege der Enkelkinder für deutsche Großeltern vielerorts zu einer Art Freizeitbeschäftigung geworden. Die Großeltern unterstützen zwar oft punktuell die Eltern bei der Kinderpflege und –aufsicht, sind dabei aber bemüht, sich nicht zu stark daran zu binden und in den Zuständigkeitsbereich der Eltern hineinzuregieren.[98]

---

[93]Vgl. Gruber, Familie und christliche Ethik, S. 30.

[94]Vgl. Widmer/Bodenmann, Beziehungen in der Familie, S. 168-169.

[95]Vgl. Widmer/Bodenmann, Beziehungen in der Familie, S. 172.

[96]Burkart, Familiensoziologie, S. 145.

[97]Nave-Herz, Ehe- und Familiensoziologie, S. 90.

[98]Vgl. Nave-Herz, Ehe- und Familiensoziologie, S. 88-90.

Eine entscheidende Rolle für die spätere Entwicklung des Kindes wird im Kleinkinderalter dem Aufbau einer angemessenen, sicheren Bindung zwischen Eltern und Kind zugemessen.[99] Das Kind sucht durch Krabbeln, Lächeln, Anschmiegen, Wimmern, Weinen und Schreien die räumliche und emotionale Nähe zu ihrer Bezugsperson, worauf diese mit fürsorglichem Pflege- und Betreuungsverhalten reagieren sollte. Aufgabe der Mutter, des Vaters oder einer anderen Bezugsperson ist es, dem Kind bei Unruhe, Unsicherheit und Ängsten emotionalen Schutz und Sicherheit zu bieten und seine elementaren Bedürfnisse zu befriedigen. Ein wichtiger Faktor ist dabei die Sensitivität, mit welcher die Bezugsperson auf Signale des Kindes reagiert, sie angemessen interpretiert und prompt und angemessen agiert. Es gilt sowohl theoretisch als auch empirisch als gesichert, dass die Art und Weise, in welcher der Aufbau einer sicheren Bindung zwischen Eltern und Kind gelingt, von großer Bedeutung für die spätere positive Entwicklung des Kindes bzw. Jugendlichen ist. Sicher gebundene Kinder zeichnen sich im Allgemeinen durch geringere Aggressivität und eine ausgeprägte Empathiebereitschaft aus, wovon sie bei ihrem Umgang mit interpersonalen Konflikten profitieren und somit in stabileren Freundschaftsbeziehungen und partnerschaftlichen Beziehungen leben können. Die frühen Beziehungserfahrungen, welche Kinder mit ihren Müttern, Vätern oder anderen Bezugspersonen machen, prägen die soziale und moralische Entwicklung der Kinder entscheidend.[100]

Mit zunehmendem Alter der Kinder wird in Deutschland wie in allen Industriestaaten die Betreuungs- und Erziehungsfunktion für begrenzte Zeiträume an außerfamiliale Institutionen delegiert. Kindertageseinrichtungen, Schulen, Sportvereine und Musikschulen spielen dabei eine große Rolle. Als Reaktion auf die Lebensverhältnisse vieler Eltern, welche eine durchgehende Betreuung der Kinder durch die Eltern selbst nicht mehr ermöglichen, werden in der Bundesrepublik Deutschland

---

[99]Eine Reduktion der Aufgaben der frühkindlichen Entwicklungsphase auf die zuverlässige Befriedigung basaler Bedürfnisse, den Aufbau sicherer Bindungen und um emotionale Sicherheit ist durch die Erkenntnisse der Hirnforschung jedoch nicht mehr vertretbar. Das Stufenmodell einer schrittweisen und altersabhängigen Erweiterung der Frühforderung ist damit obsolet geworden. „Damit fällt auch die übliche Unterscheidung zwischen Versorgen, Betreuen, Erziehen und Bilden in sich zusammen". Siebter Familienbericht, S. 223.

[100]Vgl. Hopf/Nunner-Winkler, Frühe emotionale Beziehungen, Bindung und moralische Entwicklung, S. 17-18, 36-37; Kaufmann, Zukunft der Familie, S. 38-39, 47-48; Widmer/ Bodenmann, Beziehungen in der Familie, S. 173-174.

vielfältige Anstrengungen unternommen, mit Ganztagsangeboten eine kindliche Versorgung jenseits des Elternhauses zu ermöglichen.[101]

In späterem Kindesalter gewinnen auch die Geschwisterbeziehungen eine große Bedeutung für die Pflege und Erziehung der Kinder. Entgegen der häufig in kultur- und gesellschaftskritischen Essays vertretenen Meinung ist das Aufwachsen von Kindern in einer Geschwistergemeinschaft in der Bundesrepublik Deutschland immer noch der Regelfall. Obwohl im Jahre 2009 über 50 Prozent der bundesdeutschen Familien mit Kindern unter 18 Jahren Ein-Kind-Familien waren, wuchsen dennoch in diesem Jahr über zwei Drittel der Kinder unter 18 Jahren in Mehr-Kind-Familien auf.[102] Vor allem unter entwicklungspsychologischen Aspekten kann das Aufwachsen in einer altersgemischten Geschwistergemeinschaft positive Anreize für die Identitätsbildung des Kindes setzen. Der Wettbewerb mit den Geschwistern fördert das Selbstvertrauen des Kindes, es lernt sich zu streiten, sich zu verbünden und in die Gemeinschaft einzufügen. Die Geschwister bilden im späteren Kindesalter häufig ein eigenes System in der Familie, sie erfahren darin untereinander Kooperation, Sympathie und gegenseitige Hilfsbereitschaft. Diese sozialen Erfahrungen wirken sich positiv unterstützend für die Entwicklung der Kinder aus. Auch wenn die Geschwister gelegentlich Koalitionen gegen die Eltern schmieden, profitieren auch die Eltern generell von diesen Geschwistergemeinschaften, da sie in ihrer Betreuungs- und Erziehungsfunktion entlastet werden.[103]

Traditionell ist in der Bundesrepublik Deutschland die Rollenverteilung bei der Pflege und Erziehung der Kinder zwischen Mutter und Vater stark ausdifferenziert. Rollenzuweisungen und -akzeptanzen, welche schon in kinderlosen Ehen und Partnerschaften zu Ungleichgewichten führen, verstärken sich im Regelfall durch das Hinzukommen von Kindern. Generell liegt die Familienarbeit überwiegend immer noch in den Händen der Frauen. „Zwei Drittel der Frauen erledigen nahezu vollständig die Familienarbeit."[104] Vor allem die Pflege und Grundversorgung der Kinder ist immer noch hauptsächlich Frauensache.[105]

---

[101]Vgl. Nave-Herz, Ehe- und Familiensoziologie, S. 90-91; Siebter Familienbericht, S. 163-164.

[102]Vgl. Statistisches Bundesamt, Statistisches Jahrbuch 2010, S. 47.

[103]Vgl. Nave-Herz, Familie heute, S. 70-75.

[104]Bundesministerin für Familie, Senioren, Frauen und Jugend, Familienreport 2010, S. 50.

[105]Vgl. Bundesministerin für Familie, Senioren, Frauen und Jugend, Familienreport 2010, S. 50-53.

Trotzdem lassen sich in den letzten Jahrzehnten Veränderungen bei dem Rollenverständnis von Müttern und Vätern konstatieren. Empirische Erhebungen belegen, dass die heutigen Väter, auch während der Säuglings– und Kleinkindphase, sich mehr in der Betreuung der Kinder engagieren als dies die Väter vor 40 Jahren taten.[106] Wobei bei den pflegerischen Versorgungstätigkeiten im Bereich der Hygiene, Essen, Kleidung und Schule weniger Veränderungen zu verzeichnen sind als bei Tätigkeiten wie beispielsweise Spielen und Spazierengehen, welche primär auf die affektive Beziehungsebene zwischen Vater und Kind zielen.[107] Zusammenfassend lässt sich hier eine Entwicklung feststellen, welche die gemeinsame Verantwortung von Mutter und Vater für die Sorge um die Kinder betont und trotz aller faktischer Ausdifferenzierungen der Geschlechterrollen die Bedeutung beider Elternteile für die Pflege und Erziehung der Kinder anerkennt.

Von besonderer Bedeutung für eine Begründung eines Rechts auf Familiennachzug ist die Frage, ob Familien mit ausländischen Elternteilen bei der Pflege und Erziehung der Kinder ein den deutschen Eltern vergleichbares, den Normen adäquates Verhalten an den Tag legen. Dies ist zudem aufgrund der relativen Größe der Gruppe von gesellschaftlich hoher Relevanz. Denn von den im Jahre 2008 in Deutschland 682 Tausend Lebendgeborenen, hatten über 22 Prozent mindestens ein Elternteil mit ausländischer Staatsbürgerschaft.[108] Dabei ist zu beachten, dass die Vielfalt an familialen Lebensformen unter der ausländischen Bevölkerung ähnlich groß ist wie unter der deutschen. Familien ausländischer Herkunft bzw. Familien mit Ausländern als Familienmitgliedern stellen keine homogene Gruppe dar und unterscheiden sich teilweise stark hinsichtlich Nationalität, Bildungsgrad, Einkommen und anderer Faktoren.[109] Dennoch lassen sich generalisierende Aussagen über das Plege- und Erziehungsverhalten von Familien mit ausländischen Mitgliedern treffen. Bezüglich der frühkindlichen Praktiken wurde das Verhalten türkischer Familien besonders erforscht. Demnach verändern türkische Eltern ihre Pflegepraktiken und -arrangements bei der Versorgung ihrer Kleinkinder in der Migrationssituation grundlegend. „In ihrem Verhalten sind diese Migrantenfamilien in vieler Hinsicht deutschen Familien

---

[106]Vgl. Nave-Herz, Familie heute, S. 58-59.

[107]Vgl. Bundesministerin für Familie, Senioren, Frauen und Jugend, Familienreport 2010, S. 52-53.

[108]Vgl. Statistisches Bundesamt, Statistisches Jahrbuch 2010, S. 58.

[109]Vgl. Migration und Migrantenfamilien in Baden-Württemberg, S. 9.

ähnlicher als den nichtgewanderten türkischen Familien."[110] Positiv korreliert mit dem Bildungsniveau der türkischen Mutter verändert sich in der Migration die Mutter-Kind-Beziehung in Richtung einer Rationalisierung der frühkindlichen Pflege. Regelmäßige ärztliche Betreuung des Kleinkindes, feste, regelmäßige Ernährungszeiten und die Befolgung von Diätvorschriften gewinnen an Bedeutung. Der Rationalisierungstendenz entspringen auch eine kürzere Stillzeitendauer und eine Verringerung des kindlichen Bewegungsraums im Krabbelalter durch Gitterbetten oder Laufställe. Bei gut ausgebildeten türkischen Migrantenfamilien spielt zudem die außerfamiliale Betreuung der Kinder zunehmend eine wichtige Rolle.[111]

Mit dem Heranwachsen der Kinder gewinnen die Erziehungsziele und -stile der Eltern an Bedeutung. Hierbei ist in der Öffentlichkeit die Ansicht weit verbreitet, dass ausländische Eltern im Gegensatz zu deutschen einen Erziehungsstil präferieren, welcher vor allem auf Autorität und Religiosität basiert und sich nach gängiger Überzeugung für die Entwicklung der Kinder als nachteilig auswirkt.[112] Die vorhandenen empirischen Befunde zum Erziehungsklima und zur Sozialisation in Migrantenfamilien zeichnen jedoch ein anderes Bild.[113] Da es besonders Unterschiede in den Erziehungsstilen in Familien unterschiedlicher Herkunftsnationen gibt, ist eine nach Herkunftsland differenzierte Betrachtung angezeigt. Allen untersuchten Nationalitäten gemeinsam ist jedoch die große Bedeutung der Einfühlsamkeit, der Empathie, welche die Beziehung der Eltern zu ihren Kindern prägt. Dies wird sowohl von der Eltern-, als auch der Kindergeneration so wahrgenommen. Lediglich bei dem Verhältnis der türkischen Väter zu ihren Söhnen wird diese durch die schulische Leistungsorientierung in ihrer Bedeutung vom ersten Rang verdrängt. Autoritäre Rigidität als unnachgiebiges Durchsetzen elterlicher Forderungen gegen die Interessen der Jugendlichen und religiöse Orientierung spielen aus der Sicht der Eltern und der Kinder über alle Nationalitäten hinweg keine große Bedeutung bei der Erziehung. Im Vergleich zwischen den Nationalitäten zeigt sich, dass die autoritäre Rigidität und religiöse Orientierung bei griechischen und italienischen Familien eine größere Rolle spielen als in türkischen Familien.[114] „Die größte Übereinstimmung zwischen den Generationen

---

[110]Sechster Familienbericht, S. 106.

[111]Vgl. Sechster Familienbericht, S. 105-106.

[112]Vgl. z. B. Sarrazin, Deutschland schafft sich ab, S. 59, 79; El-Mafaalani/Toprak, Muslimische Kinder und Jugendliche in Deutschland, S. 42.

[113]Vgl. Sechster Familienbericht, S. 106-110. Eine detailliertere Darstellung findet sich bei Nauck, Eltern-Kind-Beziehung in Migrantenfamilien.

[114]Vgl. Nauck, Eltern-Kind-Beziehung in Migrantenfamilien, S. 380-381.

herrscht dabei in den Migrantenfamilien aller Herkunftsnationalitäten in den Bildungsaspirationen, d. h. die erwartete Sicherheit, mit dem ein größtmöglicher Schulabschluss erwartet wird. Allerdings mit deutlichen Unterschieden zwischen den griechischen und italienischen Familien einerseits und den türkischen Familien andererseits: In den griechischen und italienischen Familien haben die Eltern jeweils niedrigere Bildungserwartungen als ihre Kinder, in den türkischen Familien dagegen höhere Aspirationen [...]. Diese Befunde belegen erneut, dass türkische Migranteneltern außerordentlich hohe Bildungsaspirationen für ihre Kinder besitzen, wobei kein Geschlechtsunterschied gemacht wird."[115] Insgesamt kann der Erziehungsstil in ausländischen Familien als durchaus dem der einheimischen Bevölkerung vergleichbar und den Anforderungen in der modernen Gesellschaft adäquat beschrieben werden. Eine die türkischen Familien betreffende Untersuchung zeigte zudem eine hohe Integration und Interaktionsdichte in den Migrantenfamilien, welche auf ihre Migrations- und Minderheitensituation zurückzuführen ist und eine geringere Abschließung der Generationen voneinander bewirkt.[116] Zusammenfassend lassen sich aufgrund der empirischen Untersuchungen bei ausländischen Eltern hinsichtlich der Pflege und Erziehung ihrer Kinder keine signifikanten Defizite feststellen. Die ausländischen Eltern erfüllen in der Regel ihre Aufgabe der Pflege und Erziehung der Kinder mit großem Engagement und zum Nutzen sowohl der Kinder als auch der Gesellschaft. Diese allgemeinen Aussagen über das Pflege- und Erziehungsverhalten verlieren mit dem gravierenden Fehlverhalten einzelner ausländischer Eltern nicht ihre Aussagekraft und Relevanz.

Als nächstes soll der Frage nachgegangen werden, inwieweit bei alleinerziehenden Eltern die Erfüllung ihrer Pflege- und Erziehungsfunktion beeinträchtigt ist. Als „alleinerziehend" werden im Folgenden jene Familien bezeichnet, in denen lediglich ein Elternteil die alltägliche Pflege- und Erziehungsverantwortung für ein oder mehrere Kinder besitzt, mit dem bzw. denen es in einer Haushaltsgemeinschaft wohnt.[117]

Die Frage nach Defiziten bei alleinerziehenden Familien ist für die Themenstellung dieser Arbeit von besonderer Relevanz, da ein Versagen des Rechts auf den Familiennachzug eines Elternteiles dazu führen kann, dass sich der im

---

[115]Sechster Familienbericht, S. 109; vgl. Boos-Nünning, Familienpolitik in der Einwanderungsgesellschaft, S. 29-30.

[116]Vgl. Sechster Familienbericht, S. 108-109.

[117]Vgl. Nave-Herz, Familie heute, S. 95.

Bundesgebiet ansässige Elternteil mit den in Deutschland aufwachsenden Kindern in der Rolle eines Alleinerziehenden befindet. Alleinerziehend zu sein ist jedoch keinesfalls ein Spezifikum ausländischer Eltern. Der Anteil der Alleinerziehenden innerhalb aller Familien in Deutschland wächst seit Jahren stetig. Nach den Ergebnissen des Mikrozensus 2008 waren von den 8,4 Millionen Familien mit Kindern in Deutschland 20 Prozent alleinerziehend. „Ungefähr jedes sechste Kind unter 18 Jahren wächst bei seinem alleinerziehenden Elternteil auf - zu 90 Prozent handelt es sich dabei um alleinerziehende Frauen."[118] Hinsichtlich der Frage, inwieweit Ein-Eltern-Familien ihrer Aufgabe der Pflege und Erziehung der Kinder hinreichend nachkommen können, herrschte lange Zeit die Überzeugung, dass dies nur defizitär möglich sei. „So wurde festgestellt, dass Zusammenhänge bestünden zwischen „Vater- bzw. Mutter-Verlust" und der Geschlechtsrollenübernahme, Verhaltensschwierigkeiten im Kindesalter, der sexuellen Entwicklung, krimineller Karriere, Anpassungsschwierigkeiten an Kindergruppen, verzögerter persönlicher Reifung, Beeinträchtigung im Selbstkonzept, Beeinflussung im kognitiven Bereich, schlechten Schulleistungen u. a. m."[119] Eine genauere Betrachtung der wissenschaftlichen Studien verbietet jedoch eine monokausale Erklärung etwaiger Entwicklungsdefizite von Kindern alleinerziehender Eltern. Als entscheidend erweist sich nicht der Tatbestand der alleinerziehenden Familie, sondern die Umstände, welche die Lebenssituation in der Ein-Eltern-Familie prägen. Die Entwicklung dieser Kinder erweist sich, neben den individuellen Dispositionen, abhängig vom dem Grund und der Länge der Abwesenheit eines Elternteils, dem Alter und Geschlecht des Kindes, der Anzahl und dem Geschlecht der Geschwister, der Unterstützung durch die Großeltern und der sozio-ökonomischen Lage der Familie. Besonders belastend erweisen sich dabei vor allem ökonomische Notlagen und andauernde psychische Stresssituationen und Überbelastungen des erziehenden Elternteils. Zusätzlich relevant erweisen sich die häusliche Atmosphäre und der Lebensstil des Alleinerziehenden.[120] Erst mit dem Zusammenwirken mehrerer negativer Faktoren erhöht sich für die Kinder in Ein-Eltern-Familien die Gefahr von Entwicklungs- und Persönlichkeitsstörungen signifikant. Vielen Ein-Eltern-Familien gelingt es jedoch, sich in eine Lebenssituation einzufinden, welche sich als für die Beteiligten als mindestens zufriedenstellend darstellt. Ein Großteil der in Deutschland alleinerziehenden Eltern kann beispielsweise bei der

---

[118]Bundesministerin für Familie, Senioren, Frauen und Jugend, Familienreport 2010, S. 70.

[119]Nave-Herz, Familie heute, S. 96.

[120]Vgl. Nave-Herz, Familie heute, S. 96-97.

Erziehung auf die Unterstützung durch Dritte zurückgreifen. Fast die Hälfte der Alleinerziehenden erhält Hilfe durch die Großeltern, fast ein Drittel die Unterstützung durch den anderen Elternteil.[121] Unter günstigen Umständen können Kinder aus Ein-Eltern-Familien sogar besondere Kompetenzen wie Selbständigkeit und psychische Reife früher erwerben als Kinder aus Zwei-Eltern-Familien. Es kann allgemein festgestellt werden: „Vater– oder Mutterabwesenheit per se sagt nichts über die zu erwartende Richtung des Sozialisationsprozesses der Kinder aus."[122]

Alleinerziehend zu sein ist ein Phänomen, das Deutsche und Ausländer in Deutschland in fast demselben Maße betrifft. Während im Jahre 2009 der Anteil der alleinerziehenden Deutschen an der deutschen volljährigen Bevölkerung 3,8 Prozent betrug, so lag der Anteil der alleinerziehenden Ausländer an der volljährigen ausländischen Bevölkerung in Deutschland bei 4,4 Prozent.[123] Im selben Jahr lebten 19,0 Prozent der deutschen ledigen Kinder in einer Ein-Eltern-Familie, während 17,1 Prozent der ausländischen ledigen Kinder in einer Ein-Eltern-Familie aufwuchsen. Sowohl bei den deutschen als auch bei den ausländischen Ein-Eltern-Familien handelt es sich zu fast 90 Prozent um alleinerziehende Frauen.[124] Obwohl sich die erhobenen Daten primär auf Menschen mit Migrationshintergrund verschiedener Herkunftsländer beziehen, kann davon ausgegangen werden, dass der Anteil der ausländischen Alleinerziehenden nach der Nationalität der Alleinerziehenden differiert. Bei Ausländern aus der Türkei und Südeuropa lässt sich ein geringerer Anteil von Ein-Eltern-Familien vermuten, als dies bei anderen Nationalitäten und insbesondere bei den Deutschen der Fall ist.[125] Auf die Frage, wie viele Ein-Eltern-Familien in Deutschland das Ergebnis eines beantragten, aber nicht gewährten Familiennachzugs eines ausländischen Elternteils sind, lässt sich keine empirisch fundierte Antwort geben. Eine Auswertung der Daten des Mikrozensus, das Jahr 2000 und lediglich die alten Bundesländer betreffend, gibt

---

[121]Vgl. Bundesministerin für Familie, Senioren, Frauen und Jugend, Familienreport 2010, S. 71.

[122]Nave-Herz, Familie heute, S. 97.

[123]Vgl. Statistisches Bundesamt, 2009. Bevölkerung und Erwerbstätigkeit. Haushalte und Familien, S. 42-43; zur Ermittlung der Zahl der deutschen und ausländischen volljährigen Bevölkerung in der Bundesrepublik Deutschland zum 31.12.2009 wurden die Daten einer online-Recherche auf der Homepage des Statistischen Bundesamts www.destatis.de ausgewertet.

[124]Vgl. Statistisches Bundesamt, 2009. Bevölkerung und Erwerbstätigkeit. Haushalte und Familien, S. 42-43; 50.

[125]Vgl. Berlin-Institut für Bevölkerung und Entwicklung: Ungenutzte Potenziale; S. 26-27.

jedoch Auskunft über den Anteil der im Herkunftsland verbliebenen Ehepartner von verheiratet getrennt lebenden ausländischen Alleinerziehenden. Danach hatte bei 22,8 Prozent der verheiratet getrennt lebenden ausländischen Alleinerziehenden der nicht erziehende Ehepartner seinen Wohnsitz im Herkunftsland. Bei den ausländischen Männern aus der Türkei, dem ehemaligen Jugoslawien und Griechenland ist die Wahrscheinlichkeit, dass sie sich im Falle des Getrenntlebens von Ehefrau und Kindern im Herkunftsland befinden mit über 40 Prozent besonders hoch.[126] In diesem Falle besteht schon aufgrund der räumlichen Distanz meist keine Möglichkeit der bedarfsweisen Unterstützung des alleinerziehenden Elternteils und des regelmäßigen Umgangs mit den Kindern.

Über die spezifische Lebenssituation ausländischer Alleinerziehender gibt es wenige wissenschaftliche Erkenntnisse. „Während die allein Erziehenden in den letzten Jahren zunehmend in das Blickfeld familienwissenschaftlicher Forschung rückten, fanden nichtdeutsche allein Erziehende in der Fachliteratur bisher nur sehr geringe Beachtung."[127] Bedenkt man jedoch, dass die Gruppen der Alleinerziehenden bzw. der Ausländer schon jeweils für sich genommen zu den besonders belasteten und unterprivilegierten Gruppen gehören, dann liegt die Vermutung nahe, dass sich alleinerziehende Ausländer oftmals vor so starke Herausforderungen gestellt sehen, dass sie diese unter den gegebenen Bedingungen nicht vollständig meistern können. „Ohne vorschnell verallgemeinern zu wollen, ist für die Gruppe der ausländischen allein Erziehenden der Tendenz nach von einer Kumulation von Problemlagen auszugehen. Wenn man bedenkt, dass sowohl allein Erziehende generell als auch Ausländer insgesamt zu den einkommensschwächeren bis –schwächsten Gruppen der Bevölkerung zählen und demgemäß entsprechend häufiger von Armut bedroht sind, so liegt die Vermutung nahe, dass dies für ausländische allein Erziehende umso stärker gilt. Hinzu kommen möglicherweise soziokulturelle und sprachliche Barrieren, die verhindern, dass allein erziehende Ausländer die wenigen institutionellen Unterstützungsstrukturen für allein Erziehende in gleicher Weise wahrnehmen (können) wie allein erziehende Deutsche."[128] Daraus kann geschlossen werden, dass das rechtliche bzw. behördliche Versagen des Familiennachzugs eines ausländischen Elternteils für

---

[126]Vgl. Sozialministerium Baden-Württemberg (Hrsg.): Familienbericht 2004. Teil 2, S. 100.

[127]Sozialministerium Baden-Württemberg (Hrsg.): Familienbericht 2004. Teil 2, S. 100.

[128]Sozialministerium Baden-Württemberg (Hrsg.): Familienbericht 2004. Teil 2, S. 101.

den alleinerziehenden Elternteil zu einer Situation führen kann, in welcher das Erfüllen der Aufgabe der elterlichen Pflege und Erziehung der Kinder nur unzureichend möglich ist. Es ist davon auszugehen, dass etwaige, darauf zurückzuführende Entwicklungsdefizite der Kinder negative Folgen sowohl für die direkt Betroffenen als auch die deutsche Gesellschaft zeitigen werden.

Mit der Aufgabe der Pflege und Betreuung ihrer Kinder erfüllen die Eltern eine wichtige und nicht delegierbare Funktion für die Gesellschaft. Im Unterschied zu anderen gesellschaftlichen Teilsystemen steht beim Sozialverband der Familie jedoch nicht ausschließlich die Funktionserfüllung im Vordergrund. Aufgrund der intensiven personalen Beziehungen innerhalb der Familie führen die vielfältigen und fordernden Belastungen der Elternschaft[129] nicht automatisch zur elterlichen Unzufriedenheit, sondern ganz im Gegenteil, meist zu einer hohen Zufriedenheit. „Tendenziell gilt, dass Eltern mit ihrem Leben sehr zufrieden sind."[130] Jedoch lassen sich hinsichtlich der Lebenszufriedenheit Unterschiede zwischen den familialen Lebensformen feststellen. Während Mütter und Väter in Paarhaushalten im Allgemeinen gleichermaßen von einer hohen Zufriedenheit zeugen, fühlen sich im Vergleich dazu Alleinerziehende deutlich unwohler.[131] Junge Eltern erfahren die Verantwortung für ihre Kinder zudem oft als eine Persönlichkeitsbereicherung. Sie werden infolge der Elternschaft in der Gesellschaft als reifer wahrgenommen und mit mehr Respekt behandelt.[132] Unabhängig von der familialen Lebensform konnten bei einer Umfrage 73 Prozent von den befragten Eltern in Deutschland angeben, dass sie der Aussage „Kinder machen das Leben erfüllter" voll zustimmen könnten. 61 Prozent stimmten der Aussage „Kinder geben das Gefühl, gebraucht zu werden" voll zu.[133] Die überwiegende Mehrheit aller Eltern in Deutschland empfindet es als sinnstiftend, beglückend und ihr eigenes Leben bereichernd, Kinder zu haben und sich um ihr Wohlergehen zu sorgen. In besonderer Weise trifft dies auf Väter und Mütter türkischer Herkunft zu.

---

[129]Über die vielfältige Belastung der Eltern durch ihre Verantwortung für die Kinder und deren geschlechtsspezifischer Bewältigung siehe den Siebten Familienbericht aus dem Jahre 2005: Siebter Familienbericht, S. 182-197.

[130]Bundesministerin für Familie, Senioren, Frauen und Jugend, Familienreport 2010, S. 35.

[131]Vgl. Bundesministerin für Familie, Senioren, Frauen und Jugend, Familienreport 2010, S. 35.

[132]Vgl. Fünfter Familienbericht, S. 81.

[133]Eigene Berechnung; die Daten wurden von Nauck, Eltern-Kind-Beziehungen in Migrantenfamilien, S. 360 entnommen.

Abschließend lässt sich feststellen, dass die Pflege und Erziehung der Kinder eine Aufgabe darstellt, welche generell sowohl von den einheimischen als auch den zugewanderten Eltern mit großem Engagement gemeistert wird. Das Erbringen dieser familialen Leistung wird von der überwiegenden Zahl der Eltern als sinnstiftend und erfüllend erfahren. Alleinerziehende Eltern erbringen diese Aufgabe und Leistung oft unter erschwerten Bedingungen.

4.3.3   Kohäsion und emotionale Stabilisierung

Die Aufgabe und Leistung der Kohäsion und emotionalen Stabilisierung trifft sowohl für die eheliche Paarbeziehung als auch die Eltern-Kind-Beziehung zu. Dabei sollen Ehe und Familie ein wesentliches menschliches Grundbedürfnis der Verbundsmitglieder stillen: das Streben nach Zusammenhalt und emotionaler Verbundenheit. Gerade unter den Bedingungen des Lebens in der modernen, funktional differenzierten Gesellschaft kommen Ehe und Familie dabei eine besondere Bedeutung zu. Durch die zunehmende affektive Neutralisierung der zwischenmenschlichen Beziehungen in der Öffentlichkeit im Zuge der Modernisierung ist der eheliche und familiale Zusammenhalt von erheblicher Bedeutung für den Gefühlshaushalt der Ehegatten und Familienmitglieder geworden. Ehe und Familie sollen als Gegenpol zur spezialisierten und rationalisierten Gesellschaft fungieren. In ihnen soll der Mensch nicht nur als funktionaler Rollenträger wahrgenommen, sondern als „Person" angenommen werden, mit allen individuellen Prägungen inklusive etwaiger persönlicher Beschränkungen.[134] „In modernen Gesellschaften ist die Familie zum einzigen institutionalisierten Lebensbereich geworden, in dem das Äußern von Gefühlen - und zwar nicht nur der Liebe, sondern auch der Angst, ja eventuell des Hasses - als erlaubt, ja wünschenswert gilt, und in dem Gefühlsäußerungen als Ausdruck der Personhaftigkeit (und nicht z. B. als psychische Labilität) gelten. Eine der wesentlichen Leistungen, die Familienmitglieder voneinander erwarten dürfen, ist das Eingehen auf Gefühlsäußerungen *jeglicher* Art, das „Teilen von Freude und Leid", die bis in den Körperkontakt hineinreichende Mitteilung von Zuneigung, Verständnis, Trost, Leidenschaft und Ablehnung."[135] Die normative Förderung und Akzeptanz der Affektivität erstreckt

---

[134]Vgl. Kaufmann, Zukunft der Familie, S. 36-38; Nave-Herz, Ehe- und Familiensoziologie, S. 99-100.
[135]Kaufmann, Zukunft der Familie, S. 36.

sich auf die Beziehung der Ehepartner, der Eltern-Kind-Beziehung als auch der Beziehung der Kinder untereinander. Gerade bei der Bewältigung von Belastungen und Stresssituationen erweisen sich Ehe und Familie als hilfreich. Denn neben der emotionalen Unterstützung durch Zuwendung, Trost und Ermunterung können von Ehepartnern und Familienmitgliedern auch gezielte instrumentelle Bewältigungshandlungen erwartet werden, um die individuelle Belastung zu verringern, wenn nicht sogar aufzulösen.[136] Gelingt die Wahrung dieses gegenseitigen Zusammenhalts innerhalb von Ehe und Familie, so stellen die ehelichen und familialen Lebenszusammenhänge als psychische Ressourcen einen wesentlichen Faktor für das subjektive Wohlbefinden der Individuen dar.[137] Ungeachtet der grundsätzlich stabilisierenden Wirkung ehelicher und familialer Beziehungen kam die Ehe- und Familienforschung in den letzten Jahrzehnten jedoch zu Erkenntnissen, welche diesbezüglich viele idealisierte und maßlose Erwartungen an Ehe und Familie relativieren. Soziologen warnen vor der Illusion, innerhalb von Ehe und Familie ginge es immer, unabhängig von allen Rollenerwartungen, ganzheitlich um die jeweilige Person. Vater, Mutter und Kinder werden sehr wohl sowohl durch die Gesellschaft als auch durch intrafamiliale Erwartungen mit einer Rolle belegt. „Die Vorstellung von der „Ganzheit der Person" ist eine Sehnsuchtserwartung; sie bildet nicht die soziale Realität ab."[138] Des Weiteren sind Ehe und Familie damit überfordert, sämtliche Spannungen auszugleichen, welche sich für die Individuen in einer an Wettbewerb und Profit orientierten Wirtschaftsordnung ergeben.[139] Schließlich tritt das lange Zeit tabuisierte Thema „Gewalt in der Familie" in den letzten Jahren zunehmend in den Fokus der öffentlichen Diskussion und der wissenschaftlichen Forschung. Einige Ehepartner und Familienmitglieder erleben Ehe und Familie nicht als ein Hort des Zusammenhalts, sondern als einen Raum der Zwangskohäsion mit dem Erleiden körperlicher Gewalt und erzwungener Sexualität.[140]

Auch wenn es nicht für jede Ehe und Familie zutrifft, generell bewähren sich diese Lebensformen für ihre Mitglieder als Haltspender und emotionale

---

[136]Vgl. Kaufmann, Zukunft der Familie, S. 40; Widmer/Bodenmann, Beziehungen in der Familie, S. 171.

[137]Vgl. Fünfter Familienbericht, S. 248; Siebter Familienbericht, S. 281.

[138]Nave-Herz, Ehe- und Familiensoziologie, S. 100.

[139]Vgl. Nave-Herz, Ehe- und Familiensoziologie, S. 100-101; Trujillo, Familie als Privatangelegenheit, S. 216-217.

[140]Vgl. Kaufmann, Zukunft der Familie, S. 37-38; Nave-Herz, Ehe- und Familiensoziologie, S. 101.

Stabilisatoren. Empirische Untersuchungen in Deutschland zeigen, dass nach der Selbsteinschätzung von Eltern mit minderjährigen Kindern die Familien von einem außerordentlich hohen Zusammenhalt geprägt sind. Nur 8 Prozent der Mütter und 16 Prozent der Väter von Kindern unter 18 Jahren geben an, dass der Zusammenhalt in der eigenen Familie nicht so eng bzw. gar nicht eng sei. Die große Mehrheit der Mütter und Väter geht hingegen von einem sehr engen oder wenigstens ziemlichen engen Zusammenhalt in der eigenen Familie aus.[141]

Ein besonders hoher familialer Zusammenhalt lässt sich insbesondere bei Migrantenfamilien feststellen. Die anspruchsvollen Aufgaben, mit denen Migrantenfamilien häufig konfrontiert sind, führen innerhalb der Familien oft zu einer hohen intergenerativen Integration und Interaktionsdichte, „d. h. die einzelnen Familienmitglieder wissen mehr übereinander und richten ihr Verhalten mehr aneinander aus, als dies bei nichtgewanderten Familien normalerweise der Fall ist. Die Migrationssituation scheint somit intergenerative Beziehungen nicht zu schwächen, sondern in der Mehrzahl der Fälle zu stärken."[142] Darüber hinaus können viele Migranten soziale und psychische Unterstützung von Verwandtschaftsbeziehungen erwarten, welche über den Bereich der Kernfamilie hinausreichen. Viele Anzeichen deuten darauf hin, dass die bei dem Phänomen der Kettenmigration zu beobachtenden Synergieeffekte bezüglich der sozialen Ressourcen von Migranten weit mehr innerhalb der Verwandtschaftsverbände als innerhalb ganzer ethnischer Kolonien generiert werden.[143] Das in der Regel hohe Maß an emotionaler Stabilisierung von heranwachsenden Jugendlichen in Migrantenfamilien wirkt sich positiv auf ihre Sozialisation und Integration in die Gesellschaft aus. Studien zum religiösen Fundamentalismus türkischer Jugendlicher in Deutschland haben ergeben, dass Jugendliche mit fehlendem emotionalen Rückhalt in der Familie eher zu religiös fundierter Gewaltbereitschaft neigen als Gleichaltrige, welche diesen emotionalen Rückhalt in der Familie erfahren.[144]

---

[141]Vgl. Bundesministerin für Familie, Senioren, Frauen und Jugend: Familienreport 2010, S. 33.

[142]Sechster Familienbericht, S. 109.

[143]Vgl. Sechster Familienbericht, S. 111-115.

[144]Vgl. Heitmeyer/Müller/Schröder, Verlockender Fundamentalismus, S. 148-150.

4.3.4 Solidarität

Solidarisches Handeln wird in sozialethischer Perspektive dem Wesenskern der Ehe und Familie zugeordnet.[145] Es stellt sich jedoch die Frage, ob Ehe und Familie unter den aktuellen gesellschaftlichen Bedingungen dieser Aufgabe noch gerecht werden, bzw. gerecht werden können. Zur Beantwortung dieser Frage werden Ergebnisse der empirisch deskriptiven Familienforschung herangezogen.

Eheliche und familiale Solidarität als in einem engen Zusammengehörigkeitsgefühl gründende Bereitschaft zur wechselseitigen Unterstützung in allen Lebenslagen ist auch in der modernen Ehe und Familie von fundamentaler Bedeutung. Entgegen weit verbreiteter Zerfallsdiagnosen[146] verlieren Ehe und Familie als Solidargemeinschaften gegenwärtig nicht an ihrer Bedeutung.[147] Bei der in ihren biologischen, sozialen und rechtlichen Bindungen labiler gewordenen Familie ist der Solidarität geradezu eine konstituierende Funktion zugewachsen. „Familie ist nicht mehr nur soziale Institution, die durch Rollen, Positionen und damit verbundene Rechte und Pflichten charakterisiert ist. Familie erscheint heute mehr als Verantwortungs- und Solidargemeinschaft und damit als Zusammenhang von Personen, die nicht zwingend zusammenwohnen müssen und nicht zwingend über verwandtschaftliche Beziehungen miteinander verbunden sind."[148] Die familiale Solidarität erstreckt sich dabei oft über mehrere Generationen und den gesamten Familienverband.[149] Dabei spielt die praktische Hilfe im Bedürftigkeits- bzw. Krisenfall von Familienangehörigen eine wichtige Rolle. Die Familie springt bei drängenden Problemen notfalls umgehend mit finanzieller oder praktischer Hilfe, mentaler Unterstützung, Information und Beratung ein. Es ist auffallend, dass in der Praxis die Ausübung familialer Solidarität überwiegend von den Frauen der

---

[145]Der Sozialethiker Lob-Hüdepohl spricht von der Solidarität als dem Urprinzip familialer Lebensformen. Lob-Hüdepohl, Gerechtigkeit und Solidarität, S. 38; vgl. auch Päpstlicher Rat für Gerechtigkeit und Frieden, Kompendium der Soziallehre der Kirche, Nr. 229; Schockenhoff, Das kirchliche Leitbild von Ehe und Familie und der Wandel familialer Lebenslagen, S. 291.

[146]Vgl. Lenz, Familie - Abschied von einem Begriff? Eine Zusammenfassung der familiensoziologischen Infragestellung der Familie liefert Marschütz, Familie humanökologisch, S. 146-169.

[147]Vgl. Nave-Herz, Ehe- und Familiensoziologie, S. 32-33.

[148]Achter Familienbericht, S. 5.

[149]Vgl. Szydlik, Soziale Sicherheit durch Familiensolidarität, S. 45-46; Nave-Herz, Ehe- und Familiensoziologie, S. 87-88.

Familien übernommen wird. Damit geht oftmals eine sehr hohe zusätzliche Inanspruchnahme dieser Frauen einher, welche ihrerseits wieder zu Überlastungsphänomenen führen kann. „In der Perspektive des sogenannten Familienzyklus tritt Hilfebedürftigkeit insbesondere in zwei Phasen auf, nämlich bei der jungen Familie und beim alleinstehenden, pflegebedürftigen alten Menschen, häufig dem überlebenden Elternteil."[150] In beiden Fällen zeigt sich dabei die Familie in der Verantwortung und Pflicht. Bei der Betreuung der Kleinkinder unterstützen oft die Großeltern, dabei besonders die Großmütter, die jungen Familien. Abhängig von der räumlichen Nähe und dem persönlichen Verhältnis zu den Kindern bzw. Schwiegerkindern übernehmen sie diese Betreuung meist sporadisch oder in Notfällen. Regelmäßige Betreuung von Kleinstkindern übernehmen in der Regel nur Großmütter aus sozioökonomisch schwachen Verhältnissen mit geringem Bildungs- und Ausbildungsstatus. Hilfs- und Pflegetätigkeiten an kranken oder altersschwachen Eltern bzw. Schwiegereltern fallen meist in den Bereich der selbst alt gewordenen Töchter bzw. Schwiegertöchter, und zwar unabhängig davon, in welchem emotionalen Verhältnis sie zu diesen standen oder stehen.[151] Nicht zu vernachlässigen im Bereich der familialen Solidarität sind die materiellen Zuwendungen zwischen den familialen Generationen. Eltern haben zeit ihres Lebens den Wunsch und Anspruch, ihren Kindern Unterstützung angedeihen zu lassen. So erklärt sich die große Zahl der privaten finanziellen Zuwendungen der Eltern an ihre meist schon erwachsenen Kinder und der Großeltern an ihre Enkelkinder. Durch die im Familienverbund geltenden Reziprozitätsnormen führen diese Transfers zwischen den Angehörigen zu einer Stabilisierung oder gar Revitalisierung der intergenerativen Familienbindungen mit einer damit verbundenen Stärkung des familialen Solidarpotenzials.[152] Diese an sich positiv zu wertenden intergenerativen familialen Transfers weisen jedoch den Nebeneffekt auf, die soziale Ungleichheit innerhalb der Gesellschaft zu erhöhen. „Eltern aus höheren Sozialschichten verschaffen ihren Kindern somit nicht nur während deren Kindheit und Jugend bessere Lebensverhältnisse. Auch erwachsene Kinder werden nach deren Auszug aus dem Elternhaus zeitlebens unterstützt, und zwar durch regelmäßige Geldtransfers, Geschenke, Schenkungen, Vermögensübertragungen und schließlich durch Vererbungen. Damit tragen die Unterstützungsleistungen

---

[150]Kaufmann, Zukunft der Familie, S. 60.

[151]Vgl. Nave-Herz, Ehe- und Familiensoziologie, S. 215-218.

[152]Vgl. Szydlik, Soziale Sicherheit durch Familiensolidarität, S. 46.

schichthöherer Eltern für ihre Kinder über deren gesamten Lebenslauf zu einer Verfestigung und sogar Vergrößerung sozialer Ungleichheit bei."[153]

Dieser Sachverhalt lenkt indirekt den Blick darauf, dass die familiale Solidarität bei Familien mit Migrationshintergrund besondere Charakteristika aufweist. Diese sollen im Folgenden erörtert werden.

Es gehört zum Spezifikum der Menschen mit Migrationshintergrund in der Bundesrepublik Deutschland, dass diese überproportional niederen Bildungsschichten angehören und durchschnittlich auf weniger finanzielle Ressourcen innerhalb des Familienverbundes zurückgreifen können als Einheimische. Dies trifft besonders auf jene Familien zu, deren Familienmitglieder im Zuge der Anwerbung von Arbeitsmigranten in den ersten Jahrzehnten der Bundesrepublik einreisten und sich anschließend in Deutschland auf Dauer niederließen.[154] Die Arbeitsmigranten der ersten und zweiten Generation und deren Familien besitzen in der Regel nicht solch große Einkommen und Vermögen, dass sie ihre Kinder und Enkel großzügig finanziell unterstützen und sich selbst im Pflegefall außerhalb der Familie gegen Entgelt versorgen lassen können. Die fehlende Möglichkeit der Unterstützung durch große finanzielle Transferleistungen bedeutet für die Migrantenfamilien jedoch nicht, dass bei ihnen die familiale Solidarität nur eingeschränkt vorzufinden wäre, sondern ganz im Gegenteil, dass den nichtmonetären familialen Solidarpotenzialen eine besonders große Bedeutung zukommt.[155] Neben den oft fehlenden materiellen Ressourcen spielen dabei meist der kulturelle Hintergrund der Migranten und die Situation in der Fremde eine entscheidende Rolle. Viele Familien ausländischer Herkunft stammen aus Gesellschaften ohne ein ausgebautes sozialstaatliches Sicherungssystem. Infolgedessen handelt es sich in diesen Herkunftsländern um kulturell tradierte, unhinterfragte und gelebte Praxis, die wesentlichen Absicherungen gegen die Lebensrisiken familial zu organisieren. Diese Werteorientierung bleibt auch in der Migrationssituation erhalten, gewinnt sogar „in der Fremde" zuweilen noch an Bedeutung.[156] „In Familien mit Migrationshintergrund haben Generationenbeziehungen einen besonderen Stellenwert. Eltern tragen zur Integration der Kinder in die Aufnahmegesellschaft bei und erwarten ihren familiären Einstellungen entsprechend

---

[153]Szydlik, Familie und Sozialstruktur, S. 90.

[154]Vgl. Bundesministerin für Familie, Senioren, Frauen und Jugend: Ehe, Familie, Werte - Migrantinnen und Migranten in Deutschland, S. 12-13; Bundesministerin für Familie, Senioren, Frauen und Jugend: Familien mit Migrationshintergrund, S. 26-27.

[155]Vgl. Gostomski, Fortschritte der Integration, S. 175; Sechster Familienbericht, S. 95.

[156]Vgl. Sechster Familienbericht, S. 95.

im Gegenzug von ihren Kindern frühe Mithilfe im Haushalt, materielle Unterstützung sowie Fürsorge und Beistand im Alter. Diese Erwartungen werden von den Kindern wahrgenommen. Die Arbeitsteilung zwischen den Generationen ist konstitutives Element der Generationenbeziehungen".[157] Eltern mit Migrationshintergrund setzen in ihre Kinder signifikant höhere ökonomisch-utilitaristische Erwartungen als deutsche Eltern. Das Ausmaß dieser Erwartungshaltung ist dabei jedoch stark abhängig von der Nationalität der Eltern. Nur 21 Prozent der italienischen Väter erwarten zum Beispiel, dass ihnen ihre Kinder im Alter helfen, wohingegen dies auf 74 Prozent der türkischen Väter zutrifft.[158] Diese elterliche Erwartungshaltung trifft bei den Kindern der Einwanderer auf eine im Vergleich zur Aufnahmegesellschaft überproportional große Bereitschaft, dem Folge zu leisten. Es „kann gezeigt werden, dass das familiale Solidaritätspotenzial bei türkischen Migranten wesentlich stärker ausgeprägt ist als bei Deutschen. Die Unterschiede bleiben in der nachfolgenden Generation und über alle Altersgruppen hinweg bestehen."[159] Zusätzlich lassen sich bei der familialen Solidarität innerhalb von Migrantenfamilien geschlechtsspezifische Unterschiede feststellen. „Schließlich gilt für alle Migrantennationalitäten, dass alle Erwartungen, die mit Transferzahlungen von der jüngeren an die ältere Generation in Zusammenhang stehen, eher von Müttern ausgehen und sich eher an Söhne richten. Mütter erwarten am stärksten von Söhnen, dass sie Teile ihres Einkommens bei Berufsbeginn abgeben, dass sie jüngere Geschwister in ihrer Schullaufbahn unterstützen, dass sie in Notfällen finanziell helfen und dass sie sie im Alter finanziell unterstützen."[160] Diese Erwartungshaltung korrespondiert mit einer überdurchschnittlichen Bereitschaft dieser Frauen, im Falle der Pflegebedürftigkeit eines Angehörigen diese Pflege zu Hause selbst zu übernehmen.[161] Migrantenfamilien zeichnen sich zudem durch eine starke intragenerationale Verbundenheit aus.

---

[157]Bundesministerin für Familie, Senioren, Frauen und Jugend: Ehe, Familie, Werte - Migrantinnen und Migranten in Deutschland, S. 16; Vgl. Soom Ammann/Holten/Baghdadi, Familiale Unterstützungs- und Pflegearrangements im transnationalen Kontext, S. 279-280.

[158]Vgl. Sechster Familienbericht, S. 96. Eine differenzierte Darstellung der Netzwerkressourcen und familialen Einstellungen der fünf größten in Deutschland lebenden Ausländergruppen (Türken, Ehem. Jugoslawen, Italiener, Polen, Griechen) ist zu finden in: Gostomski, Fortschritte der Integration, S. 175-208.

[159]Carnein/Baykara-Krumme, Einstellungen zur familialen Solidarität im Alter, S. 29.

[160]Sechster Familienbericht, S. 100.

[161]Kohls, Pflegebedürftigkeit und Nachfrage nach Pflegeleistungen von Migrantinnen und Migranten, 31; Dietzel-Papakyriakou/Olbermann, Gesundheitliche Lage und Versorgung alter Arbeitsmigranten in Deutschland, S. 309.

Konzentrieren sich die Verwandtschaftsbeziehungen in deutschen Familien weitgehend auf intergenerationale Beziehungen in direkter Linie, so erweisen sich in Migrantenfamilien die Beziehungen zu Verwandten der gleichen Generation (Bruder und Schwester, Schwager und Schwägerin, sonstige Verwandte) meist als bedeutsam und in Krisensituationen als belastbar.[162]

Zusammenfassend lässt sich feststellen, dass die familiale Solidarität für Migrantenfamilien häufig die wichtigste Ressource bei der Bewältigung von Problemen und Notlagen in der Aufnahmegesellschaft darstellt. Ohne die überdurchschnittlich hohen Solidarleistungen in Migrantenfamilien wäre für viele Migranten das Leben in der Aufnahmegesellschaft von großer Not geprägt und die Bewältigung des schwierigen Eingliederungsprozesses ein unerreichbares Ziel.[163]

4.3.5   Haushaltsführung, Gesundheit und Erholung

Ehe und Familie werden in ihrer Lebenswirklichkeit sowohl quantitativ als auch qualitativ vorwiegend vom Alltag bestimmt. Treten in der Fremdwahrnehmung und oftmals auch in der Selbstwahrnehmung von Ehen und Familien die herausragenden, einmaligen und nicht routinisierten Ereignisse in den Vordergrund, so bildet dennoch der Ereignisbereich des täglichen Lebens mit seinen gewohnheitsmäßigen und ritualisierten Handlungen die eigentliche Basis des Ehe- und Familienlebens.[164] Der eheliche und familiale Alltag will gemeistert werden. Dies geschieht in der Regel in der gemeinsamen Wohnung und umfasst die Aufgabenbereiche Haushaltsführung, Gesundheit und Erholung. Zur Haushaltsführung gehören vor allem die tägliche Zubereitung der Nahrung sowie die Pflege und der Unterhalt der Wohnung. Zum Bereich Gesundheit gehören besonders die Körperpflege und die Bekämpfung von Krankheiten. Schließlich dienen Schlaf und Freizeit der Regeneration und Erholung der Ehepartner bzw. Familienmitglieder.[165] Die Qualität der Erledigung dieser Aufgaben erweist sich für das Wohlbefinden in Ehe und Familie von entscheidender Bedeutung. „Es ist nicht zuletzt die Art und Weise, wie der familiale Alltag organisiert wird, und wie die Familienmitglieder

---

[162]Vgl. Sechster Familienbericht, S. 115.
[163]Vgl. Steinbach, Solidarpotenziale in Migrantenfamilien, S. 46.
[164]Vgl. Nave-Herz, Ehe- und Familiensoziologie, S. 152-153.
[165]Vgl. Kaufmann, Zukunft der Familie, S. 54-55.

miteinander in der Erledigung ihrer alltäglichen Routinen umgehen, welche das Ausmaß an Spannungsfreiheit oder aber Streß der Familienbeziehungen prägt".[166] Über das Wohlbefinden hinaus erweist sich die Erfüllung der haushaltlichen Pflichten als unersetzliches Lernfeld für die Erziehung der Kinder. Der Haushalt ist der prädestinierte Erfahrungsraum, in dem Kinder ihre Eltern bei der Übernahme und Erledigung von Aufgaben erleben und von ihnen lernen können. Die Eltern vermitteln so ihren Kindern elementare Einsichten in die Notwendigkeit und Sinnhaftigkeit von Solidarität und üben sie durch das schrittweise Einbeziehen in die haushaltlichen Tätigkeiten darin ein.[167]

Die Arrangements der innerehelichen und innerfamilialen Verteilung der Haushaltstätigkeiten sind dabei zentrales Thema der Alltagsorganisation und stellen oftmals ein großes Spannungsfeld für die Ehepartner und ihre Kinder dar. Uneinigkeiten über die geschlechtstypische innerfamiliale Aufgabenteilung im Haushalten führen oft zu Belastungen und Instabilitäten der Beziehung zwischen der Ehefrau und dem Ehemann. Die Polarisierung der Geschlechterrollen mit der strukturellen Trennung zwischen männlicher außerhäuslicher Erwerbsarbeit und unentgeltlicher weiblicher Haushaltsführung ist ein Produkt der Entfaltung der bürgerlichen Gesellschaft,[168] welche mit der Aufklärung ihren Anfang nahm und in der Bundesrepublik Deutschland in den Nachkriegsjahrzehnten des letzten Jahrhunderts ihren Höhepunkt fand. Dies fand im Leitbild der Hausfrauenehe seinen Niederschlag, welches im Bürgerlichen Gesetzbuch im Paragrafen 1356, welcher seit Inkrafttreten des Bürgerlichen Gesetzbuches bis zum Gleichberechtigungsgesetz vom 18. Juni 1957 Folgendes festschrieb: „Die Frau ist, unbeschadet der Vorschriften des § 1354, berechtigt und verpflichtet, das gemeinschaftliche Hauswesen zu leiten. Zu Arbeiten im Hauswesen und im Geschäfte des Mannes ist die Frau verpflichtet, soweit eine solche Tätigkeit nach den Verhältnissen, in denen die Ehegatten leben, üblich ist."[169] Das Gleichberechtigungsgesetz im Jahre 1957 schaffte das Direktionsrecht des Mannes zwar ab, hielt aber am

---

[166]Kaufmann, Zukunft der Familie, S. 55.

[167]Vgl. Kaufmann, Zukunft der Familie, S. 57.

[168]Vgl. Kaufmann, Zukunft der Familie, S. 122-123.

[169]Zitiert nach Staudinger/Voppel (2012) § 1356, Rn 1; § 1354 regelte, dass dem Ehemann „die Entscheidung in allen das gemeinschaftliche Leben betreffenden Angelegenheiten", zustand. Er bestimmte insbesondere den Wohnort und Wohnung. Vgl. Staudinger/Voppel (2012) § 1356, Rn 1.

Leitbild der Hausfrauenehe fest.[170] Das Erste Gesetz zur Reform des Ehe- und Familienrechts aus dem Jahre 1976 trug mit der Neufassung des Paragrafen 1356 den gewandelten gesellschaftlichen Anschauungen und Realitäten bezüglich der geschlechtsspezifischen Rollenverteilung in Ehe und Familie Rechnung. Die jetzige Formulierung des § 1356 lautet: „(1) Die Ehegatten regeln die Haushaltsführung im gegenseitigen Einvernehmen. Ist die Haushaltsführung einem der Ehegatten überlassen, so leitet dieser den Haushalt in eigener Verantwortung." Der Gesetzgeber hat sich somit vom vorher geltenden Leitbild der Hausfrauenehe gelöst, ohne jedoch ein neues Leitbild für Ehe und Familie zu formulieren. Die Entscheidung der Ehepartner über Hausfrauen- oder Hausmannsehe, über Alleinverdiener-, Doppelverdiener- oder Zuverdienstehe wird nicht vom Gesetzgeber vorgegeben, sondern der einvernehmlichen Entscheidung der Ehepartner anheimgestellt.[171] Empirische Studien über Art und Umfang der ehelichen und familialen Haushaltstätigkeiten geben zwar nicht direkt Aufschluss über die von den Ehepartnern ausgehandelten Arrangements, wohl aber über deren Umsetzung im Alltag. Die im Jahre 2008/2009 erstellte Panelstudie zur Beziehungs- und Familienentwicklung in Deutschland liefert hierzu bei den in Partnerschaft lebenden Frauen und Männern im Alter von 25 bis 29 Jahren und von 35 bis 39 Jahren aussagekräftige Ergebnisse. „Nach den Angaben von 67 Prozent der Frauen und 58 Prozent der Männer übernimmt die Partnerin den überwiegenden Teil oder die gesamte Hausarbeit."[172] Bei jüngeren Paaren mit Kindern übernehmen 77 Prozent der Frauen den überwiegenden oder gesamten Anteil an der Hausarbeit. Dies ergibt sich jedenfalls aus den Angaben der befragten jungen Mütter. Nach den Angaben ihrer männlichen Partner erfolgt die überwiegende oder ausschließliche Übernahme der Haushaltstätigkeiten durch die Partnerin in lediglich 69 Prozent der Fälle.[173] Unabhängig von diesen geschlechtsspezifisch differierenden Einschätzungen lässt sich jedoch bei Familien mit minderjährigen Kindern ein grundsätzlich hoher Grad der Übernahme hauswirtschaftlicher Pflichten durch die Frauen feststellen. Aus der zum Zeitpunkt der Veröffentlichung des Achten Familienberichts „Zeit für Familie" im Jahre 2012 aktuellsten Zeitbudgeterhebung aus dem Jahre 2001/2002 ergibt sich, dass Frauen mit minderjährigen Kindern

---

[170]§ 1356 BGB „Die Frau führt den Haushalt in eigener Verantwortung. Sie ist berechtigt, erwerbstätig zu sein, soweit dies mit ihren Pflichten in Ehe und Familie vereinbar ist. Zitiert nach Staudinger/Voppel (2012) § 1356, Rn 2.

[171]Vgl. Staudinger/Voppel (2012) § 1356, Rn 4.

[172]Achter Familienbericht, S. 23-24.

[173]Vgl. Achter Familienbericht, S. 24.

25 Prozent des täglichen Zeitbudgets von 24 Stunden für Hausarbeit, Kinderbe-
treuung und Pflege verwenden, Männer mit minderjährigen Kindern hingegen
12 Prozent. Dem entspricht auf der anderen Seite ein Einsatz von 22 Prozent des
Zeitbudgets dieser Männer für Erwerbsarbeit und Weiterbildung, wohingegen
Frauen mit minderjährigen Kindern dafür nur 9 Prozent ihrer Zeit aufbringen
bzw. aufbringen können.[174] Weitere wissenschaftliche Studien zur innerfamilialen
Arbeitsteilung bestätigen den Befund, dass bei gemeinsamer Haushaltsführung
die primäre Verantwortlichkeit für die hauswirtschaftlichen Tätigkeiten weiterhin
der Frau zugeordnet ist und der männliche Partner seine Rolle eher in der Unterstützung seiner Partnerin sieht.[175] Die Geburt eines Kindes fördert die oft vorher
schon ausgebildete geschlechtsspezifische Arbeitsteilung in männliche Erwerbsarbeit und weibliche Haushalts- und Erziehungsarbeit meist noch. Sowohl Mütter
als auch Väter leiden bei der Haushaltsführung und der Pflege dabei in der Regel
unter einer subjektiv empfundenen und objektiv belegbaren Zeitknappheit.[176] Bei
alleinerziehenden Eltern zeigt sich die Lage oft noch prekärer. „Wie zu erwarten,
leiden Alleinerziehende besonders häufig unter Zeitdruck. 51 Prozent aller alleinerziehenden Frauen und 61 Prozent der alleinerziehenden, erwerbstätigen Frauen
leiden immer oder oft unter Zeitdruck."[177] Mangelnde Zeitressourcen wirken sich
auch negativ auf die Erfüllung einer weiteren wichtigen ehelichen und familialen
Funktion aus, der Erholung.

Sinn und Zweck von Erholung ist neben der Regeneration die Selbstfin-
dung und -verwirklichung. Unter Zugrundelegung des Zeitbudget-Ansatzes
kann dem Bereich der Erholung die Zeit des Schlafes und die Freizeit zugeordnet werden.[178] Für viele Menschen entscheidet sich maßgeblich die Frage der
Lebensqualität in den Stunden der Freizeit.[179] Für viele Ehepartner und Familienmitglieder erweist sich die Qualität der Ehe bzw. der Familie in einer gelungenen
gemeinsamen Freizeitgestaltung. Das gemeinsame Verbringen und Gestalten von
Freizeit gehörte jedoch nicht immer zum Kernbereich der Familie. Dies ist die
Folge eines ehelichen und familialen Strukturwandels im 20. Jahrhundert mit dem
Ergebnis der Emotionalisierung und Intimisierung der personalen Beziehungen

---

[174]Vgl. Achter Familienbericht, S. 23-24, eigene Berechnungen.

[175]Vgl. Kaufmann, Zukunft der Familie, S. 127; Nave-Herz, Familie heute, S. 50.

[176]Vgl. Achter Familienbericht, S. 45.

[177]Achter Familienbericht, S. 41.

[178]Vgl. Achter Familienbericht, S. 68, Kaufmann, Zukunft der Familie, S. 54-55.

[179]Zur definitorischen Bestimmung des Begriffs „Freizeit" siehe Nave-Herz, Ehe- und
Familiensoziologie, S. 95-98.

innerhalb des Personenverbunds. Vor diesem Prozess wurde die Freizeit über-wiegend in alters-, geschlechts- und standesspezifischen Gruppen verbracht. Sie diente vor allem der gesellschaftlichen Integration und Interaktion. „Die Kon-zentration des Verbringens von Freizeit mit Mitgliedern der Kernfamilie setzte verstärkt noch nach dem Zweiten Weltkrieg - vor allem Ende der 1950er und in den 1960er-Jahren - ein als Reaktion auf die gesellschaftlichen Krisen- und Umbruchzeiten, die eine besondere Familienbezogenheit und -betonung ausge-löst hatten."[180] Die Freizeit wird seitdem überwiegend in der Familie verbracht, sei es in gemeinsamen Freizeitaktivitäten, sei es nebeneinander im gemeinsa-men familialen Wohnraum. Wird phasenspezifisch die Familienorientierung des Freizeitverhaltens mit zunehmendem Alter der Kinder auch geringer, so wird doch allgemein dem Durchführen von gemeinsamen Unternehmungen eine hohe normative Bedeutung zugesprochen, um eine „richtige" Familie zu sein.[181] Die familienzentrierte Freizeitgestaltung führt die Familie dabei nicht in eine gesellschaftliche Isolation. Viele Freizeitaktivitäten werden auch zusammen mit anderen durchgeführt. Familien verabreden sich mit anderen Familien, einzelne Familienmitglieder pflegen supplementär individuelle Außenkontakte.[182]

Im Folgenden soll der Frage nachgegangen werden, welche Aussagen bei Familien mit Migrationshintergrund bezüglich Haushaltsführung, Gesundheit und Erholung getroffen werden können. Der sechste Familienbericht der Bun-desregierung weist darauf hin, dass das Bild der ausländischen Frau und damit eng verknüpft der Familie mit Migrationshintergrund in der bundesrepublika-nischen Öffentlichkeit auffällig einseitig und unkontrovers dargestellt wird.[183] Die ausländische Frau, idealtypisch oft in der „Türkin" verkörpert, wird weithin zum Objekt der Stereotypenbildung. Sie erscheint in der Fremdwahrnehmung als sich für die Familie aufopfernd, auf Kinder und Haushalt fixiert, eigenen Bedürfnissen gegenüber anspruchslos und innerhalb der partriarchalischen Fami-lienstruktur unterdrückt. Studien zeichnen jedoch ein anderes Bild. „Wesentli-ches Ergebnis dieser Untersuchung ist, dass die jeweiligen Fremdbilder jeweils viel extremer sind als die Selbstbilder: Türkische Frauen werden von deutschen Frauen sehr viel stärker in Richtung „viele Kinder", „nicht körperlich freizügig",

---

[180]Nave-Herz, Familie heute, S. 88.

[181]Vgl. Nave-Herz, Familie heute, S. 89-90.

[182]Vgl. Nave-Herz, Ehe- und Familiensoziologie, S. 99.

[183]Vgl. Sechster Familienbericht, S. 89.

„wenig gleichberechtigt" und „religiös" eingestuft, als sie es selbst tun".[184] Zwischen Deutschen und Migranten lassen sich zwar in den familialen Rollenbildern geschlechtsspezifische Unterschiede empirisch nachweisen, diese sind jedoch nicht so gravierend, wie es oft den Anschein hat. So stimmen lediglich 20 Prozent der Migranten und Migrantinnen der Aussage zu, dass die Hausarbeit hauptsächlich von der Hausfrau erledigt werden solle. 17 Prozent von ihnen befürworten, dass Kindererziehung Frauensache sei. Im Vergleich dazu bejahen 9 Prozent der Deutschen die Zuständigkeit der Frau für den Haushalt, und 8 Prozent der Deutschen ordnen die Kindererziehung eindeutig der Frau zu.[185] Ein Vergleich der Aufgabenverteilung zwischen den Ehepartnern in Familien ausländischer Herkunft und in nichtgewanderten deutschen Familien zeigt, dass die Unterschiede zwischen den jeweiligen Herkunftsnationalitäten geringer sind, als es die weit verbreiteten Annahmen über die kulturelle Prägung der Geschlechterrollen nahe legen. „Dass die türkischen Familien unter allen Familien ausländischer Herkunft diejenigen mit der höchsten Kooperation zwischen den Ehepartnern sind [...], entspricht dabei (erneut) nicht dem Stereotyp, das in Deutschland über diese Herkunftsnationalität existiert."[186] Weiterhin kann nicht von einer überwiegenden Fixierung der Mütter mit Migrationshintergrund auf die haushaltlichen Aufgaben die Rede sein. „Während etwa 63 Prozent der nicht erwerbstätigen Mütter mit Migrationshintergrund gerne berufstätig wären, trifft dies nur auf 47 Prozent der Mütter insgesamt zu. [...] Wichtig ist ihnen zudem die Möglichkeit, durch die Berufstätigkeit Kontakt zu anderen Menschen außerhalb der Familie aufzubauen. Gleichzeitig wird eine bereits erfolgte oder angestrebte Berufstätigkeit bei der Mehrzahl der Migrantinnen von ihren Partner begrüßt und unterstützt."[187]

Zusammenfassend lässt sich feststellen, dass sich Familien mit Migrationshintergrund bei den Funktionen Haushalt, Gesundheit und Erholung nicht gravierend von deutschen Familien unterscheiden. Unter großem persönlichen Einsatz versuchen die Mütter und Väter meist mit Erfolg, den Erwartungen der Familienmitglieder und den gesellschaftlich normierten Rollen gerecht zu werden.

---

[184]Sechster Familienbericht, S. 89.

[185]Vgl. Bundesministerin für Familie, Senioren, Frauen und Jugend: Ehe, Familie, Werte - Migrantinnen und Migranten in Deutschland, S. 18.

[186]Sechster Familienbericht, S. 93.

[187]Bundesministerin für Familie, Senioren, Frauen und Jugend: Familienreport 2010, S. 89-90.

Literaturverzeichnis

Internationale Verträge

Abkommen zwischen der Bundesrepublik Deutschland und dem Königreich Belgien über Gastarbeiter vom 18. Januar 1952, (Gesetz vom 21. August 1952), abgedruckt in: Bundesgesetzblatt 1952 II S. 705-707

Abkommen zwischen der Bundesrepublik Deutschland und dem Spanischen Staat über Gastarbeitnehmer vom 25. Januar 1952, (Gesetz vom 13. August 1952), abgedruckt in: Bundesgesetzblatt 1952 II S. 702-704

Abkommen zwischen der Bundesrepublik Deutschland und der Republik Österreich über Gastarbeitnehmer vom 23. November 1951, (Gesetz vom 29. Juli 1952), abgedruckt in: Bundesgesetzblatt 1952 II S. 610

Deutsch-türkische Vereinbarung über die Vermittlung türkischer Arbeitnehmer nach der Bundesrepublik Deutschland vom 30. Oktober 1961, (rückwirkend in Kraft getreten am 1. September 1961), abgedruckt in: Heinevetter, Klaus/Hinzen, Hans (Hrsg.): Ausländerrecht. Zusammenstellung von Gesetzen, Rechtsverordnungen, Abkommen, Vereinbarungen, Verträgen und anderen Vorschriften zum Ausländerrecht, Bielefeld 1964, S. 110-113

Deutsch-türkische Vereinbarung über die Vermittlung türkischer Arbeitnehmer nach der Bundesrepublik Deutschland. Änderung und Neufassung, (in Kraft getreten am 30. September 1964), abgedruckt in: Bundesarbeitsblatt 16. Jg., 1965, S. 125-127

Richtlinie 2003/86/EG des Rates der Europäischen Union vom 22. September 2003 betreffend das Recht auf Familiennachzug, abgedruckt in: Amtsblatt der Europäischen Union L 251 vom 3.10.2003, S. 12-18

Vereinbarung zwischen der Regierung der Bundesrepublik Deutschland und der Regierung der Italienischen Republik über die Anwerbung und Vermittlung von italienischen Arbeitskräften nach der Bundesrepublik Deutschland vom 20. Dezember 1955, (in Kraft getreten am gleichen Tage), abgedruckt in: Bundesanzeiger Nr. 11/1956 vom 17. Januar 1956

Vereinbarung zwischen der Regierung der Bundesrepublik Deutschland und der Regierung der Portugiesischen Republik über die Vermittlung von portugiesischen Arbeitnehmern nach Deutschland vom 17. März 1964, (in Kraft getreten am gleichen Tage), abgedruckt in: Heinevetter, Klaus/Hinzen, Hans (Hrsg.): Ausländerrecht. Zusammenstellung von Gesetzen, Rechtsverordnungen, Abkommen, Vereinbarungen, Verträgen und anderen Vorschriften zum Ausländerrecht, Bielefeld 1964, S. 129-136

© Springer Fachmedien Wiesbaden GmbH 2018
W. Lingl, *Der Familiennachzug in die Bundesrepublik Deutschland,*
https://doi.org/10.1007/978-3-658-19640-0

Vereinbarung zwischen der Regierung der Bundesrepublik Deutschland und der Regierung der Sozialistischen Föderativen Republik Jugoslawien über die Vermittlung jugoslawischer Arbeitnehmer nach und ihrer Beschäftigung in der Bundesrepublik Deutschland vom 12. Oktober 1968, (in Kraft getreten am 4. Februar 1969), abgedruckt in: Bundesgesetzblatt 1969 II S. 1107-1111

Vereinbarung zwischen der Regierung der Bundesrepublik Deutschland und der Regierung der Tunesischen Republik über die Beschäftigung tunesischer Arbeitnehmer in der Bundesrepublik Deutschland vom 7./18. Oktober 1965 (in Kraft getreten am 18. Oktober 1965), abgedruckt in: Bundesanzeiger Nr. 57/1966

Vereinbarung zwischen der Regierung der Bundesrepublik Deutschland und der Regierung des Königreichs Griechenland über die Anwerbung und Vermittlung von griechischen Arbeitnehmern nach der Bundesrepublik Deutschland vom 30. März 1960, (in Kraft getreten am gleichen Tage), abgedruckt in: Heinevetter, Klaus/Hinzen, Hans (Hrsg.): Ausländerrecht. Zusammenstellung von Gesetzen, Rechtsverordnungen, Abkommen, Vereinbarungen, Verträgen und anderen Vorschriften zum Ausländerrecht, Bielefeld 1964, S. 103-109

Vereinbarung zwischen der Regierung der Bundesrepublik Deutschland und der Regierung des Königreichs Marokko über die vorübergehende Beschäftigung marokkanischer Arbeitnehmer in der Bundesrepublik Deutschland vom 21. Mai 1963, (in Kraft getreten am gleichen Tage), abgedruckt in: Heinevetter, Klaus/Hinzen, Hans (Hrsg.): Ausländerrecht. Zusammenstellung von Gesetzen, Rechtsverordnungen, Abkommen, Vereinbarungen, Verträgen und anderen Vorschriften zum Ausländerrecht, Bielefeld 1964, S. 122-128

Vereinbarung zwischen der Regierung der Bundesrepublik Deutschland und der Regierung des Königreichs Schweden über Gastarbeitnehmer vom 15. Mai 1953 (in Kraft getreten am 1. Juli 1953), abgedruckt in: Bundesanzeiger Nr. 146/1953

Vereinbarung zwischen der Regierung der Bundesrepublik Deutschland und der Regierung des Spanischen Staates über die Wanderung, Anwerbung und Vermittlung von spanischen Arbeitnehmern nach der Bundesrepublik Deutschland vom 29. März 1960, (in Kraft getreten am gleichen Tage), abgedruckt in: Heinevetter, Klaus/Hinzen, Hans (Hrsg.): Ausländerrecht. Zusammenstellung von Gesetzen, Rechtsverordnungen, Abkommen, Vereinbarungen, Verträgen und anderen Vorschriften zum Ausländerrecht, Bielefeld 1964, S. 96-102

Verordnung (EWG) Nr. 1612/68 des Rates vom 15. Oktober 1968 über die Freizügigkeit der Arbeitnehmer innerhalb der Gemeinschaft, abgedruckt in: Amtsblatt der Europäischen Gemeinschaften, Jg. 11, Nr. L 257 vom 19.10.1968, S. 2-12

Bücher, Sammelwerke, Artikel, Aufsätze

Achter Familienbericht: Zeit für Familie. Familienzeitpolitik als Chance einer nachhaltigen Familienpolitik. Hrsg.: Bundesministerium für Familie, Senioren, Frauen und Jugend, Berlin 2012

Ahmad, Feroz: Geschichte der Türkei, Essen 2005

Albrecht, Georg (Hrsg.): Das Düsseldorfer Reformprogramm zum Ausländerrecht. Vorgelegt vom Initiativkreis für die Reform des Ausländerrechts beim Diakonischen Werk der Evangelischen Kirche im Rheinland, Bonn 1976

Albrecht, Günter: Soziologie der geographischen Mobilität. Ein Beitrag zur Soziologie des sozialen Wandels, Stuttgart 1972

Alt, Jörg: Leben in der Schattenwelt. Problemkomplex illegale Migration. Neue Erkenntnisse zur Lebenssituation 'illegaler' Migranten aus München und anderen Orten Deutschlands, Karlsruhe 2003

Ansay, Tuğrul/Gessner, Volkmar (Hrsg.): Gastarbeiter in Gesellschaft und Recht, München 1974

Arbeitsgemeinschaft der deutschen Familienorganisationen e.V. (Hrsg.): Internationales Jahr der Familie - 10 Jahre danach -. Familie als Spiegel gesellschaftlicher und politischer Entwicklungen. Dokumentation des Internationalen Symposiums 15. - 16. November 2004 in Potsdam, Berlin 2005

Arrow, Kenneth Joseph: Social Choice and Individual Values, New York 1951

Bade, Klaus J.: Ausländer, Aussiedler, Asyl. Eine Bestandsaufnahme, München 1994

Bade, Klaus J.: ,Billig und willig' - die ,ausländischen Wanderarbeiter' im kaiserlichen Deutschand, in: Bade, Klaus J. (Hrsg.): Deutsche im Ausland - Fremde in Deutschland. Migration in Geschichte und Gegenwart, 2. Aufl., München 1992, S. 311-324

Bade, Klaus J. (Hrsg.): Deutsche im Ausland - Fremde in Deutschland. Migration in Geschichte und Gegenwart, 2. Aufl., München 1992

Bade, Klaus J.: Einheimische Ausländer: ,Gastarbeiter' - Dauergäste - Einwanderer, in: Bade, Klaus J. (Hrsg.): Deutsche im Ausland - Fremde in Deutschland. Migration in Geschichte und Gegenwart, 2. Aufl., München 1992, S. 393-401

Bade, Klaus J.: Europa in Bewegung. Migration vom späten 18. Jahrhundert bis zur Gegenwart, München 2002

Bade, Klaus J./Oltmer, Jochen: Normalfall Migration, Bonn 2004

Barwig, Klaus/Lörcher, Klaus/Schumacher, Christoph (Hrsg.): Familiennachzug von Ausländern auf dem Hintergrund völkerrechtlicher Verträge, Baden-Baden 1985

Baumgartner, Alois: Artikel Familie - Sozialethisch, in: Hunold, Gerfried W. (Hrsg.): Lexikon der christlichen Ethik, Band 1, Freiburg 2003, Sp. 509-510

Baumgartner, Alois: Familie als personale Lebensgemeinschaft, in: Rauscher, Anton (Hrsg.): Welche Zukunft hat Familie? Köln 1995, S. 37-62

Baumgartner, Alois: Artikel Gesinnung, Gesinnungsethik, in: Hunold, Gerfried W. (Hrsg.): Lexikon der christlichen Ethik, Band 1, Freiburg 2003, Sp. 666-667

Baumgartner, Isidor/Wohlfarth, Albert: Personale Entfaltung und soziale Bindung in Lebensphasen und Lebensformen, in: Heimbach-Steins, Marianne (Hrsg.): Christliche Sozialethik. Ein Lehrbuch, Band 2: Konkretionen, Regensburg 2005, S. 193-227

Bayerl, Marion: Die Familie als gesellschaftliches Leitbild. Ein Beitrag zur Familienethik aus theologisch-ethischer Sicht, Würzburg 2006

Beck, Ulrich/Beck-Gernsheim, Elisabeth (Hrsg.): Das ganz normale Chaos der Liebe, Frankfurt am Main 1990

Beck-Gernsheim, Elisabeth: Alles aus Liebe zum Kind, in: Beck, Ulrich/Beck-Gernsheim, Elisabeth (Hrsg.): Das ganz normale Chaos der Liebe, Frankfurt am Main 1990, S. 135-183

Becka, Michelle/Rethmann, Albert-Peter (Hrsg.): Ethik und Migration. Gesellschaftliche Herausforderungen und sozialethische Reflexion, Paderborn 2010

Berger, Johannes: Modernitätsbegriffe und Modernitätskritik in der Soziologie, in: Soziale Welt. Zeitschrift für sozialwissenschaftliche Forschung und Praxis, Jg. 39, 1988, H. 2, S. 224-236

Berlin-Institut für Bevölkerung und Entwicklung: Ungenutzte Potenziale. Zur Lage der Integration in Deutschland, Berlin 2009

Berlinghoff, Marcel: Das Ende der ›Gastarbeit‹. Europäische Anwerbestopps 1970-1974, Paderborn 2013

Bethlehem, Siegfried: Heimatvertreibung, DDR-Flucht, Gastarbeiterwanderung. Wanderungsströme und Wanderungspolitik in der Bundesrepublik Deutschland, Stuttgart 1982

Bischoff, Detlef/Teubner, Werner: Zwischen Einbürgerung und Rückkehr. Ausländerpolitik und Ausländerrecht der Bundesrepublik Deutschland. Eine Einführung, Berlin 1991

Boos-Nünning, Ursula: Familienpolitik und Familienforschung in der Einwanderungsgesellschaft, in: Krüger-Potratz, Marianne (Hrsg.): Familien in der Einwanderungsgesellschaft, Göttingen 2004, S. 21-38

Booth, Heather: The migration process in Britain und West Germany. Two demographic studies of migrant populations, Aldershot 1992

Booth, Heather: On the role of demography in the study of post-war migration to Western Europe, in: European Demographic Information Bulletin, 1982, Vol. XIII, No. 4, S. 161-171

Brunner, Otto/Conze, Werner/Koselleck, Reinhart (Hrsg.): Geschichtliche Grundbegriffe. Historisches Lexikon zur politisch-sozialen Sprache in Deutschland, Band 2, Stuttgart 1975

Büttner, Tobias/Stichs, Anja: Die Integration von zugewanderten Ehegattinnen und Ehegatten in Deutschland. BAMF-Heiratsmigrationsstudie 2013, Nürnberg 2014

Bundesministerin für Familie, Senioren, Frauen und Jugend: Ehe, Familie, Werte - Migrantinnen und Migranten in Deutschland. Monitor Familienreport: Ausgabe 24, Berlin 2010

Bundesministerin für Familie, Senioren, Frauen und Jugend: Familien mit Migrationshintergrund. Lebenssituationen, Erwerbsbeteiligung und Vereinbarkeit von Familie und Beruf, 2. Aufl., Berlin 2011

Bundesministerin für Familie, Senioren, Frauen und Jugend: Familienreport 2010. Leistungen, Wirkungen, Trends, Berlin 2010

Bundesministerin für Familie, Senioren, Frauen und Jugend: Zwangsverheiratung in Deutschland, Baden-Baden 2007

Bundesverfassungsgericht: Beschluß vom 12. Mai 1987 (2BvR 1226/83, 101, 313/84). Wartezeiten für Nachzug von Ausländern (Türken und Jugoslawen) zu ihren im Bundesgebiet lebenden Familienangehörigen, in: Entscheidungen des Bundesverfassungsgerichts, 76. Band, 1988, S. 1-83

Burkart, Günter: Familiensoziologie, Konstanz 2008

Carnein, Marie/Baykara-Krumme, Helen: Einstellungen zur familialen Solidarität im Alter: Eine vergleichende Analyse mit türkischen Migranten und Deutschen, in: Zeitschrift für Familienforschung, 25 Jg., 2013, S. 29-52

Castles, Stephen: Here for good. Western Europe's new ethnic minorities, London, Sydney 1984

Currle, Edda: Migration in Europa. Daten und Hintergründe, Stuttgart 2004

De Jong, Gordon F./Gardner, Robert W.: Introduction and Overview, in: De Jong, Gordon F./Gardner, Robert W. (Hrsg.): Migration Decision Making. Multidisciplinary Approaches to Microlevel Studies in Developed und Developing Countries, New York 1981, S. 1-10

De Jong, Gordon F./Gardner, Robert W. (Hrsg.): Migration Decision Making. Multidisciplinary Approaches to Microlevel Studies in Developed und Developing Countries, New York 1981

De Jong, Gordon F./Fawcett, James T.: Motivations for Migration: An Assessment and a Value-Expectancy Research Model, in: De Jong, Gordon F./Gardner, Robert W. (Hrsg.): Migration Decision Making. Multidisciplinary Approaches to Microlevel Studies in Developed und Developing Countries, New York 1981, S. 13-58

Dietzel-Papakyriakou, Maria/Olbermann, Elke: Gesundheitliche Lage und Versorgung alter Arbeitsmigranten in Deutschland, in: Marschalck, Peter/Wiedl, Karl Heinz (Hrsg.): Migration und Krankheit, Osnabrück 2001, S. 283-311

Dodd, Stuart C.: The Interactance Hypothesis. A Gravity Model Fitting Physical Masses and Human Groups, in: American Sociological Review, Vol. 15, 1950, S. 245-256

Dorbritz, Jürgen/Gerlach, Irene/Scheiwe, Kirsten/Schuler-Harms, Margarete: Strukturen und Rahmenbedingungen von Migration, in: Wissenschaftlicher Beirat für Familienfragen: Migration und Familie. Kindheit mit Zuwanderungshintergrund, Wiesbaden 2016, S. 37-63

Dülmen, Richard van: Kultur und Alltag in der Frühen Neuzeit. Erster Band: Das Haus und seine Menschen im 16.-18. Jahrhundert, 4. Aufl., München 2005

Ecarius, Jutta (Hrsg.): Handbuch Familie, Wiesbaden 2007

Eckard, Jan/Klein, Thomas: Männer, Kinderwünsche und generatives Verhalten. Eine Auswertung des Familiensurvey zu Geschlechterunterschieden in der Motivation zur Elternschaft, Wiesbaden 2006

Eisenführ, Franz/Weber, Martin: Rationales Entscheiden, 3., neubearb. u. erw. Aufl., Berlin u. a. 1999

El-Mafaalani, Aladin/Toprak, Ahmet: Muslimische Kinder und Jugendliche in Deutschland. Lebenswelten - Denkmuster - Herausforderungen, St. Augustin, Berlin 2011

Engels, Friedrich: Der Ursprung der Familie, des Privateigentums und des Staats, Berlin 1990 (Marx-Engels-Gesamtausgabe (MEGA), Abt. I, Bd. 29/1)

Ernst, Wilhelm (Hrsg.): Grundlagen und Probleme der heutigen Moraltheologie, Würzburg 1989

Esser, Hartmut: Methodische Konsequenzen gesellschaftlicher Differenzierung, in: Zeitschrift für Soziologie, Jg. 8, 1997, H. 1, S. 14-27

Esser, Hartmut: The Rationality of Everyday Behavior, in: Rationality and Society, Vol. 5, 1993, N. 1, S. 7-31

Esser, Hartmut: Soziologie. Allgemeine Grundlagen, Frankfurt am Main, New York 1993

Esser, Hartmut: Soziologie. Spezielle Grundlagen. Band 1: Situationslogik und Handeln, Frankfurt am Main, New York 1993

Faist, Thomas: Migration und der Transfer sozialen Kapitals oder: Warum gibt es relativ wenige internationale Migranten? in: Pries, Ludger (Hrsg.): Transnationale Migration, Baden-Baden 1997, S. 63-83

Fassmann, Heinz/Münz, Rainer (Hrsg.): Migration in Europa. Historische Entwicklung, aktuelle Trends und politische Reaktionen, Frankfurt am Main, New York 1996

Feldhaus, Michael/Logemann, Niels/Schlegel, Monika (Hrsg.): Blickrichtung Familie. Vielfalt eines Forschungsgegenstandes. Festschrift für Rosemarie Nave-Herz anlässlich ihrer Emeritierung, Würzburg 2003

Fisch, Andreas: Menschen in aufenthaltsrechtlicher Illegalität. Reformvorschläge und Folgenabwägungen aus sozialethischer Perspektive, Berlin 2007

Flam, Helena (Hrsg): Migranten in Deutschland. Statistiken - Fakten - Diskurse, Konstanz 2007

Flam, Helena/Weber, Silvia: Sieben Phasen der Einwanderung in die BRD, in: Flam, Helena (Hrsg): Migranten in Deutschland. Statistiken - Fakten - Diskurse, Konstanz 2007, S. 293-297

Franz, Fritz: Energiekrise und Ausländerbeschäftigung, in: Deutsches Verwaltungsblatt 1974, S. 350-352

Fünfter Familienbericht: Familien und Familienpolitik im vereinten Deutschland. Zukunft des Humanvermögens. Hrsg.: Bundesministerium für Familien und Senioren, abgedruckt in: Bundestagsdrucksache 12/7560 vom 15. Juni 1994

Furstenberg, Franz: Die Entstehung des Verhaltensmusters »sukzessive Ehen«, in: Lüscher, Kurt/Schultheis, Franz/Wehrspaun, Michael (Hrsg.): Die »postmoderne Familie«. Familiale Strategien und Familienpolitik in einer Übergangszeit, Konstanz 1988, S. 73-83

Gaitanides, Stephan: Sozialstruktur und „Ausländerproblem". Sozialstrukturelle Aspekte der Marginalisierung von Ausländern der ersten und zweiten Generation, München 1983

Gardner, Robert W.: Macrolevel Influences on the Migration Decision Process, in: De Jong, Gordon F./Gardner, Robert W. (Hrsg.): Migration Decision Making. Multidisciplinary Approaches to Microlevel Studies in Developed und Developing Countries, New York 1981, S. 59-89

Geisen, Thomas/Studer, Tobias/Yildiz, Erol: Gesellschaftliche Perspektiven auf Familie im Kontext von Migration, in: Geisen, Thomas/Studer, Tobias/Yildiz, Erol (Hrsg.): Migration, Familie und Gesellschaft. Beiträge zu Theorie, Kultur und Politik, Wiesbaden 2014, S. 1-9

Geisen, Thomas/Studer, Tobias/Yildiz, Erol (Hrsg.): Migration, Familie und Gesellschaft. Beiträge zu Theorie, Kultur und Politik, Wiesbaden 2014

Geisen, Thomas/Studer, Tobias/Yildiz, Erol (Hrsg.): Migration, Familie und soziale Lage. Beiträge zu Bildung, Gender und Care, Wiesbaden 2013

Geisen, Thomas: Multilokale Existenzweisen von Familien im Kontext von Migration. Herausforderungen für Forschung und Theorieentwicklung, in: Geisen, Thomas/Studer, Tobias/Yildiz, Erol (Hrsg.): Migration, Familie und Gesellschaft. Beiträge zu Theorie, Kultur und Politik, Wiesbaden 2014, S. 27-57

Geiß, Bernd/Reichow, Hartmut/Schmidt, Bernhard/ Winkler-Pöhler, Beate: Bericht zur Ausländerbeschäftigung, Bonn 1986

Gessner, Volkmar: Das soziale Verhalten der Gastarbeiter, in: Ansay, Tuğrul/Gessner, Volkmar (Hrsg.): Gastarbeiter in Gesellschaft und Recht, München 1974, S. 11-38

Giffinger, Rudolf (Hrsg.): Beiträge des 9. Kolloquiums für Theorie und quantitative Methoden in der Geographie, Klagenfurt 1993

Görres-Gesellschaft (Hrsg.): Staatslexikon, 7. völlig neubearb. Aufl., Band 2, Freiburg, Basel, Wien 1986

Görres-Gesellschaft (Hrsg.): Staatslexikon, 7. völlig neubearb. Aufl., Band 3, Freiburg, Basel, Wien 1987

Goody, Jack: Geschichte der Familie, München 2002

Gostomski, Christian Babka von: Fortschritte der Integration. Zur Situation der fünf größten in Deutschland lebenden Ausländergruppen. Forschungsbericht im Auftrag des Bundesministeriums des Innern, Nürnberg 2010

Gruber, Hans-Günter: Familie und christliche Ethik, Darmstadt 1995

Hamburger, Franz/Hummrich, Merle: Familie und Migration, in: Ecarius, Jutta (Hrsg.): Handbuch Familie, Wiesbaden 2007, S. 112-134

Han, Petrus: Frauen und Migration, Stuttgart 2003

Han, Petrus: Soziologie der Migration. Erklärungsmodelle, Fakten, Politische Konsequenzen, Perspektiven, 2., überarb. u. erw. Aufl., Stuttgart 2005

Han, Petrus: Soziologie der Migration. Erklärungsmodelle, Fakten, Politische Konsequenzen, Perspektiven, 3., überarb. u. akt. Aufl., Stuttgart 2010

Han, Petrus: Theorien zur internationalen Migration. Ausgewählte interdisziplinäre Migrationstheorien und deren zentralen Aussagen, Stuttgart 2006

Harbison, Sarah F.: Familiy Structure and Family Strategy in Migration Decision Making, in: De Jong, Gordon F./Gardner, Robert W. (Hrsg.): Migration Decision Making. Multidisciplinary Approaches to Microlevel Studies in Developed und Developing Countries, New York 1981, S. 225-251

Haug, Sonja: Bleiben oder Zurückkehren? Zur Messung, Erklärung und Prognose der Rückkehr von Immigranten in Deutschland, in: Zeitschrift für Bevölkerungswissenschaft 26 (2001) H. 2, S. 231-270

Haug, Sonja: Klassische und neuere Theorien der Migration, Mannheim 2000

Haug, Sonja: Soziales Kapital und Kettenmigration. Italienische Migranten in Deutschland, Opladen 2000

Haug, Sonja/Rühl, Stefan: Remigration von Zuwanderern in Deutschland, in: Geographische Rundschau 60 (2008) H. 6, S. 26-33

Haug, Sonja/Sauer, Leonore: Bestimmungsfaktoren internationaler Migration. Ein Überblick über Theorien zur Erklärung von Wanderungen, in: Sozialwissenschaftlicher Fachinformationsdienst (soFid), 2006/1: Migration und ethnische Minderheiten, Bonn 2006, S. 7-34

Heckmann, Friedrich: Die Bundesrepublik: Ein Einwanderungsland? Zur Soziologie der Gastarbeiterbevölkerung als Einwandererminorität, Stuttgart 1981

Heimbach-Steins, Marianne (Hrsg.): Christliche Sozialethik. Ein Lehrbuch, Band 2: Konkretionen, Regensburg 2005

Heinevetter, Klaus/Hinzen, Hans (Hrsg.): Ausländerrecht. Zusammenstellung von Gesetzen, Rechtsverordnungen, Abkommen, Vereinbarungen, Verträgen und anderen Vorschriften zum Ausländerrecht, Bielefeld 1964

Heintz, Peter: Einführung in die soziologische Theorie, 2., erw. Aufl., Stuttgart 1968

Heinz, Andreas/Kluge, Ulrike (Hrsg.): Einwanderung - Bedrohung oder Zukunft? Mythen und Fakten zur Integration, Frankfurt, New York 2012

Heitmeyer, Wilhelm/Müller, Joachim/Schröder, Helmut: Verlockender Fundamentalismus. Türkische Jugendliche in Deutschland, Frankfurt am Main 1997

Henrich, Dieter: „Ehe und Familie stehen unter dem besonderen Schutz der staatlichen Ordnung" (Art. 6 Grundgesetz): Verfassungsform und Lebenswirklichkeit, in: Zeitschrift für Familienforschung 11 (1999) S. 21-31

Herbert, Ulrich: ‚Ausländer-Einsatz' in der deutschen Kriegswirtschaft, 1939-1945, in: Bade, Klaus J (Hrsg.): Deutsche im Ausland - Fremde in Deutschland. Migration in Geschichte und Gegenwart. 2. Aufl., München 1992, S. 354-367

Herbert, Ulrich: Geschichte der Ausländerpolitik in Deutschland. Saisonarbeiter, Zwangsarbeiter, Gastarbeiter, Flüchtlinge, Bonn 2003

Hertz, Anselm et al. (Hrsg): Handbuch der christlichen Ethik, Band 1, Freiburg, Basel, Wien 1978

Hettlage, Robert: Familienreport. Eine Lebensform im Umbruch, 2., akt. Aufl., München 1998

Heut, Michael: Familienleitbilder. Die sozialethische Dimension des Leitbildes für die Institution Familie, Hamburg 2004

Hicks, John Richard: The Theory of Wages, 2nd Edition, New York 1963

Hilpert, Konrad: Ehe als Lebensform von Liebe, in: Ernst, Wilhelm (Hrsg.): Grundlagen und Probleme der heutigen Moraltheologie, Würzburg 1989, S. 227-246

Höhn, Charlotte: Einflußfaktoren des generativen Verhaltens. Zwischenbilanz zu den Gründen des Geburtenrückgangs, in: Zeitschrift für Bevölkerungswissenschaft, 12. Jg., 1986, S. 309-323

Hoffmann-Nowotny, Hans-Joachim: Migration. Ein Beitrag zu einer soziologischen Erklärung, Stuttgart 1970

Hoffmeyer-Zlotnik, Jürgen H. P.: Wanderungen: Formen und Vorkommen, in: Müller, Ulrich/Nauck, Bernhard/Diekmann, Andreas (Hrsg.): Handbuch der Demographie. Band 2: Anwendungen, Berlin u. a. 2000, S. 916-957

Hopf, Christel/Nunner-Winkler, Gertrud (Hrsg.): Frühe Bindungen und moralische Entwicklung. Aktuelle Befunde zu psychischen und sozialen Bedingungen moralischer Eigenständigkeit, München, Weinheim 2007

Hopf, Christel/Nunner-Winkler, Gertrud: Frühe emotionale Beziehungen, Bindung und moralische Entwicklung. Einleitende Überlegungen zum Forschungsstand und zu aktuellen Kontroversen, in: Hopf, Christel/Nunner-Winkler, Gertrud (Hrsg.): Frühe Bindungen und moralische Entwicklung. Aktuelle Befunde zu psychischen und sozialen Bedingungen moralischer Eigenständigkeit, München, Weinheim 2007, S. 9-42

Huber, Bertold: Europäische Menschenrechtskonvention und Familiennachzug, in: Barwig, Klaus/Lörcher, Klaus/Schumacher, Christoph (Hrsg.): Familiennachzug von Ausländern auf dem Hintergrund völkerrechtlicher Verträge, Baden-Baden 1985, S. 27-52

Huber, Bertold: Familiennachzug und Grundgesetz. Zu den Beschlüssen des Bundeskabinetts vom 2. Dezember 1981 »zur sozialverantwortlichen Steuerung« der Familienzusammenführung von Ausländern aus Nicht-EG-Staaten, in: Informationsbrief Ausländerrecht, 4. Jg., 1982, H. 1, S. 1-5

Hübenthal, Christoph: „Denn ihr seid selbst Fremde gewesen" Sozialethische Anmerkungen zum Migrationsdiskurs, in: Becka, Michelle/Rethmann, Albert-Peter (Hrsg.): Ethik und Migration. Gesellschaftliche Herausforderungen und sozialethische Reflexion, Paderborn 2010, S. 15-23

Hunn, Karin: »Nächstes Jahr kehren wir zurück ...« Die Geschichte der türkischen »Gastarbeiter« in der Bundesrepublik, Göttingen 2005

Hunold, Gerfried W. (Hrsg.): Lexikon der christlichen Ethik, Freiburg 2003

Jaeggi, Rahel: Kritik von Lebensformen, Berlin 2014

Joas, Hans: Die Kreativität des Handelns, Frankfurt am Main 1996

Kalter, Frank: Theorien der Migration, in: Müller, Ulrich/Nauck, Bernhard/Diekmann, Andreas (Hrsg.): Handbuch der Demographie. Band 1: Modelle und Methoden, Berlin u. a. 2000, S. 437-475

Kalter, Frank: Zur Rationalität von Wanderungsentscheidungen, in: Giffinger, Rudolf (Hrsg.): Beiträge des 9. Kolloquiums für Theorie und quantitative Methoden in der Geographie, Klagenfurt 1993, S. 127-142

Kalter, Frank: Wohnortwechsel in Deutschland. Ein Beitrag zur Migrationstheorie und zur empirischen Anwendung von Rational-Choice-Modellen, Opladen 1997

Kasper, Walter: Das Evangelium von der Familie. Die Rede vor dem Konsistorium, Freiburg 2014

Kaufmann, Franz-Xaver: Artikel Ehe und Familie. Sozialwissenschaftlich, in: Görres-Gesellschaft (Hrsg.): Staatslexikon, 7. völlig neubearb. Aufl., Band 2, Freiburg, Basel, Wien 1986, Sp. 96-118

Kaufmann, Franz-Xaver: Ehe und Familie zwischen kultureller Normierung und gesellschaftlicher Bedingtheit, in: Rauscher, Anton (Hrsg.): Handbuch der Katholischen Soziallehre, Berlin 2008, S. 257-272

Kaufmann, Franz-Xaver: Familie und Modernität, in: Lüscher, Kurt/Schultheis, Franz/Wehrspaun, Michael (Hrsg.): Die »postmoderne Familie«. Familiale Strategien und Familienpolitik in einer Übergangszeit, Konstanz 1988, S. 391-415

Kaufmann, Franz-Xaver: Zukunft der Familie im vereinten Deutschland. Gesellschaftliche und politische Bedingungen, München 1995

Kielmansegg, Peter: Das geteilte Land. Deutschland 1945-1990, München 2004

Kirchhoff, Paul: Normativ-rechtliche Vorgaben der Familienpolitik, in: Rauscher, Anton (Hrsg.): Handbuch der Katholischen Soziallehre, Berlin 2008, S. 311-330

Kirloskar-Steinbach, Monika: Gibt es ein Menschenrecht auf Immigration? Politische und philosophische Positionen zur Einwanderungsproblematik, München 2007

Kleßmann, Christoph: Einwanderungsprobleme im Auswanderungsland: das Beispiel der ‚Ruhrpolen', in: Bade, Klaus J (Hrsg.): Deutsche im Ausland - Fremde in Deutschland. Migration in Geschichte und Gegenwart, 2. Aufl., München 1992, S. 303-310

Koch, Herbert R.: Zur schulischen und beruflichen Situation ausländischer Kinder und Jugendlicher in der Bundesrepublik Deutschland, in: Albrecht, Georg (Hrsg.): Das Düsseldorfer Reformprogramm zum Ausländerrecht, Bonn 1976, S. 67-97

König, René: Materialien zur Soziologie der Familie, 2., neugearb. u. erw. Aufl., Köln 1974

Kohls, Martin: Pflegebedürftigkeit und Nachfrage nach Pflegeleistungen von Migrantinnen und Migranten im demographischen Wandel. Forschungsbericht im Auftrag des Bundesamts für Migration und Flüchtlinge, Nürnberg 2012

Kommission der Europäischen Gemeinschaften: Mitteilung der Kommission an den Rat und das Europäische Parlament. Über eine Migrationspolitik der Gemeinschaft (= KOM (2000) 757 endg. vom 22. November 2000)

Korff, Wilhelm: Artikel Institutionstheorie: Die sittliche Struktur gesellschaftlicher Lebensformen, in: Hertz, Anselm et al. (Hrsg): Handbuch der christlichen Ethik, Band 1, Freiburg, Basel, Wien 1978, S. 168-176

Korff, Wilhelm: Artikel Normtheorie: Die Verbindlichkeitsstruktur des Sittlichen. Normen als Gestaltungsträger menschlichen Daseins, in: Hertz, Anselm et al. (Hrsg): Handbuch der christlichen Ethik, Band 1, Freiburg, Basel, Wien 1978, S. 114-125

Korff, Wilhelm: Artikel Verantwortungsethik, in: Hunold, Gerfried W. (Hrsg.): Lexikon der christlichen Ethik, Band 2, Freiburg 2003, Sp. 1913-1919

Korff, Wilhelm: Bleibende Elemente und neue Perspektiven. Versuch eines Resümees, in: Korff, Wilhelm/Vogt, Markus (Hrsg.): Gliederungssysteme angewandter Ethik. Ein Handbuch. Nach einem Projekt von Wilhelm Korff, Freiburg im Breisgau 2016, S. 739-755

Korff, Wilhelm/Vogt, Markus (Hrsg.): Gliederungssysteme angewandter Ethik. Ein Handbuch. Nach einem Projekt von Wilhelm Korff, Freiburg im Breisgau 2016

Krüger-Potratz, Marianne (Hrsg.): Familien in der Einwanderungsgesellschaft, Göttingen 2004

Kühn, Heinz: Stand und Weiterentwicklung der Integration der ausländischen Arbeitnehmer und ihrer Familien in die Bundesrepublik Deutschland. Memorandum des Beauftragten der Bundesregierung, Bonn 1979

Lee, Everett S.: Eine Theorie der Wanderung, in: Széll, György (Hrsg): Regionale Mobilität. Elf Aufsätze, München 1972, S. 115-129

Lee, Everett S.: A Theory of Migration, in: Demography, Vol. 3, 1966, S. 47-57

Lederer, Harald W.: Indikatoren der Migration. Zur Messung des Umfangs und der Arten von Migration in Deutschland unter besonderer Berücksichtigung des Ehegatten- und Familiennachzugs sowie der illegalen Migration, Bamberg 2004

Lederer, Harald W.: Migration und Integration in Zahlen. Ein Handbuch, Bamberg 1997

Lenz, Karl: Familie - Abschied von einem Begriff?, in: Erwägen - Wissen - Ethik, Jg. 14, 2003, S. 485-498

Lexikon für Theologie und Kirche, 2., völlig neu bearb. Aufl., Das Zweite Vatikanische Konzil. Dokumente und Kommentare, Band 3, Freiburg, Basel, Wien 1968

Liakova, Marina: Migrationstheorien, in: Meier-Braun, Karl-Heinz/Weber, Reinhold (Hrsg.): Deutschland Einwanderungsland. Begriffe - Fakten - Kontroversen, Stuttgart 2013, S. 35-37

Lipp, Wolfgang: Artikel Institution. Sozialphilosophisch, in: Görres-Gesellschaft (Hrsg.): Staatslexikon, 7. völlig neubearb. Aufl., Band 3, Freiburg, Basel, Wien 1987, Sp. 99-102

Lob-Hüdepohl, Andreas: Gerechtigkeit und Solidarität als Grundprinzipien sozialer Sicherung und sozialer Förderung von Familien, in: Arbeitsgemeinschaft der deutschen Familienorganisationen e.V. (Hrsg.): Internationales Jahr der Familie - 10 Jahre danach -. Familie als Spiegel gesellschaftlicher und politischer Entwicklungen. Dokumentation des Internationalen Symposiums 15. - 16. November 2004 in Potsdam, Berlin 2005, S. 33-41

Lünenborg, Margreth/Fritsche, Katharina/Bach, Annika: Migrantinnen in den Medien. Darstellungen in der Presse und ihre Rezeption, Bielefeld 2011

Lüscher, Kurt/Schultheis, Franz/Wehrspaun, Michael (Hrsg.): Die »postmoderne Familie«. Familiale Strategien und Familienpolitik in einer Übergangszeit, Konstanz 1988

Mangoldt, Hermann von/Klein, Friedrich/Starck, Christian (Hrsg.): Kommentar zum Grundgesetz. Band 1: Präambel, Artikel 1 bis 19, 6., vollst. neubearb. Aufl., München 2010

Marschalck, Peter/Wiedl, Karl Heinz (Hrsg.): Migration und Krankheit, Osnabrück 2001

Marschütz, Gerhard: Familie humanökologisch. Theologisch-ethische Perspektiven, Münster 2000

Massay, Douglas S. et al.: Theories of International Migration: A Review and Appraisal, in: Population and Development Review, Vol. 19, 1993, No. 3, S. 431-466

Mattes, Monika: »Gastarbeiterinnen« in der Bundesrepublik. Anwerbepolitik, Migration und Geschlecht in den 50er bis 70er Jahren, Frankfurt am Main, New York 2005

Mehrländer, Ursula: Ausländerforschung 1965 bis 1980. Fragestellungen, theoretische Ansätze, empirische Ergebnisse, Bonn 1987

Mehrländer, Ursula: Soziale Aspekte der Ausländerbeschäftigung, Bonn 1974

Mehrländer, Ursula/Ascheberg, Carsten/Ueltzhöffer, Jörg: Situation der ausländischen Arbeitnehmer und ihrer Familienangehörigen in der Bundesrepublik Deutschland, Berlin, Bonn, Mannheim 1996

Meier-Braun, Karl-Heinz: Deutschland, Einwanderungsland, Frankfurt am Main 2002

Meier-Braun, Karl-Heinz/Weber, Reinhold (Hrsg.): Deutschland Einwanderungsland. Begriffe - Fakten - Kontroversen, Stuttgart 2013

Meier-Braun, Karl-Heinz: Einleitung: Deutschland Einwanderungsland, in: Meier-Braun, Karl-Heinz/Weber, Reinhold (Hrsg.): Deutschland Einwanderungsland. Begriffe - Fakten - Kontroversen, Stuttgart 2013, S. 15-27

Meier-Braun, Karl-Heinz: Integration und Rückkehr? Zur Ausländerpolitik des Bundes und der Länder, insbesondere Baden-Württembergs, Mainz, München 1988

Meier-Braun, Karl-Heinz/Pazarkaya, Yüksel (Hrsg.): Die Türken. Berichte und Informationen zum besseren Verständnis der Türken in Deutschland, Frankfurt am Main, Berlin, Wien 1983

Meyer, Jean-Marie: Artikel Familie, Natur und Person, in: Päpstlicher Rat für die Familie (Hrsg.): Lexikon Familie. Mehrdeutige und umstrittene Begriffe zu Familie, Leben und ethischen Fragen, Paderborn 2007, S. 235-239

Migration und Migrantenfamilien in Baden-Württemberg. Familienbericht 2004. Teil 2. Hrsg.: Familienwissenschaftliche Forschungsstelle im Statistischen Landesamt Baden-Württemberg, Stuttgart 2004

Migrationsbericht 2014. Migrationsbericht des Bundesamtes für Migration und Flüchtlinge im Auftrag der Bundesregierung, Berlin 2016

Mincer, Jacob: Family Migration Decisions, in: The Journal of Political Economy, Vol. 86, 1978, S. 749-773

Mirbach, Thomas/Schaak, Torsten/Triebl, Katrin: Zwangsverheiratung in Deutschland. Anzahl und Analyse von Beratungsfällen, Opladen, Berlin, Farmington Hills 2011

Möhring-Hesse, Matthias: Horch, was kommt von draußen 'rein? Zur Theologie christlicher Sozialethik im Anschluss an *Gaudium et spes*, in: Vogt, Markus (Hrsg.): Theologie der Sozialethik, Freiburg im Breisgau 2013, S. 63-91

Müller, Andreas: Missbrauch des Rechts auf Familiennachzug. Scheinehen und missbräuchliche Vaterschaftsanerkennungen, Nürnberg 2012 (= Working Paper 43 der Forschungsgruppe des Bundesamts für Migration und Flüchtlinge)

Müller, Ulrich/Nauck, Bernhard/Diekmann, Andreas (Hrsg.): Handbuch der Demographie. Band 1: Modelle und Methoden, Berlin u. a. 2000

Müller, Ulrich/Nauck, Bernhard/Diekmann, Andreas (Hrsg.): Handbuch der Demographie. Band 2: Anwendungen, Berlin u. a. 2000

Müller-Schneider, Thomas: Zuwanderung in westliche Gesellschaften. Analyse und Steuerungsotionen, Opladen 2000

Münz, Rainer/Ulrich, Ralf: Internationale Wanderungen von und nach Deutschland, 1945 - 1994, in: Allgemeines Statistisches Archiv 80 (1996), H. 1, S. 5-35

Münz, Rainer/Seifert, Wolfgang/Ulrich, Ralf: Zuwanderung nach Deutschland. Strukturen, Wirkungen, Perspektiven, Frankfurt am Main, New York 1997

Nauck, Bernhard: Eltern-Kind-Beziehungen in Migrantenfamilien - ein Vergleich zwischen griechischen, italienischen, türkischen und vietnamesischen Familien in Deutschland, in: Sachverständigenkommission 6. Familienbericht (Hrsg.): Familien ausländischer Herkunft in Deutschland. Empirische Beiträge zur Familienentwicklung und Akkulturation, Opladen 2000, S. 347-392

Nave-Herz, Rosemarie: Ehe- und Familiensoziologie. Eine Einführung in Geschichte, theoretische Ansätze und empirische Befunde, Weinheim, 2. Aufl., München 2006

Nave-Herz, Rosemarie: Familie heute. Wandel der Familienstrukturen und Folgen für die Erziehung, 5., überarb. Aufl., Darmstadt 2012

Nave-Herz, Rosemarie (Hrsg.): Kontinuität und Wandel der Familie in Deutschland. Eine zeitgeschichtliche Analyse, Stuttgart 2002

Nave-Herz, Rosemarie: Wandel und Kontinuität in der Bedeutung, in der Struktur und Stabilität von Ehe und Familie in Deutschland, in: Nave-Herz, Rosemarie (Hrsg.): Kontinuität und Wandel der Familie in Deutschland. Eine zeitgeschichtliche Analyse, Stuttgart 2002, S. 45-70

Nesselrode, Friederike Gräfin: Das Spannungsverhältnis zwischen Ehe und Familie in Artikel 6 des Grundgesetzes, Berlin 2007

Neubeck-Fischer, Helga: Gastarbeiter - eine neue gesellschaftliche Minderheit. Zur sozioökonomischen und politischen Situation der Gastarbeiter in der Bundesrepublik Deutschland, München 1972

Ohliger, Rainer/Schönwälder, Karen/Triadafilopoulos, Triadafilos (Hrsg.): European Encounters. Migrants, Migration und European Societies since 1945, Aldershot 2003

Oltmer, Jochen: Migration im 19. und 20. Jahrhundert, 2. Aufl., München 2013 (Enzyklopädie Deutscher Geschichte, Band 86)

Organisation for Economic Co-Operation and Development (OECD): International Migration Outlook - Annual Report - 2007 Edition. Sopemi 2007, Paris 2007

Oswald, Anne von/Schönwälder, Karen/Sonnenberger, Barbara: Einwanderungsland Deutschland: A New Look at ist Post-war History, in: Ohliger, Rainer/Schönwälder, Karen/Triadafilopoulos, Triadafilos (Hrsg.): European Encounters. Migrants, Migration und European Societies since 1945, Aldershot 2003, S. 19-37

Ott, Konrad: Zuwanderung und Moral, Stuttgart 2016

Päpstlicher Rat für die Familie (Hrsg.): Lexikon Familie. Mehrdeutige und umstrittene Begriffe zu Familie, Leben und ethischen Fragen, Paderborn 2007

Päpstlicher Rat für Gerechtigkeit und Frieden: Kompendium der Soziallehre der Kirche, Freiburg 2006

Pagenstecher, Cord: Ausländerpolitik und Immigrantenidentität. Zur Geschichte der »Gastarbeit« in der Bundesrepublik, Berlin 1994

Pazarkaya, Yüksel: Die Türkei - eine politische Landeskunde, in: Meier-Braun, Karl-Heinz/ Pazarkaya, Yüksel (Hrsg.): Die Türken. Berichte und Informationen zum besseren Verständnis der Türken in Deutschland, Frankfurt am Main, Berlin, Wien 1983, S. 11-79

Peuckert, Rüdiger: Familienformen im sozialen Wandel, 7., vollst. überarb. Aufl., Wiesbaden 2008

Piore, Michael J.: Birds of Passage. Migrant Labor in Industrial Societies, Cambridge 1979

Pries, Ludger: Internationale Migration. Einführung in klassische Theorien und neue Erklärungsansätze, in: Geographische Rundschau 60 (2008), H. 6, S. 4-10

Pries, Ludger: Migration und Integration in Deutschland - Lebenslügen, Stereotype und wissenschaftliche Befunde, in: Heinz, Andreas/Kluge, Ulrike (Hrsg.): Einwanderung - Bedrohung oder Zukunft? Mythen und Fakten zur Integration, Frankfurt, New York 2012, S. 213-232

Pries, Ludger (Hrsg.): Transnationale Migration, Baden-Baden 1997

Prollius, Michael von: Deutsche Wirtschaftsgeschichte nach 1945, Göttingen 2006

Pross, Helge (Hrsg.): Familie - wohin? Leistungen, Leistungsdefizite und Leistungswandlungen der Familie in hochindustrialisierten Gesellschaften, Reinbek 1979

Rauscher, Anton (Hrsg.): Handbuch der Katholischen Soziallehre, Berlin 2008

Rauscher, Anton (Hrsg.): Welche Zukunft hat Familie? Köln 1995

Ravenstein, Ernest G.: Die Gesetze der Wanderung I, in: Széll, György (Hrsg): Regionale Mobilität. Elf Aufsätze, München 1972, S. 41-58

Ravenstein, Ernest G.: The laws of migration, in: Journal of Royal Statistical Society, Vol. 48, 1885, S. 167-222

Renner, Günter: Ausländerrecht in Deutschland. Einreise und Aufenthalt, München 1998

Renner, Günter/Kanein, Werner: Ausländerrecht. Kommentar, 8. Aufl., München 2005

Repräsentativuntersuchung '72 über die Beschäftigung ausländischer Arbeitnehmer im Bundesgebiet und ihre Familien- u. Wohnverhältnisse, Nürnberg 1973

Repräsentativuntersuchung '80. Situation der ausländischen Arbeitnehmer und ihrer Familienangehörigen in der Bundesrepublik Deutschland. Verfasst von Mehrländer, Ursula/Hofmann, Roland/König, Peter/Krause, Hans-Jürgen, Bonn 1981

Repräsentativuntersuchung '85. Situation der ausländischen Arbeitnehmer und ihrer Familienangehörigen in der Bundesrepublik Deutschland. Verfasst von König, Peter/Schultze, Günther/Wessel, Rita, Bonn 1986

Richey, P. Neal: Explanations of Migration, in: Annual Review of Sociology, Vol. 2, 1976, S. 363-404

Rist, Ray C., Guestworkers in Germany. The Prospects for Pluralism, New York 1978

Robbers, Gerhard: Grundgesetz Artikel 6, in: Mangoldt, Hermann von/Klein, Friedrich/Starck, Christian (Hrsg.): Kommentar zum Grundgesetz. Band 1: Präambel, Artikel 1 bis 19, 6., vollst. neubearb. Aufl., München 2010, S. 683-813 (= Art. 6 Rdnr. 1-333)

Rödder, Andreas: 21.0 Eine kurze Geschichte der Gegenwart, 2. Aufl., München 2015

Rosenbaum, Heidi: Formen der Familie. Untersuchungen zum Zusammenhang von Familienverhältnissen, Sozialstruktur und sozialem Wandel in der deutschen Gesellschaft des 19. Jahrhunderts, Frankfurt am Main 1982

Rudloff, Wilfried: Im Schatten des Wirtschaftswunders. Soziale Probleme, Randgruppen und Subkulturen 1949 bis 1973, in: Schlemmer, Thomas/Woller, Hans (Hrsg.): Bayern im Bund. Band 2. Gesellschaft im Wandel 1949 bis 1973, München 2002, S. 347-467

Sachverständigenkommission 6. Familienbericht (Hrsg.): Familien ausländischer Herkunft in Deutschland. Empirische Beiträge zur Familienentwicklung und Akkulturation, Opladen 2000

Sachverständigenrat: Jahresgutachten 1984/85 des Sachverständigenrates zur Begutachtung der gesamtwirtschaftlichen Entwicklung, abgedruckt in: Deutscher Bundestag, 10. Wahlperiode, Drucksache 10/2541 vom 30.11.1984

Santel, Bernhard: Migration in und nach Europa. Erfahrungen, Strukturen, Politik, Opladen 1995

Sarrazin, Thilo: Deutschland schafft sich ab. Wie wir unser Land aufs Spiel setzen, 9. Aufl., München 2010

Scheule, Rupert M.: Gut entscheiden - eine Werterwartungstheorie theologischer Ethik, Freiburg, Wien 2009

Scheule, Rupert M. (Hrsg.): Ethik der Entscheidung. Entscheidungshilfen im interdisziplinären Diskurs, Regensburg 2009

Scheule, Rupert M.: Keine Angst vor Rational Choice. Die „Wert-Erwartungstheorie" und ihr ethischer Ertrag, in: Theologie der Gegenwart, 47 (2004) H. 1, S. 32-49

Scheule, Rupert M.: Was ist eine Entscheidung? Die werterwartungstheoretische Antwort, in: Scheule, Rupert M. (Hrsg.): Ethik der Entscheidung. Entscheidungshilfen im interdisziplinären Diskurs, Regensburg 2009, S. 13-24

Schlemmer, Thomas/Woller, Hans (Hrsg.): Bayern im Bund. Band 2. Gesellschaft im Wandel 1949 bis 1973, München 2002

Schlumbohm, Jürgen (Hrsg.): Kinderstuben. Wie Kinder zu Bauern, Bürgern, Aristokraten wurden. 1700-1850, München 1983

Schneider, Norbert F. (Hrsg.): Lehrbuch Moderne Familiensoziologie. Theorien, Methoden, empirische Befunde, Opladen, Farmington Hills 2008

Schockenhoff, Eberhard: Das kirchliche Leitbild von Ehe und Familie und der Wandel familialer Lebenslagen, in: Rauscher, Anton (Hrsg.): Handbuch der Katholischen Soziallehre, Berlin 2008, S. 291-310

Schwab, Dieter: Artikel Familie, in: Brunner, Otto/Conze, Werner/Koselleck, Reinhart (Hrsg.): Geschichtliche Grundbegriffe. Historisches Lexikon zur politisch-sozialen Sprache in Deutschland, Band 2, Stuttgart 1975, S. 253-301

Schwaderlapp, Dominik: Artikel Ehe und Familie - Keimzelle von Kirche und Gesellschaft, in: Päpstlicher Rat für die Familie (Hrsg.): Lexikon Familie. Mehrdeutige und umstrittene Begriffe zu Familie, Leben und ethischen Fragen, Paderborn 2007, S. 393-397

Sechster Familienbericht: Familien ausländischer Herkunft in Deutschland. Leistungen - Belastungen - Herausfoderungen. Hrsg.: Bundesministeriums für Familie, Frauen und Jugend, abgedruckt in: Bundestagsdrucksache 14/4357 vom 20. Oktober 2000

Siebter Familienbericht: Familie zwischen Flexibilität und Verlässlichkeit. Perspektiven für eine lebenslaufbezogene Familienpolitik. Hrsg.: Bundesministerium für Familie, Senioren, Frauen und Jugend, 2005

Sjaastad, Larry A.: The costs and returns of human migration, in: Journal of Political Economy, Vol. 70, 1962, Supplement, S. 80-93

Soom Ammann, Eva/Holten, Karin von/Baghdadi, Nadia: Familiale Unterstützungs- und Pflegearrangements im transnationalen Kontext - Eine Zwei-Generationen-Perspektive, in: Geisen, Thomas/Studer, Tobias/Yildiz, Erol (Hrsg.): Migration, Familie und soziale Lage. Beiträge zu Bildung, Gender und Care, Wiesbaden 2013, 273-293

Sozialministerium Baden-Württemberg (Hrsg.): Familienbericht 2004. Teil 2: Migration und Migrantenfamilien in Baden-Württemberg, Stuttgart 2004

Stark, Oded: The Migration of Labor, Cambride, Oxford 1991

Stark, Oded/Bloom, David E.: The New Economics of Labor Migration, in: The American Economic Review, Vol. 75, 1985, Nr. 2, S. 173-178

Statistisches Bundesamt: Geburten in Deutschland, Wiesbaden 2007

Statistisches Bundesamt: Statistisches Jahrbuch für die Bundesrepublik Deutschland, Wiesbaden 1954ff.

Statistisches Bundesamt: 2009. Bevölkerung und Erwerbstätigkeit. Haushalte und Familien. Ergebnisse des Mikrozensus. Fachserie 1 Reihe 3, Wiesbaden 2011

Statistisches Bundesamt: Wanderungen 1973, in: Wirtschaft und Statistik 10/1974, S.707-710

Statistisches Bundesamt: Wanderungen 1975, in: Wirtschaft und Statistik 9/1976, S. 549-554

Staudinger, Julius von: Kommentar zum Bürgerlichen Gesetzbuch mit Einführungsgesetz und Nebengesetzen, Buch 4, Familienrecht §§ 1353-1362 (Wirkungen der Ehe im Allgemeinen), Neubearbeitung von Reinhard Voppel, Berlin 2012

Steinbach, Anja: Solidarpotenziale in Migrantenfamilien, in: Krüger-Potratz, Marianne (Hrsg.): Familien in der Einwanderungsgesellschaft, Göttingen 2004, S. 39-48

Steinmann, Gunter: Makroökonomische Ansätze zur Erklärung von internationalen Migrationsprozessen, in: Allgemeines Statistisches Archiv, Bd. 80, 1996, S. 36-49

Stouffer, Samuel A.: Intervening Opportunities: A Theory Relating Mobility and Distance, in: American Sociological Review, Vol. 5, 1940, S. 845-967

Stouffer, Samuel A.: Intervening Opportunities and Competing Migrants, in: Journal of Regional Science, Vol. 2, 1960, S. 1-26

Straubhaar, Thomas: Migration im 21. Jahrhundert. Von der Bedrohung zur Rettung sozialer Marktwirtschaft? Tübingen 2002

Széll, György (Hrsg): Regionale Mobilität. Elf Aufsätze, München 1972

Szydlik, Marc: Familie und Sozialstruktur, in: Ecarius, Jutta (Hrsg.): Handbuch Familie, Wiesbaden 2007, S. 78-93

Szydlik, Marc: Soziale Sicherheit durch Familiensolidarität, in: Feldhaus, Michael/ Logemann, Niels/Schlegel, Monika (Hrsg.): Blickrichtung Familie. Vielfalt eines Forschungsgegenstandes. Festschrift für Rosemarie Nave-Herz anlässlich ihrer Emeritierung, Würzburg 2003, S. 33-49

Todaro, Michael P.: A Model of Labor Migration and Urban Unemployment in Less Developed Countries, in: The American Economic Review, Vol. 59, 1969, S. 138-148

Treibel, Annette: Migration in modernen Gesellschaften. Soziale Folgen von Einwanderung, Gastarbeit und Flucht, 3. Aufl., Weinheim, München 2003

Trujillo, Alfonso López: Familie als Privatangelegenheit, in: Päpstlicher Rat für die Familie (Hrsg.): Lexikon Familie. Mehrdeutige und umstrittene Begriffe zu Familie, Leben und ethischen Fragen, Paderborn 2007, S. 213-223

Tyrell, Hartmann: Familie und gesellschaftliche Differenzierung, in: Pross, Helge (Hrsg.): Familie - wohin? Leistungen, Leistungsdefizite und Leistungswandlungen der Familie in hochindustrialisierten Gesellschaften, Reinbek 1979, S. 13-77

Unabhängige Kommission "Zuwanderung": Zuwanderung gestalten. Integration fördern. Bericht der Unabhängigen Kommission "Zuwanderung", Berlin 2001

United Nations Department of Economic and Social Affairs: Recommendations on Statistics of International Migration, New York 1998

Veith, Werner: Intergenerationelle Gerechtigkeit. Ein Beitrag zur sozialethischen Theoriebildung, Stuttgart 2006

Velling, Johannes: Immigration to Germany in the Seventies and Eighties - The Role of Family Reunification, Mannheim 1993

Vogt, Markus: Prinzip Nachhaltigkeit. Ein Entwurf aus theologisch-ethischer Perspektive, München 2009

Vogt, Markus (Hrsg.): Theologie der Sozialethik, Freiburg im Breisgau 2013

Wagner, Heike/Petzl, Elisabeth: Konstruktion von Migration in Statistik, Diskurs und Praxis, in: Becka, Michelle/Rethmann, Albert-Peter (Hrsg.): Ethik und Migration. Gesellschaftliche Herausforderungen und sozialethische Reflexion, Paderborn 2010, S. 25-50

Wallerstein, Immanuel: The Modern World-System. Capitalist Agriculture and the Origins of the European World-Economy in the Sixteenth Century, New York 1974

Welte, Hans-Peter: Der Familienschutz im Spektrum des Ausländerrechts, Baden-Baden 2012

Werner, Heinz: Freizügigkeit der Arbeitskräfte und die Wanderungsbewegungen in den Ländern der Europäischen Gemeinschaft, in: Mitteilungen aus der Arbeitsmarkt- und Berufsforschung, Jg. 6, 1973, H. 4, S. 326-371

Westphal, Manuela: Geschlechterstereotype und Migration, in: Bundesministerin für Familie, Senioren, Frauen und Jugend: Zwangsverheiratung in Deutschland, Baden-Baden 2007, S. 127-144

Widmer, Mirjam/Bodenmann, Guy: Beziehungen in der Familie, in: Schneider, Norbert F. (Hrsg.): Lehrbuch Moderne Familiensoziologie. Theorien, Methoden, empirische Befunde, Opladen, Farmington Hills 2008, S. 167-181

Wissenschaftlicher Beirat für Familienfragen: Migration und Familie. Kindheit mit Zuwanderungshintergrund, Wiesbaden 2016

Wolpert, Julian: Behavioral Aspects of the Decision to Migrate, in: Papers of the Regional Science Association, Vol. 15, 1965, S. 159-169

Zipf, George K.: The $P_{1*}P_2/D$ Hypothesis: On the Intercity Movement of Persons, in: American Sociological Review, Vol. 11, 1946, S. 677-686

Zweites Vatikanisches Konzil, Pastorale Konstitution über die Kirche in der Welt von heute, in: Lexikon für Theologie und Kirche, 2., völlig neu bearb. Aufl., Das Zweite Vatikanische Konzil. Dokumente und Kommentare, Band 3, Freiburg, Basel, Wien 1968, S. 241-592

The manufacturer's authorised representative in the EU is Springer
Nature Customer Service Centre GmbH, Europaplatz 3, 69115 Heidelberg,
Germany. If you have any concerns regarding our products, please
contact ProductSafety@springernature.com

Printed and bound by CPI Group (UK) Ltd, Croydon, CR0 4YY
27/04/2026
02097614-0001